体现课程思政特色　达成结果导向目标

新编现代秘书实务

（第二版）

滕燊蕤　华洁芸　滕晗◎编著

『十四五』规划应用型本科秘书学专业系列教材

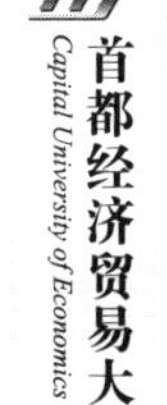

首都经济贸易大学出版社
Capital University of Economics and Business Press

·北京·

图书在版编目（CIP）数据

新编现代秘书实务/滕桑蕤，华洁芸，滕晗编著．--2版．--北京：首都经济贸易大学出版社，2022.10

ISBN 978-7-5638-3417-4

Ⅰ.①新… Ⅱ.①滕…②华…③滕… Ⅲ.①秘书学—高等学校—教材 Ⅳ.①C931.46

中国版本图书馆CIP数据核字（2022）第166727号

新编现代秘书实务（第二版）

Xinbian Xiandai Mishu Shiwu

滕桑蕤　华洁芸　滕　晗　编著

责任编辑　胡　兰

封面设计　砚祥志远·激光照排 TEL：010-65976003

出版发行　首都经济贸易大学出版社

地　　址　北京市朝阳区红庙（邮编100026）

电　　话　（010）65976483　65065761　65071505（传真）

网　　址　http://www.sjmcb.com

E-mail　publish@cueb.edu.cn

经　　销　全国新华书店

照　　排　北京砚祥志远激光照排技术有限公司

印　　刷　唐山玺诚印务有限公司

成品尺寸　170毫米×240毫米　1/16

字　　数　346千字

印　　张　19.25

版　　次　2018年1月第1版　**2022年10月第2版**

2022年10月总第3次印刷

书　　号　ISBN 978-7-5638-3417-4

定　　价　42.00元

第二版前言

本书是一部供高校秘书专业与管理专业师生研究和教学使用的专业教科书，也可供秘书从业者参考学习。最初的版本脱胎于教育部十一五规划应用型本科秘书学专业教材，2017 年新编版经由首都经济贸易大学出版社出版，全国几十所高校使用至今。本书与时俱进的内容及应用性创新成果受到师生的广泛欢迎。

随着秘书学、管理学的教学改革不断深入，为使秘书理论与实务教材始终适应时代的需要，我们在总结六年来使用经验的基础上，结合一线教学在本学科领域的最新发现，对本教材各部分做了认真的推敲，调整了第四章第四节经济文书的拟写，以新施行的《中华人民共和国民法典》，重新阐释了新时代经济文书的相关内涵，对基于业已废止的合同法规范下的内容做了彻底改写。本书附录吸收了新的成果，引用了《党政机关公文处理工作条例》。

特别是顺应职业秘书发展前景，引进了秘书成长为职业经理人必备的专业素养，提升职业秘书既有的角色认知能力、时间管理能力、沟通能力、目标管理能力、激励能力、绩效评估能力等等，增加了第十一章现代秘书人力资源管和第十二章现代秘书项目管理两章全新的内容。

切合新时代人才培养结果导向目标原则，梳理整合本专业人才的管理能力、执行能力、组织能力、协调能力，创新引进工作思维导图，所有管理项目在思维上拎出一条主线，逻辑严密合理，利于师生学习掌握。

本书第二版修订中参阅了互联网相关公开信息，首都经济贸易大学出版社孟岩岭老师与胡兰老师为书稿编辑付出了辛勤劳动，在此，一并表示诚挚的谢意！

编著者

2022 年 8 月

前 言

本教材的编写以教育部的教育方针及高等学校应用型人才培养目标为依据，以思想性、科学性、时代性为原则，以应用型、复合型、拓展型为特色，致力于培养高层次应用型人才的创新精神和实践能力，全面体现“大学本科层次”和“应用、实用、适用”的教学要求，以适应社会对复合型秘书人才的需求。

秘书学专业经过近40年的发展，专业化逐渐加强。随着秘书学专业进入教育部《普通高等学校本科专业目录》，专业研究范式不断更新，研究视角日益开阔。面对秘书工作本身的复杂性，本教材自觉承担起促进学术增长、解决秘书职业发展的重大任务。从创新理论体系出发，展开建设性反思。秘书学在近些年累积了一些根深蒂固的问题，秘书学教材往往是教条性的、说明性的，仅基于秘书辅助理论的描述，预测性知识严重匮乏，这都妨碍了秘书学的科学性。

《新编现代秘书实务》是秘书学专业系列教材之一，在教育部规划教材《现代秘书实务》的基础上进行了调整、充实、更新，重订了大纲，大量章节进行了重新编写，部分章节做了修改，作者将一些老旧的案例直接舍弃，重新进行了改写。

内容上，本书涉及秘书的角色定位与职务分类，秘书必备素养及工作特色，秘书行政事务处理。具体包括秘书办文、秘书办会、日常事务处理、秘书接待、秘书信息、秘书公关、秘书礼仪、秘书协调、秘书谈判等。每章之前明确“学习目的”，每章之后有“案例分析”及“实务操作”，学生在学前能明确学习后应该达到的目标，学后通过实务训练能提高实际动手能力。

多年来，作者以严谨的科研态度，深入职场，在多种机关企事业单位承担不同的秘书工作，体验现实需要，掌握了第一手资料，于得失中客观地提炼秘书职场的实际要求，将其适时运用于指导课堂教学、检验秘书实践。

本教材具有以下五方面的特点。

1. 内容全面。涵盖了现代秘书工作涉及的所有可能范畴，体现了基本知识、基本技能、基本原理的综合性。

2. 视角独到。以职场要求反观秘书理论知识，于独特案例中总结普适性原则，填补了目前相关研究的空白，为传统认知型秘书向现代理念型秘书的身份转变提供了切实可行的理论指导。

3. 案例精准。选用案例针对性强，基本聚焦了社会关注的热点、重点、难点及大众耳熟能详的事件。案例指向明确，每个案例配有思考题，指出案例可关注的重点，供学习者借鉴。

4. 原创典型。书中有大量作者亲历事件编写的案例，来自职场，现场感极强，是秘书实际工作中发生概率极高的真事，极具参考价值。

5. 时效性强。全书内容与时俱进，贴近现实。

在本书的编写过程中，作者参阅了大量文献资料和有关网络资料，激发了全新灵感，在此谨向资料作者表示诚挚的谢意！同时感谢首都经济贸易大学出版社各位老师的辛勤付出。

数十年呕心沥血，品味职场冷暖，作者将自己亲历秘书职场之发现的点点滴滴，悉数编写于本书，付出了长期而艰辛的努力。由于作者水平有限，书中难免有不足之处，敬请专家和读者指正。

本书共分十章，为高校秘书学或相关专业编写，课时设计为64学时。本书也可作为其他大专院校文科教材及各类机关企事业单位秘书从业人员的自修教材。

华洁芸

2017年9月11日

目 录
CONTENTS

第一章
现代秘书角色定位

【本章学习要点及学习目的】

通过学习，科学定义现代秘书概念，准确定位现代秘书角色，全面了解现代秘书职业，正确认识现代秘书形象，从而全方位展开现代职业秘书的培养工作。

第一节　现代秘书定义

一、“秘书”概念的渊源流变

秘书工作在我国历史悠久。政权肇始，人类社会出现强者“主其政”时，便出现了“辅其政”的秘书人员，同时即展开了秘书工作。

大约4 000多年前，传说中的黄帝就有两个秘书为其“正字”“造书契”：一是仓颉，专门记黄帝言；一是沮涌，专门记黄帝行。他们共同为黄帝起草官方文书。虞舜时代，已有上传下达、担当秘书工作的官员。据《通典·职官三·中书令》中记载：“舜摄位，命龙作纳言。”《尚书》记载：“纳言，喉舌之官，听下言纳于上，受上言宣于下。”

仓颉、沮涌也好，龙也好，都是辅助“帝”的秘书人员，他们的工作实际上都是秘书工作。但是，这个时期的史书和传说中，还没有出现“秘书”一词。当然，“秘书”一词出现在我国也是由来已久，只是在不同历史时期，“秘书”的含义各有不同。

（一）“秘书”一词最早出现于汉代，意指“书籍”

据《汉书·叙传上》记载：“斿博学有俊才……与刘向校秘书。每奏事，斿以选受诏进读群书。上器其能，赐以秘书之副。”意思是说，因为皇帝赏识斿这个人的才能，就把宫中秘藏之书的副本赏赐给他。这里的“秘书”指书，不指职，是指宫中秘藏之书。

另据《后汉书·郑玄传》记载：“遂博稽六艺，粗览传记，时睹秘书纬术之奥。”这里的“秘书”仍然指书，是指那些用隐语预卜吉凶或未来的谶纬、图箓之书。

可见，在汉代早期“秘书”只指书籍。

（二）东汉后期，“秘书”一词用于官职

公元 2 世纪，东汉桓帝时设秘书监一职，官位相当于现在的国家图书馆馆长，负责掌管古代典籍。到东汉末期曹操为魏王时，创设了“秘书令”，掌典机密，“典尚书奏事”并制发敕令。

这时“秘书”成了掌管书籍的官员，并进一步扩展了工作范围，增加了制作文书的内容。这时“秘书”一词的含义与现代意义已较为接近。可以说，曹操所设的秘书令，是我国历史上首次出现的与现代秘书含义基本相同的古代秘书官职。

曹丕称帝后，改中书令奏事和起草诏令，改秘书令为秘书监。

其后历代王朝均设立“秘书”官职或机构。

（三）清代后期至中华民国，“秘书”一词具有了现代意义

此时期“秘书”一词是秘书职务与秘书工作的统一体。

1905 年，孙中山先生组织反清活动时，即任用宋庆龄等为秘书，帮助处理文书及日常事务。

1907 年，清光绪帝批准在巡抚衙门中设置秘书、助理秘书等职。这成为现代意义上秘书的直接源流。

南京临时政府成立后，秘书职务与秘书工作得以统一，现代意义上的“秘书”就此产生。

（四）中国共产党诞生和中华人民共和国成立后的“秘书”含义

这一时期，“秘书”含义有了诉诸文字的界定，秘书工作逐步走向规范化。

中国共产党第三次代表大会明确规定了“秘书”的含义：“秘书负责本党内外文书及通信及开会记录的责任，并管理本党文件。”这一定义突出了秘书工作中的文档制作与管理。

1985 年，中共中央召开了第三次全国秘书长、办公厅主任座谈会，提出了秘书工作必须完成四个转变：①从偏重办文办事转变为既办文办事又出谋划策；②从收发传递信息转变为综合处理信息；③从单凭老经验办事转变为实行科学管理；④从被动服务转变为力争主动服务。这使秘书工作突破了传统的工作范围。

（五）进入 21 世纪后，“秘书”一词的含义得到大大扩展

如今，“秘书”一词是职务、工作和机构名称的三位一体。

2003 年 3 月，国家劳动和社会保障部重新修订的《秘书国家职业标准》对现时秘书的定义为：“从事办公室程序性工作，协助上司处理政务及日常事务并为决策及实施提供服务的人。”很显然，在这个定义中，秘书是一种职务，是一项工作，是一种机构，还是一种职业群体。

综上所述，“秘书”一词从产生至今，其概念的内涵已由单一变得丰富，现已逐步演变为一个相容体，兼容并蓄了“秘书”一词从最初产生的“书籍”之义到今天所具有的职务、工作、机构等的所有含义。

二、现代秘书的定义

由于秘书服务的时代、对象不同，社会对秘书职能的理解不同，因而对秘书的定义也各不相同。目前，国内外秘书组织和秘书专业的论著、教科书等对秘书定义的表述已有几十种。随着“e 时代”的来临，“秘书”会介入更广泛的工作、更复杂的环境和更广阔的空间，在工作角色及内容，甚至头衔上都会发生快速的改变，因此对秘书的定义也将与时俱进。这里所介绍的，是目前为止国内外较有权威的秘书组织及机构对秘书概念较有代表性的定义。

（一）国外的定义

英语中秘书 secretary 是由拉丁文 secretarius 演化而来的，源自罗马时代，意为守密的人（the keeper of secret）。西方国家认为 secretary 的含义有三：①指职位与职业，相当于 job；②指从事这一职业的职员，相当于 person；③指官员，相当于 officer。这三种含义可以意译为文书（文字秘书）、干事（行政或机要秘书）、部长（秘书长）。

因此，英语中总书记为 a general secretary，秘书长为 secretary-general，总

干事为 chief secretary。在西方国家，秘书 secretary 主要指向①、②两种含义，即指一种职位、职业和从事这一职位或职业的职员。

美国 *Webster's Secretarial Handbook*（《韦氏秘书手册》）中的表述为："今天的秘书绝不再是单纯的接待员兼打字员，因为越来越多的经理指望自己的秘书成为行政管理的助手……现在一个精干而可靠的秘书不仅是经理和工作人员之间的桥梁，而且还应当是协调经理的左右手……由于现代事务向全球扩展和延伸，促使经理们重新考虑秘书应起的作用以及应该委付给秘书的责任和赋予其执行的权力。①"

国际秘书联合会（International Federation of Secretaries）对秘书的定义为："秘书应是主管人员的一位特殊助手，他们掌握了办公室工作的技巧，能在没有上级过问的情况下表现出自己的责任感，以实际行动显示出主动性和正确的判断能力，并且在所给予的权力范围内做出决定。"

国际职业秘书组织（Professional Secretaries International）对秘书的定义为："具有熟练的办公室工作能力，不需上级敦促即能主动负责，积极进取、干练果断，能在授权范围内做出正确决定的经理助手。"

美国全国秘书协会对秘书的定义为："高级官员的助手，掌握机关职责并具有不在上司直接监督下承担任务的才干，发挥积极主动性，运用判断力，在其职权范围内对机关工作做出决定。"

日本学者认为，秘书是帮助处理各种事务的工作人员。通俗的说法为：秘书是全能运动员。

（二）我国对秘书定义的多种描述

《辞海》中"秘书"词条的描述为：秘书是职务的名称之一，是领导的助手。秘书工作是一项机要性的工作，它的任务是收发文件，办理文书、档案和领导交办的事项。各机关和企业、事业单位，一般均设有秘书工作部门或秘书工作人员。

秘书界著名学者王千弓在《秘书学与秘书工作》中的描述为：秘书是社会主义国家工作人员的职务名称之一，其职责是协助领导综合情况，研究政策，密切各方面工作的联系，办理文书、档案、人民来信来访、会务工作以及其他日常行政事务和交办事项。在党政机关、企业事业单位从事这一类工作的干部，统称为秘书工作人员，或简称为秘书。

---

① 埃克斯蕾，约翰逊．韦氏秘书手册［M］．北京：中国新闻出版社，1985.

袁维国主编的《秘书学》中作了如此描述："秘书，在我国现代主要是指党和政府机关、企事业单位、社会团体、军队、院校内的一种行政职位。其主要职责是辅助管理、综合服务；主要工作是撰拟文稿、管理文书、接待来访、组织会议、调查研究、处理信息、办理事务、参谋咨询、联络协调等。①"

2003 年 3 月，国家劳动和社会保障部重新修订的《秘书国家职业标准》做出的描述为：从事办公室程序性工作，协助上司处理政务及日常事务并为决策及实施提供服务的人。

新出版的《秘书上岗资格考试全国通用秘书学教材》中给秘书下的定义分狭义和广义之说。前者的描述是：专门从事办公室程序性工作、协助领导处理政务及日常事务并为领导决策及其实施服务的人员。后者的描述是：位居领导人身边或领导机构中枢，从事办公室事务，处理文书，联系各方，保证领导工作正常运转，直接为领导的工作服务，是领导人的事务与信息助手。

可以看出，国内外对秘书的种种定义各有侧重，且相互之间并不矛盾。比较而言，国内对秘书定义的描述，更符合我国现代秘书的具体情况。结合实际，要给"秘书"下一定义，既需从宏观上总揽全局，也需通过具体—抽象—具体的思维方法，得出既合乎实际又反映其本质并能划定事物范围的总概括。基于此，我们认为，秘书的定义可做如下表述。

秘书是为领导工作服务的办公室人员，是领导的参谋和助手。

这个定义是中性的，其中包容了鲜明的时代性，它既适用于不同时期，也适用于不同行业。定义中的"领导""领导工作""办公室"等中心词，可依据服务对象和机构的不同，具体置换为相应的称谓。

思考题

在现实生活中，为领导工作服务和为领导当参谋助手的大有人在，这些人都是秘书吗？如何区别和界定他们？

① 袁维国．秘书学［M］．北京：高等教育出版社，1990.

第二节 现代秘书的定位

一、秘书的职业角色

从历史的发展来看，人类出现分工以后就出现了组织决策的机构和领导。领导在决策过程中，由于时间、精力有限，需要有人协助其处理大量繁杂的事务性工作，这样便产生了秘书。也就是说，秘书是因为领导工作的需要才产生的，没有领导活动就没有秘书活动和秘书人员。因此，现代秘书的定位可以表述为以下几个方面。

（一）秘书是为领导服务的人员

1. 从职责上看，秘书活动具有被动性。秘书的服务工作贯穿在为领导办文、办会、办事的所有过程中，秘书既要为领导出谋献策，还要发挥其参谋和助手的作用。在领导的决策过程中，秘书事先要为领导搜集、整理数据，提供信息，还要随时接受领导的咨询；在文书制作、处理过程中，秘书既要撰拟文稿，还要检查文稿的内容和格式，负责文档的传达或发送；在会议筹办过程中，秘书要为领导准备会议文件，安排会议事项，记录会议内容，收集整理会议资料；在接待宾客时，秘书要事先安排好接待程序、接待规格和接待方式。

这些事务性工作，有些是可以预先安排的，有些是不可预计、即时产生的。遇到紧急来文、突发事件或领导工作日程临时变动，就要分清轻重缓急，随机应变，应做到领导交代什么就干什么。这一类事务大多是被动的，却又是秘书人员非干不可的。

因此，秘书工作是为满足领导工作的需要而开展的，受领导活动的制约和支配。秘书可以有自己的工作计划和安排，但不能脱离领导，且必须以领导活动为中心来制订或调整自己的工作计划，绝不能脱离领导或不顾领导的需要而另搞一套。

2. 从职能上看，秘书活动具有从属性。在一个组织或事务的整个活动中，秘书只能行使其非强制性的权力，而不能行使其“官”的权力。秘书不具有独立的决策权和人、财、物等资源的分配权。秘书的直接任务是提出设想或

可行性方案，须经领导审阅批准、同意采纳后，才能转化为决策方案。

具体来说，秘书活动的从属性体现在以下三个方面。

第一，秘书的工作总是围绕领导工作而展开，领导工作涉及哪里，秘书工作才能介入哪里。

第二，秘书在工作中只能根据领导的意图或领导的精神办事，不能自作主张、自行其是，否则就是超越职权。

第三，秘书参与领导层会议，只有发言权，没有决策权。

因此，秘书开展的所有活动都必须听命于领导，并且要不折不扣地完成领导交办的事务。秘书工作是为领导工作服务的辅助活动，是从属于领导的活动。

当然，这里的从属与服从，不是盲目地言听计从。对领导的决策失误或工作疏漏，秘书有义务及时提醒，提出纠正或补救的方案，供领导修正做参考。目前《中华人民共和国公务员法》第五十四条在规定公务员对上级的决定和命令具有服从与执行义务的同时，添加了对上级的错误命令有抗辩权和抗拒权。这从法律的角度严格规定了公务员的服从义务和抗命权，同样适用秘书人员的服从义务。

（二）秘书是管理班子中不可缺少的重要组成部分

在一个组织中，领导的职责是决策、指挥和用人，因工作头绪繁多，领导不可能事必躬亲，事事身体力行，这就需要秘书人员参与进来代为处理。秘书人员在处理众多琐碎的事务时，往往会承担起部分领导工作，这时秘书工作实际上已包含了领导工作的成分，例如以下几个方面。

1. 计划。计划本质上是领导职能，而搜集信息、整理数据、草拟方案、为领导定夺提供参考等工作则是由秘书去完成，秘书完成了制订计划的所有前期工作。

2. 组织。组织本身也是领导职能之一。秘书对上无决策权，对下无执行权，但在具体工作中要参与很多活动的组织工作，比如组织会议、组织调查、组织接待、组织出访等。

3. 协调。这也是领导的一项职能。实际工作中，秘书往往要根据领导的授权参与或实施协调工作，协调领导与领导之间、上级与下级之间、平级部门之间、本单位与外单位之间的关系，上下左右、四面八方各种关系都要由秘书去沟通。

可见，秘书所承担的部分领导工作，已渗透在管理工作的方方面面，在管理班子中不可或缺。

二、秘书与领导的关系

秘书为领导服务，秘书在领导身边工作，从物理空间上看，两者的距离很接近；从精神空间上看，两者的距离也很接近。

（一）在组织上，秘书与领导是被领导与领导的关系，是下级与上级的关系

秘书要服从领导，严格按领导的意图办事；要尊重领导，时刻维护领导的权威。这是秘书职业的基本素养之一。

（二）在工作上，秘书与领导是同志关系

秘书与领导的工作目标是一致的，秘书服从领导安排，做好各项工作，是秘书工作的职责，但这并不意味着秘书工作的卑微。在人格上，两者没有高低优劣的区别，是完全平等的。秘书应以良好的职业素养，在工作中主动献计献策，帮助领导分担事务，拾遗补阙，与领导齐心协力。

（三）在职能上，秘书与领导是辅佐关系

秘书辅助领导工作，其职责之一是当好领导的助手。秘书人员应把大量的具体事务承担起来，以节约领导的时间，使领导有更多的时间与精力掌管全局，主抓大事。

秘书要当好助手，而不是主手。日常工作中，许多事情需要秘书人员去牵头、把关、协调，这是作为领导助手的具体体现。秘书人员要摆正位置，不能超越职权，不能越俎代庖，要甘居从属地位，不逾矩，不揽权，做到脑清、心诚、言慎。要真正做到参谋而不决策，参与而不干预，分忧而不分权，防止有意无意地以“二领导”的名义发号施令。

（四）在生活上，秘书与领导是诤友关系

秘书常在领导身边，对其性格中的长处与弱点了如指掌。秘书对于领导的决策、工作方法与作风在基层引起的反映，要及时、客观又恰如其分地加以提醒，切忌为博取领导欢心而报喜不报忧，更忌不分是非地恭维而使领导误把自己的缺点当作优点。

一个出色的秘书应该贴近领导，熟悉领导，跟领导心心相印，成为领导

的诤友。

三、职业秘书的作用

（一）办事与管理作用

秘书工作是具体的事务性工作，具体到收发文件、编号归档、撰拟文稿、打印校对、装订派发、接打电话、迎来送往、布置会场、派车买票、安排食宿、接待来访、寄发邮件等，繁杂而无序，都需要秘书人员一件一件去办理。秘书事无巨细，“上至天文地理，下至鸡毛蒜皮”，处处发挥着作用。

从秘书的职业定位，可以看出秘书人员在发挥办事作用的同时，往往还承担着部分领导工作。这时，领导的意图、领导的权力也部分地转移到秘书所承担的那一部分工作上，而领导的管理职能也同步转移到秘书身上。因此，秘书还要发挥一定的管理作用。

（二）协调与枢纽作用

秘书工作中很大一部分内容在于上传下达、沟通左右、协调各方，这时，秘书在工作中的作用往往相当于润滑剂、中转站。如图 1-1 所示。

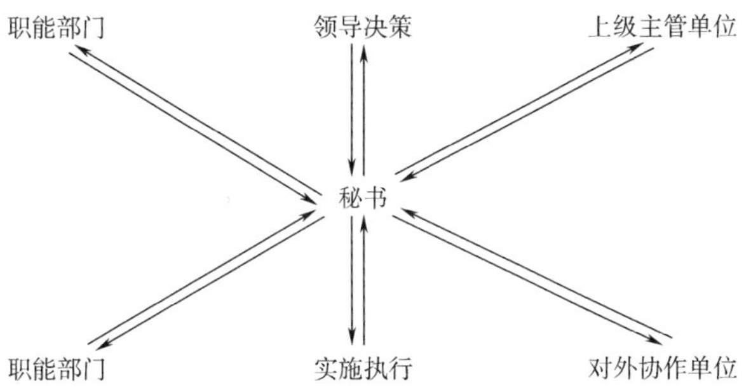

图 1-1　秘书的协调与枢纽作用

1. 秘书是领导决策与具体执行的中介。领导的决策指令通过秘书下达，实施执行的基层在执行过程中的意见通过秘书上传，秘书在上层领导与基层大众之间起着上传下达的沟通作用。

2. 各个职能部门在全局工作中的业务会有交叉，彼此的工作方向或思路难免不同步，秘书在平行的职能部门之间则充当润滑剂，进行意见交换、信息回馈与沟通协调。

3. 上级领导或主管部门的精神与意图也是首先通过秘书部门吸纳，再经过分类发送给本单位的决策层的。本单位与外单位之间的联络由秘书负责完成，这时，秘书的作用相当于内外联结的桥梁。

从信息传播的角度看，秘书在信息收集与处理方面也发挥着中心枢纽的作用。秘书部门往往处于一个组织机构的中心，是信息的集中与发散部门。上下左右各个方位的信息都汇集到这里，秘书部门在对这些信息进行加工处理后，再及时分流回馈到领导决策层部门、实施执行的基层部门或上级部门和外单位。

总之，秘书人员处在枢纽位置，能便利地掌握全局情况，便于及时消除各方隔阂、化解各方矛盾，并通过协调好各方关系，保证一个组织在各方面能正常运转。

（三）参谋与辅助作用

秘书人员的参谋作用突出体现在为领导工作出谋划策上。积极发挥秘书的参谋作用，有利于提高领导决策的水平。秘书的参谋作用，贯穿在辅助领导工作的整个过程中，具体体现在以下三个方面。

1. 秘书必须为一个组织内的所有重大活动制订工作计划，包括工作日程的安排，实施的步骤，实施中的人、物、财力分配，具体的措施等细节。秘书把这些提供给领导参考，使领导决策时有据可依。

2. 秘书要将各方信息收集、整理好提供给领导，并要在整理过程中做适当的分析，把最重要、最有价值的信息在最短时间内送呈领导。

3. 秘书要有超前意识，要在领导决策前先拟订各种可行性方案供领导定夺；在领导制定各种政策、法令时要代领导立言，并以逆向思维的方式推敲、完善领导可能出现的疏漏。

当然，秘书人员只有参谋权，没有定夺权。秘书人员只能对领导的工作起辅助作用，一切事情还得按领导意图来办。所以秘书要严格做到牵头不当家，把关不做主，协调不定音。

（四）窗口与形象作用

秘书部门常被人称为“窗口”，这里的“窗口”有以下两层含义。

1. 信息传递与输送的“关口”。一个组织向外发送的信息，往往由秘书部门把握三道关，即文字关、用印关、保密关。秘书人员在这里较好地起到了关口作用，有利于体现组织信息的严肃性、合规性、合法性。

2. 展示组织形象的“门面”。一个组织对外联系、对内传达决策层意图，安排并参与内外各方业务洽谈或协调的工作，大多由秘书部门完成。秘书人员的工作水平、思想水平、工作态度、办事效率等，大体透露出他所在组织的管理水平与工作作风。人们在与秘书打交道的过程中，能窥斑见豹，从秘书的一行一言和精神风貌便可领略组织的风貌。因此，秘书往往是组织的门面，是组织的形象代言人。

秘书良好的个人形象有利于塑造组织的整体形象，有利于内外公众亲近组织。

四、现代秘书工作原则

现代秘书工作原则，是指秘书人员在工作中必须遵循的规则、要求和道德规范。具体说，有以下五点。

第一，准确。准确是对秘书工作质量的要求，也是提高其工作效率的基础。

第二，保密。保密即保守工作机密，这是秘书工作的基本原则。

第三，迅速。迅速是对秘书工作效率的要求，指办文办事讲求实效，做到用最少的时间和最小的花费，取得最佳的效果。

第四，求实。求实指求真务实，实事求是；敢于抵制，敢于讲真话，敢于报实情。

第五，创新。创新指勇于探索，改革创新。

五、现代秘书的工作性质

秘书的工作职责是辅助管理、综合服务，秘书工作从总体上来说从属于领导工作，其目的是辅助领导实施管理。这就决定了秘书工作的辅助性、机要性、事务性、综合性等特质。

（一）辅助性

辅助性源于秘书工作的从属地位，所以，也称从属性。

辅助性是秘书工作的基本属性。秘书的辅助性特点可以从以下两个方面来认识：

一是被动性，指秘书必须根据领导工作和组织管理的需要提供工作服务，其工作内容和方向基本上是被动的。

二是服务性，指秘书的一切工作都围绕领导的工作展开，为领导工作和为领导服务，为他们从各个方面尽可能地创造各种便利条件，以提高工作效率和质量。

（二）机要性

秘书工作就其任务来说，要接触大量的机密。

秘书工作的机要性要求秘书人员具有高度的责任感、严格的纪律性和牢固的保密观念。秘书部门是机关内部的机要核心部门，是信息的综合处理部门。对于秘书来说，既要对各方面工作了如指掌，又要明确哪些是自己要知道的，哪些是自己不必知道的。秘书对自己所知晓的秘密事项必须做到守口如瓶；不必知道的，绝不好奇，不打听，自觉减少失密的可能。

（三）事务性

秘书部门大多数工作是一些很具体的工作，每天都要处理大量繁重而又琐碎的事务。“办文”“办会”“办事”是对秘书工作的精炼概括。值班、接打电话、接待、日程安排、信息调研、工作协调等明显属于事务性工作，一切事务性工作都是“事”。广义上理解，“办文”“办会”也是“办事”，也包含有大量具体事务。文书处理工作中许多程序也是非常具体的事务，诸如公文的缮印、校对、用印、分发、签收、登记、保管等，完全是一些琐碎的事务。可以说，秘书工作处处是事务，事事是要务。

事务性工作总是与细、繁、杂、忙连在一起的，看似无边无际，无尽无休，无时无刻。面对如此纷繁庞杂的事务，秘书在工作中要摸索出条理，掌握其规律，提高办事的效率，并做到举一反三，这样才能把“事”办好。

（四）综合性

秘书部门是综合办事部门，秘书是领导的助手，秘书的工作是为领导工作服务的，因此秘书的工作内容和活动方式必然涉及领导工作的各个方面，具有鲜明的综合性。秘书工作的综合性具体表现在以下几个方面。

1. 秘书业务工作涉及范围广、工作头绪多。凡是领导职权范围所涉及的工作皆属秘书的服务领域。秘书机构不仅仅是承担机关和企事业单位的某一项、某一类工作，而且要综合全面情况、了解和处理各种问题，在各部门之间起联络和协调作用，掌握和传递各种信息，辅助领导者进行全面的管理

工作。

2. 秘书业务工作形式多样。秘书工作的具体手段、方式丰富多样，打字印刷、电话传真、接待挡驾、文字拟稿、文书管理、信访处理、组织会议、安排活动、对内服务、对外联络等，不一而足。这就要求秘书人员具备宽阔的知识面，掌握多种工作技能，成为秘书工作的多面手。

3. 秘书的各项工作相互交织。秘书工作中的各项内容虽然具有各自的特点和表现形式，但并不是相互割裂的，在实践中常常是你中有我，我中有你，彼此联系，相互交融。“办文”“办会”“办事”三者之间就是你中有我，我中有你，分分合合。在实际工作中，三者有相对独立的工作形式，但更多的是相互融合，不可分割。“办文”有时是通过“办会”解决的，“办会”离不开“办文”的工作，“办事”在多数情况下是通过“办文”或者“办会”来体现的。

（五）专业性

秘书工作的专业性是对秘书业务的特殊要求。秘书工作要求秘书人员必须具有较高的政策水平、文字水平和理论水平，有较强的调研、信息处理、办事能力，熟悉文书、档案、会务、通信、速记、礼仪等方面的知识，会使用和维护办公自动化设施，等等。而要达到上述要求绝非易事，必须进行相关的专业训练。秘书工作作为一种专门的社会职业，从业者必须进行正规的专业培训，并进行严格的专业考试，取得秘书从业资格。

（六）程序性

秘书的业务工作虽然繁杂、琐碎，但在处理过程中却有较强的程序性，主要表现在以下几个方面。

1. 自然性程序。自然性程序即按工作活动的自然进展程序处理事务。一般工作的自然程序表现为准备、计划、布置、执行、检查、总结、评比、表彰。

2. 理论性程序。理论性程序即用科学的方法总结秘书工作的经验和教训，探索秘书工作的规律，并上升为科学理论；还要制定出合理的工作程序，反过来指导秘书工作。

3. 指令性程序。这里所说的指令是指领导对办理某项事务的具体指示和要求。

4. 法定性程序。法定性程序即根据法律、法规和规章所规定的程序办理事务。公文写作、文书处理、信访工作、保密工作、印章管理等秘书实务工作，都要严格按照相关的法定程序进行。

5. 技术性程序。有些依赖于技术支持的秘书工作，如电话、传真、计算机的操作、电视电话会议的组织等，都有一套技术操作的程序，必须遵循。

6. 经验性程序。秘书人员在秘书实务的实践中会积累和创造大量的经验，形成符合本单位实际的工作程序，这些经验性程序往往具有宝贵的价值。

以上程序是相互联系的，一项具体的秘书业务工作中往往会存在几种程序性要求。程序性特征要求秘书人员精通业务知识，熟悉有关规定，掌握操作技能，勇于实践探索，善于总结规律，不断提高办事程序的科学性。

六、现代秘书职业的发展前景

从世界范围来看，秘书职业的特性较之以前有了显著的扩展和强化，秘书人员的阵容日趋壮大，秘书工作的范围日渐明晰，业务也日趋规范。随着秘书职业社会化、专业化、现代化程度的加深，现代秘书将越来越接近专业经理人的角色，工作范围将涉及社会各个领域，工作内容中管理比重逐步增加，专业取向更加明确。例如，办公室的计算机化，使得秘书们均成为“信息技术员”。经理人依赖秘书处理更多的行政工作，可提高办公室整体的生产力。经理人也因此更希望秘书能接受更多的教育，更看重那些进步快、专业能力强、有组织性且有能力处理大量信息的人。

重视秘书职业的发展，就要重视秘书职业的专业化。正如石咏琦在《谈天才秘书》中所说的：“必须尽早培养和再学习专业经理人的知识，如管理课程、计算机操作、软件应用、信息汇整等，并选择一项专精的管理内容，如人事、财务、信息、营销管理等，才能堂堂正正地进入专业经理人的角色和殿堂。”

思考题

1. 如果终生以秘书为职业，你对秘书生涯如何规划？请详细写下来。
2. 秘书由服务性例行工作改任领导或专业经理人，要具备哪些条件？

第三节　现代秘书分类

秘书是一个统称。区分现代秘书职位类别，可以从不同的角度进行。

一、按服务对象分

按服务对象划分，秘书可分为公务秘书和非公务秘书两大类。关于二者的划分标准，学术界存在争论。本书基于以下认识进行分类。

（一）公务秘书

公务秘书指为某一组织服务的秘书，包括为国家党政机关、军队、社会团体、企事业单位服务的秘书。这其中又分为两类。

1. 国家工作人员。国家工作人员由组织的人事部门选配，从所在组织领取薪资，在编制上属于国家行政编制、事业编制、国营或集体企事业单位编制。其中，一部分是集体秘书，是为某一组织的领导层服务的秘书。他们不是为某一个领导服务，而是为组织内整个领导班子服务。另一部分是专职秘书，指专为某个领导服务的秘书。

2. 非国家工作人员。非国家工作人员指为非国有性质的组织服务的秘书，可以是为外资企业、中外合资企业、中外合作企业、非国有股份制企业、民办企业、民间团体等服务的秘书。这类秘书的特点是仍为一个组织服务，只是组织的所有制成分中不含国有成分。

（二）非公务秘书

非公务秘书指由个人出资聘请并为聘请者服务的秘书。这类秘书的工薪由聘请者支付，包括为文体界明星、社会各界名人等个人服务的人员。

二、按所在行业的职能划分

按所在行业的职能划分，秘书可分为一般秘书和业务秘书两大类。

（一）一般秘书

一般秘书指组织中的一般助理人员，其工作中没有明确的专业要求，为领导提供文书、行政事务方面的服务。

（二）业务秘书

业务秘书指组织中具有某个行业的专业优势并以此为领导服务的一类人员，具体分为以下三类。

1. 商务秘书。商务秘书负责组织内外商业信函、经济文本等的拟制、收发、归档，以及内外客户接待、业务协调等，通常在领导授权下独立工作。

2. 政务秘书。政务秘书负责组织内部人事调配、人员培训、行政协调等工作。

3. 法务秘书。法务秘书是负责处理组织内外法律问题的秘书。

三、按工作内容划分

按工作内容划分，秘书可分为文字秘书、机要秘书、行政秘书三类。

（一）文字秘书

文字秘书是负责处理组织内外文字材料的人员，即通常所说的“笔杆子”，主要是撰拟文稿、处理文稿的秘书人员。

（二）机要秘书

机要秘书是组织内处理及保管机密文电的秘书。

（三）行政秘书

行政秘书指处理各类行政事务的秘书，包括以下几类。

1. 事务秘书。事务秘书负责总务、后勤、办公室接打电话、会议安排、迎来送往、来访接待、安排食宿等。

2. 通信秘书。通信秘书负责通信事务及设备管理，包括接转总机、收发传真等。

3. 生活秘书。生活秘书指在生活方面为较高级别的领导服务的秘书。

四、按职权大小划分

按职权大小划分，秘书分为高级秘书、中级秘书和初级秘书三类。

(一) 高级秘书

高级秘书指秘书长、办公厅（室）主任。其职责是既做领导的重要助手，又承担一部分领导工作，既参与政务，又管理事务，他们本身就是领导成员。

(二) 中级秘书

中级秘书指办公厅（室）主任下属的秘书处（科、股）长及文字秘书，主要负责为领导起草文稿、处理公文、调查研究、收集处理各类信息，其工作对领导决策有重要作用，他们身兼秘书与部分领导工作。

(三) 初级秘书

初级秘书指在办公室从事日常行政事务及文稿处理工作的秘书，即办文、办会、办事等基础性工作的一般事务人员。

思考题

1. 为非国有性质的组织服务的秘书就是私人秘书。这种说法对吗？试说明理由。
2. 有人说，在办公室端茶倒水的人顶多算是办公室小妹，你的看法是什么？

案例分析

案例一　EMC 邮件门事件

2006 年 4 月 7 日晚，EMC 大中华区总裁陆纯初回办公室取东西，到门口时才发现自己没带钥匙，此时他的私人秘书 Rebecca 已经下班。陆纯初试图联系她，未果，他很生气。

数小时后，陆纯初依然怒火难抑，于是在凌晨 1 时 13 分通过内部电子邮件系统给 Rebecca 发了一封措辞严厉且语气生硬的“谴责信”（附后），并同时抄送给公司的其他几位高管。

面对总裁的责备，这位女秘书没有按常规做法那样，用英文写一封回信解释当天的原委并接受总裁的批评，同时给自己的顶头上司和人力资源部的高管另去信说明，坦诚自己的错误并道歉，而是用中文写了封措辞同样咄咄逼人的回信（附后）。并且，她回信的对象选择了“EMC（北京）、EMC（成都）、EMC（广州）、EMC（上海）”。这样一来，EMC 中国公司的所有人都收到了这封邮件。结果毫无悬念：她被立刻解职了。

附：陆纯初写的信

Subject：Do not assume or take things for granted

Rebecca，I just told you not to assume or take things for granted on Tuesday and you locked me out of my office this evening when all my things are all still in the office because you assume I have my office key on my person. With immediate effect, you do not leave the office until you have checked with all the managers you support, this is for the lunch hour as well as at end of day, OK?

（我星期二刚告诉过你，做事情不要想当然！结果今天晚上你就把我锁在门外，我要取的东西都还在办公室里。问题在于你自以为是地认为我随身带了钥匙。从现在起，无论是午餐时段还是晚上下班后，你要跟你服务的每一位经理都确认无事后才能离开办公室，好吗?)

Rebecca 的回信如下。

第一，我做这件事是完全正确的，我锁门是从安全角度上考虑的，北京这里不是没有丢过东西。如果一旦丢了东西，我无法承担这个责任。

第二，你有钥匙，你自己忘了带，还要说别人不对。造成这件事的主要原因都是你自己，不要把自己的错误转移到别人的身上。

第三，你无权干涉和控制我的私人时间，我一天就 8 小时工作时间，请你记住中午和晚上下班的时间都是我的私人时间。

第四，从来 EMC 的第一天到现在为止，我工作尽职尽责，也加过很多次的班，我也没有任何怨言。但是如果你们要求我加班是为了工作以外的事情，我无法做到。

第五，虽然咱们是上下级的关系，也请你注意一下你说话的语气，这是做人最基本的礼貌问题。

第六，我要在这里强调一下，我并没有猜想或者假定什么，因为我没有这个时间也没有这个必要。

（黄芳．“EMC 邮件门事件”引发的思考［J］．上海商业，2006（065)：59-60.）

思考题

1. 分析本案例，谈谈你对秘书职位的理解。
2. 秘书与领导发生合作上的问题在所难免，案例中 Rebecca 的处理方式是否得当?
3. 本案例中 Rebecca 是以“弱者”形象出现的吗?

提示：

1. 如果每个员工都可以利用群发系统发泄恩怨，公司会陷入怎样的混乱?
2. 作为公司总裁的个人秘书，其职责是否包括总裁的日程安排等个人事务?
3. 一味地忍受确实不是很好的办法，但不顾后果的宣泄是好办法吗?

案例分析

案例二　苏轼的拒绝与尊严

《宋史·苏轼传》记载：元丰末年，杭州僧人净源死后，他的徒弟乘海船到高丽，将净源的死讯告知高丽王子义天，义天则派僧徒来中国祭奠净源，同时带来了高丽国国母所送

的两个金塔，为宋朝皇帝和皇后祝寿。

当时苏轼任杭州知州，面对高丽国僧徒向皇帝转呈礼物的请求，他果断地拒绝了，并立即上表朝廷报告这件事的原委，提出了周详的处理意见。

苏轼在上奏的公文中这样写道："我认为高丽国因为派人来祭奠一个亡僧，就趁便让他带来了国母给本朝帝后的礼物，这样做真是轻率无礼到了极点。要是朝廷收了而不回赠，或者回赠太轻薄，那么他们今后就有了对我们无礼的借口。要是收了礼物而回赠很丰厚，那就是以重金来回报他们轻微而失礼的馈赠了。我已经令主管的官吏将他们带来的进奉状退还了，并特别对那位高丽僧人说，朝廷的制度很严，地方官不敢擅自奏闻外国僧人来往的事情。我料这个僧人一定不肯善罢甘休，他会说本国派他来进献礼品，若不给他上奏，回国后就要被定重罪。我打算在他的状书上写个批语——'地方官不能向朝廷上奏，这不是他职权范围内的事情。高丽国没有正式发文，因此这件进奉状我不能转呈给朝廷，请持状回国复命。'这样的处理是以我地方官的名义给他们的答复，不是朝廷拒绝他的礼物，似乎是一个比较稳妥的办法。陛下如认为可以，请下诏批准施行。"

思考题

1. 苏轼作为皇帝派出的地方官，在这里发挥了怎样的作用？
2. 如此处理，体现了苏轼所秉持的怎样的道德规范？
3. 苏轼的定位不单在自我角色上准确，还在处理事务上准确。试详细分析。

提示：

从现代秘书挡驾的角度来看，苏轼的处理至少在三个方面值得肯定。

第一，定位准确。苏轼认为，高丽国国母送礼给宋朝皇帝皇后这是两国元首间很重要的外交事务，高丽国应该派专使上呈专文，现在却通过转呈的形式乘便而为，这是无礼的行为。

第二，采取最佳解决方案。苏轼的处理方式不是鲁莽的。他仔细分析了可能遇到的几种情况，从维护皇帝尊严的角度，果断将进奉状退回。同时，又考虑到那个僧徒可能会纠缠，便机智地以职权所限作为借口，既不失泱泱大国的气度，又为当朝皇帝保留了威严。

第三，主动说明事情原委。决策正确与否，往往关系到事业的成败。苏轼作为一代名臣，辅助决策时主动果断、不明哲保身，事后能坦陈主张、绝不贪功，真正做到了主动辅助而不越权，体现了挡驾的艺术和技巧。

案例分析

案例三　比尔·盖茨的秘书露宝

众里寻"她"千百度

创业初期，比尔·盖茨想招聘一名女秘书。经过认真的招聘考核后，他的手下为他送来了几位过关人选的应聘资料。在这些应聘资料中，有不少人写着自己年轻、有大学学历、精力充沛，有着多年从事秘书工作的经验。可是只有一位与众不同，这种不同是不夸耀自己的优点，而是写着自己的许多“缺点”：已经42岁了，是四个孩子的母亲；从事过文秘工作，但老板认为不适合；还从事过档案管理和会计员等不少后勤工作，但这些工作都做得不长，后来一直在家里操持家务。对这份应聘资料，她自己也没有抱多大的希望。招聘考核负责人也不打算把她的招聘资料给比尔·盖茨看。

原来是她

可是比尔·盖茨看到许多写着自己优点的应聘资料时，却大皱眉头，失望地责问招聘考核负责人：“难道就没有比她们更合适的人选了？”招聘考核负责人实在拿不出其他人的资料，没办法，抱着试试看的心理，把这位写着自己“缺点”的应聘资料拿给比尔·盖茨看。当比尔·盖茨一看到这份应聘资料，眼睛一亮，说了句“就是她了”。

盖茨为什么要选择一位自称“没有什么优点”的女秘书呢？原来，盖茨从这名女秘书的“缺点”上找到了自己公司最需要的东西：公司在创业初期，百废待兴，各种事情等着盖茨去做，内务、管理方面的杂事正是盖茨本人无法亲力亲为的；应聘者42岁，这种年龄有稳定性，且多年在家操持家务，说明有内务、管理方面的经验；她又是四个孩子的母亲，自然会有家庭观念，这种家庭观念也会被带到微软公司中来。

盖茨确实有远见。应聘后的这位女秘书对公司的每个员工、每份工作都抱有一份很深的感情。很自然，她成了微软公司的后勤总管，负责发放工资、记账、接订单、采购、打印文件等工作，这引起了周围好多人的羡慕。正是依靠这位女秘书的这些“缺点”，给微软公司带来了凝聚力。当微软公司决定迁往西雅图，女秘书因为丈夫在亚帕克基有自己的事业而不能前往时，盖茨对她依依不舍，留恋不已。临别时盖茨握住她的手动情地说：“微软公司为你留着空位，随时欢迎你来！”这位女秘书的名字叫露宝。

惺惺相惜

三年后的一个冬夜，西雅图的浓雾持久不散，因缺乏得力助手而心情郁闷的盖茨坐在办公室里发愁。这时，一个熟悉的嗓音伴着一个熟悉的身影来到了他的面前，“我回来了”。是露宝！她为了微软公司，说服了丈夫举家迁到了西雅图，使她可以继续为公司的腾飞效力。

随着微软帝国的建立，盖茨从露宝那里得到了信赖，露宝则从盖茨那里获得了尊重，她也获得了个人职业生涯的巨大成功。他们相辅相成，唇齿相依，成了微软公司里一道独特的风景。

思考题

1. 盖茨为什么要选择一个“没有优点”的女秘书呢？
2. 怎样才能像露宝一样无可替代？
3. 社会上有人误认为秘书是吃青春饭的，错在哪儿？

提示：

1. 露宝的某些“缺点”恰恰是别人所不具备的特点。

2. 技不压身，人只要有一技之长，就有非我不可的潜能。

实务操作

1. 结合上述案例一，换个角度来解决问题。请模拟设计其他处理方式，写出解决方案，在课堂上进行交流。

时间安排：两节课。自我设计在课余分头进行，教师用一节课时间点评。

2. 面对总裁的责备，请以 Rebecca 的名义另写一封回信，以求得另一种结果，同时展示你对秘书角色的理解。

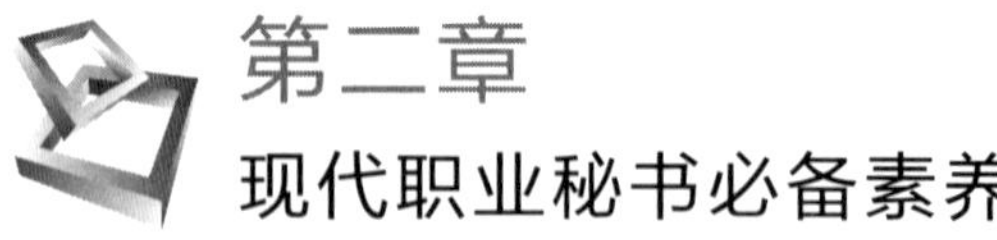

第二章 现代职业秘书必备素养

【本章学习要点及学习目的】

明确秘书的素质和修养，了解秘书职业的专业特殊性和专业素养训练的必要性。对照自我，分析认识，以掌握秘书人员必备的素养，及早以专业要求提升自我。

秘书工作是一项上传下达、承上启下、沟通左右、协调八方的综合性工作。一名训练有素的秘书人员，工作中既要坚守原则，又要随机应变。待人接物要沉稳端庄、张弛有度；处理事务要有条不紊、干练果断。这一切决定了秘书从业人员不但要有精湛的专业技术，还要具备良好的职业素养。素养是素质和修养的合称。从字面上理解，素质是人的某些先天的特点；修养是使人身心完美或趋向完美的教养，指人的综合素质。秘书工作对秘书人员的素质和修养有特殊而全面的要求。

通常所说的秘书工作，不外乎“三办”，即办事、办文、办会，秘书人员是完成“三办”的主体。秘书人员自身的素质与修养在很大程度上决定了秘书工作的成败。

秘书的素质是指秘书从业人员在政治、思想、作风以及个体知识储备、能力培养及心理承受诸方面的综合素质。秘书修养是指秘书人员的职业修养，它包含职业知识、职业责任、职业形象和职业言行等方面的修养。这一切都是基于秘书职业的定位和秘书工作的特点而言的。当然，职业素质与修养不是与生俱来的，也不是选择了秘书职业就能显现出来的。秘书的职业素养是秘书人员通过有意识的修炼积累而来的。要获取职业所要求的素养，需要有针对性地、长期不懈地学习准备和工作实践。具体努力的方向有以下三个方面。

第一，知识素养。知识素养包括秘书职业人员进入职场必备的基础知识、秘书工作与可能打交道的各行各业相关的知识以及秘书职业所需的专业知识。

第二，能力素养。能力素养包括秘书开展工作必需的观察思维能力、汲取信息的能力、沟通协调能力以及表达能力、操作能力和创新能力。

第三，德行修养。德行修养包括政治修养、道德修养、理论修养、心理修养等。

第一节　现代秘书必备知识素养

知识就是力量。学习和积累知识是现代社会中人们得以生存和发展的基础。秘书工作以脑力劳动为主，更应有广博的知识。古今中外优秀的秘书人员一般都是饱学之士。

提到三国时期的诸葛亮，人们都会想到其才智过人，其实才智源于他的博学。当年诸葛亮隐居隆中，刻苦攻读，熟知诸子百家思想精华，把握历代兵法精髓，运筹帷幄，雄韬伟略，未出茅庐已知天下三分之事，这才引发了刘备三顾茅庐去请他出山。诸葛亮一旦出山，即辅弼刘备成就了三国鼎立的伟业，至今仍被世人赞颂。

中华人民共和国成立初期，周恩来总理的军事参谋雷英夫，早先曾在毛泽东、周恩来、叶剑英等高级领导身边当过秘书，亲身经历了许多重大历史事件。领导们在紧要关头做出的一个个重大决策，采纳了不少他卓有见地的建议，他出色的才能赢得了高层领导的赏识和信任。他的才能文武兼备，工作中能参善谋，这一切都源于他勤奋学习而获得的广博知识。

一个合格的秘书人员既要获取广博的知识，又要根据自身特点来建构适应其专业需要的合理知识构架。秘书人员的知识构架包括职场必备的基础知识、工作中实用的相关知识以及精湛的专业知识。

一、基础知识

基础知识是秘书人员知识构架中最根基的部分。民谚有云：万丈高楼平地起。秘书人员没有坚实的基础知识是不可能有专业建树的。基础是根本，是出发点；没有基础就没有起点，没有起点就没有过程，而没有过程就不可能达到终点。

秘书人员的基础知识有：①人文社科知识，包括社会、经济、文化、艺术、法律、伦理、历史、哲学、美学等学科的知识。②自然科学知识，包括生物、化学、天文、地理、物理等学科的知识。③交叉学科知识，包括数学、语言、逻辑、控制论等学科的知识。

这三方面的知识为秘书人员提供了思想表达工具，能使秘书人员对秘书工作形成正确的认识，把握全面工作的尺度，有效合理地开展工作。

这三方面知识无所谓谁主谁次，它们互相交融，共同构架出秘书人员必备的基础知识层面。从代领导者立言的角度上讲，秘书人员的知识面需要涵盖领导的知识面，这样才能真正发挥其参谋与辅佐的作用。

二、相关知识

相关知识是秘书人员在开展工作时不可避免地要涉及的相关行业的知识，是秘书职业的外围知识。

秘书人员的相关知识有：①管理学知识，包括一般管理理论、经济管理学、企业管理学、行政管理学等学科知识。②心理学知识，包括普通心理学、社会心理学、管理心理学、领导心理学、人际心理学、行业心理学等学科知识。③公关礼仪知识，包括人际关系学、公共关系学、礼仪学、公关事务学、公关语言学等学科知识。④其他相关知识，包括市场预测学、统筹决策学、信息传播学、文学艺术学等学科知识。

这四方面的知识，扩大了秘书人员的知识面，有利于秘书人员开阔视野、开拓创新、进行立体思维，有利于秘书人员综合素质的提高。

三、专业知识

专业知识是秘书人员必须具备的从事秘书工作直接关涉的专门业务知识，是秘书人员知识构架中的核心部分。

秘书人员的专业知识有：①普通秘书知识，包括秘书理论、秘书技能。②专业秘书知识，包括行政秘书学、企业秘书学、法律秘书学、医学秘书学、教育秘书学、广告秘书学、工程秘书学、演艺秘书学等学科的知识。③秘书实务知识，包括秘书写作学、文书学、档案管理学、信访学、会议学等学科知识。

这三方面知识的具备，使秘书人员得以区别于其他专业人员。掌握了这三方面的知识，即掌握了秘书工作的工具。

基础知识、相关知识和专业知识共同构成了秘书人员的知识架构。在整个知识层面中，三者的关系如图 2-1 所示。三者相互联系、相互影响、相辅相成、有机统一，共同发挥着整体效应。由图中可以看出三方面知识的总体关系呈金字塔形，越是接近专业核心的知识，在秘书人员总体知识构成中的

占比就越小。

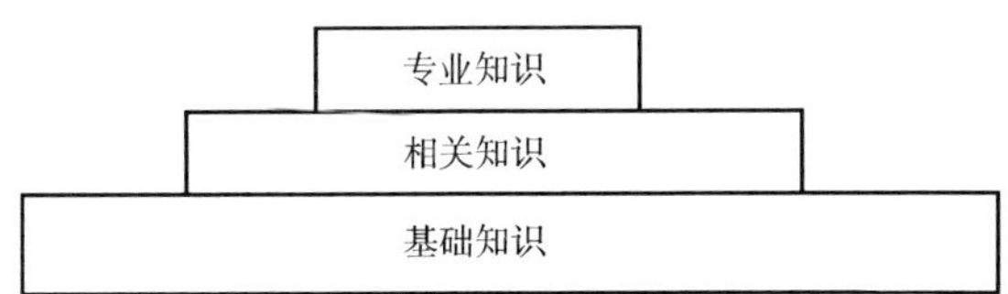

图 2-1　秘书人员知识架构

思考题

1. 如果具备了基础知识就进入秘书岗位工作，一边干一边学专业知识，这样可行不可行？为什么？

2. “掌握了秘书专业知识，就足够应付秘书工作了。”这种说法对不对？为什么？

第二节　现代秘书必备的能力素养

秘书的能力，即通常所说的才干。什么是秘书的职业才干？它包括秘书的政治水平和文化水平、学识和文化功底、通晓事理和实践创新的程度等。隋唐时期著名书法家、文学家虞世南做过秘书监，学识、德行上都有很高素养。近代许同莘研究公牍学，主张写公文要“晓事”，即知晓事务和道理，有辨别是非的能力，审时度势，通情达理。毛泽东主席的秘书田家英，靠勤奋学习和勇于实践，从普通小职员成为高层领导的秘书。这些都展现了秘书须有的才干。

现代秘书的能力结构可以从以下六个方面进行考察。

一、观察思维能力

德国哲学家黑格尔说，观察力是“掌握现实及其形象的资禀和敏感”①。秘书工作离不开与人打交道，无论是领导、协作单位代表，还是单位内部员工，都是有思想的活生生的个人，他们的言谈举止、彼此关系都会透露出各

① 黑格尔．美学：第1卷［M］．北京：商务印书馆，1981：357.

自的性格特征。秘书人员要敞开观察的门户，进行全方位多方面观察，随时获取各种新情况、新动向，并对各种现象进行逻辑思维辨别，进行有效的思考，以准确地做出判断。这样才有利于处理各种复杂的人际关系，提高工作业绩和效率。

二、汲取信息的能力

秘书人员处在领导的辅助位置，需要根据领导的需要去收集、筛选和传递信息。这里的信息涉及社会、政治、经济、科技、国防等方方面面，要求秘书人员要有能力去挖掘、采集各类信息资源，积极主动地直抵信息前沿阵地，把官方与民间、本地与外地、国内与国外、正面与反面等相关或对立的信息汲取过来，围绕领导中心工作，对倾向性、突发性信息抓重点、抓关键，为领导提供有参考价值的高质量信息，以更好地发挥其辅助领导的职能。

三、社交公关能力

秘书人员的工作岗位决定了从业人员必须善于沟通和协调单位内部、单位内外的各种情况和矛盾，须了解全局情况，并有预见性地针对可能出现的矛盾和冲突加以协调。秘书人员要真正发挥枢纽位置的润滑、桥梁作用，必须具备与他人进行社会交往的能力，讲究社交与公关礼仪，运用多种交际的手段、艺术和方法，化解和消除矛盾。

四、表达能力

能说会写是秘书人员的看家本领。秘书要有效地辅助领导活动，既要“写得出”，还要“说得出”。具体应从两方面增加这方面的能力素养。

（一）言语能力

言语能力包括两个方面。

1. 书写能力，即写作能力。这主要指公文的辞章建构能力。它是把信息变成文字、符号、图表、数字等形式，并借助纸张进行思想或情感的表达，以实现沟通、交往与合作的目的。

这是一项综合性很强的能力，要求秘书人员既要有较高的政策理论水平，

又要有深厚的文化底蕴，还要掌握丰富的现实数据信息，并具有分析问题、判断问题时合乎主流方向的能力。而这些能力都需借助于良好的辞章建构能力表达出来。

没有较高的政策理论水平，就吃不透国家的大政方针，写出来的文章就会偏离法纪规范。

没有深厚的文化底蕴，就看不透客观世界的本质，写出来的文章只能停留在事物表象，没有深刻思想；如果语言驾驭能力再不强，写出来的文章必定表达不清，缺少才情，没有思想，流于浅表。

不能掌握丰富的现实资料，就会理论脱离实际，写出来的文章就会无的放矢，毫无针对性。纸上谈兵是不能解决实际问题的。

没有把握主流方向的能力，就会在是非判断、价值观念、审美要求等主要方面失之偏颇，写出来的文章必然出现倾向错误、是非不明、审美低俗的问题。

最后，良好的辞章建构能力是借以展示上述能力的载体。无论政策、理论水平有多高，思想有多深刻，数据有多丰富，观点多么正确，离开良好的辞章建构都无法表达。因此，必须重视辞章建构能力。

2. 口语能力，即口头表达能力。这是指日常口头交谈的能力，即要“会说话”。这也是一项综合性较强的能力，具体讲，有以下五个方面的内容。

（1）能说真实的话。语言是思维的外壳，心有所想，言有所及。要肯说真话，敢说真话，要有一说一，有二说二。不要说假话，不要文过饰非。秘书人员为领导服务，一定要心地坦荡，光明磊落，以诚立言。

（2）能说有内容的话。秘书人员的口头语言是解决实际问题的工具之一，说话要有针对性，就事论事；要有目的性，了解什么情况、沟通什么关系、传达什么精神、解决什么问题、交代什么事务，应一清二楚，内容充实，不要说空话、废话。

（3）能说合规的话。秘书人员的口语表达以口语交谈的形式出现，但它毕竟是为工作而开展、带有职业的规范性要求。因此，用语要端庄，表意要贴切，语气要平和，语速要适中，不要信马由缰，脱离规范。

（4）能说优美的话。秘书人员代表单位形象，一定要时刻注意自我修养。谈话或发言，用语要纯洁、健康，切忌出语粗俗，尖酸刻薄；讲话方式要文雅，切忌高门大嗓，粗鲁叫嚷；讲话方向要透明，切忌故作深沉，闪烁其词；讲话分寸要得当，切忌哗众取宠，自我炫耀；讲话要适应环境，切忌不分场合和对象，悲喜过度。

（5）能说机智的话。秘书人员与人交谈要打破此严谨职业可能带来的呆板、拘束感，有意识地锻炼讲话的机智和幽默，制造谈话的轻松气氛，这样有利于交流信息、沟通情感、交代事项。为此，讲话中风格要幽默、诙谐，可适时地加入轻松俏皮而又无伤大雅的笑话，以在矛盾冲突升级或关系僵化的时候适当化解矛盾、缓和气氛，以机敏与智能完成工作任务。

（二）非言语能力

秘书的表达能力中，当非言语能力借助于言语能力共同发挥作用时，会有意想不到的效果。借助于眼神、表情、手势、躯体、体位等手段可以更好地实现交流与沟通的目的。

五、操作能力

传统秘书被称为“笔杆子”，而现代秘书仅靠一支笔已难以适应文字材料的处理工作，更不用说适应现代社会发展的需要了。秘书要在现代社会中站稳脚跟，一定要具备适应社会需求的操作能力，即具备动手能力。

现代秘书工作中需要动手操作的设备包括计算机、电话机、采访机、传真机、投影仪、扫描仪、照相机、录像机、刻录机等。

现代秘书的操作能力包括汽车驾驶、组织会议、快速录入汉字、安排食宿、接待来访、领导外出、媒体公关等实际动手过程中的操作能力。

要有效地处理各种事务，需要知晓办事程序，区分轻重缓急。一般地讲，要学会对各类事务进行分类，然后遵循 ABCD 处理原则，先急后缓，先主后次，先易后难。其中，A 指重要而紧急的事务，B 指重要而不紧急的事务，C 指紧急而不重要的事务，D 指可做可不做的事务。

六、创新能力

谈到“创新”，如果首先想到的是新产品或新的服务项目，那么这种想法是狭隘的。确切地说，创新是一种革新的过程。

秘书人员在工作范围内，思维经常处于理性状态，可能会过分囿于传统的框框，一味听凭吩咐而工作，有时会显得僵化守旧。要打破这种呆板、僵化的传统工作风格，必然要具有创新能力。

创新能力不是单纯地标新立异。这种创新能力可以理解为：将各领域克

服僵化结构和思维模式的知识和经验融合为全新的决策方案。秘书人员要做的是需要创新性的思维和行动。具体说，现代秘书需要激发和加强创造性的思想苗头，可以通过相互联想、刺激、模拟推理以及由潜意识突然引发产生的念头，来促进新的工作思路的产生，引发自我头脑风暴。

奥地利剧作家、文学批评家赫尔曼·巴尔说过：天才总是于寻常中发现不寻常①。

综上所述，秘书开展工作必要的六大能力之间彼此相辅相成。秘书的能力是综合的，六大能力无所谓轻重，一种能力加强了，必将带动其他能力的提高。日常修养中，秘书一定要从个人、社会的要求上提升自己的办事和业务能力。

思考题

1. 在秘书必备的能力素养中，你具备哪些素养？还欠缺哪些素养？怎样提升自己的能力素养？

2. 对于秘书来说，创新能力有什么作用？

3. 阅读下文，回答问题。

(1) 秘书俗称“笔杆子”，怎样才能得心应手地调动笔杆子？

(2) 你认为提升辞章建构能力最切实可行的方法有哪些？

补充资料

提高辞章建构能力六法

如何才能提高语言素养，培养学生的辞章建构能力呢？我认为，辞章建构是语言使用的一种综合能力，需要长期不懈地努力，并从多方面进行“综合治理”，才能逐步提高。

一、积累和掌握词语，增加词汇量

“词”是句中最小的能够独立运用的语言单位，也是语言最基本的“建筑材料”，掌握词语的多少直接标志着一个人写作水平的高低。

古今中外许多文学大家往往是掌握词汇量很多的人，如《名利场》的作者，英国作家萨克雷掌握各类词语 5 000 多个，诗人拜伦、雪莱掌握词语 8 000 多个，而莎士比亚作品中使用的词语更多达 17 000 多个。

汉语词汇丰富多彩。要积累更多词汇，并不是要抱住词典死记硬背，而是要在阅读和写作训练中有意识地积累，做有心人，循序渐进，所谓“胸藏万汇凭吞吐”。

---

① 施奈德，蒂迈尔．当好秘书 100 诀窍 [M]．北京：中央编译出版社，2003.

二、多读名篇名著，加深语言学养

应用写作的历史源远流长，古代文章高手曾写过大量经世致用的应用文佳作。一部《古文观止》，收录的绝大部分是应用佳作，这些佳作“事信言文”“简而有法”（欧阳修语），脍炙人口，可供我们学习借鉴。

此外，要多读优秀的现代应用文。各行各业的“档汇编”里不乏佳作，是我们选读的好材料。一些伟人的著作，如毛泽东、邓小平等的文集，都有不少大气之作，内容丰赡、庄谐统一、语态潇洒、抑扬顿挫。日常报刊上公开发表的各类应用文，都是“应时”“应事”之作，时效性突出，实用性强，且是极易获取的借鉴材料。

当然，读名篇而自己不动手是不行的，要随时做好笔记，并勤读多写。凡在阅读过程中令人动心的词句或是陌生的词语句子，都要记下来。对于陌生的词句要认真查找工具书，弄懂弄透词义及其使用的场合。

“读书破万卷，下笔如有神。”多读书，多领悟，潜移默化，语言学养自然就加深了。

三、设置语境，收集义项，准确运用词语

词语往往是多义的，而同一意义在汉语言中往往也是有多个词与之对应的。在具体的语言环境中，一个词可以有几个甚至几十个义项，应用写作中要准确地表情达意，就要理解词语的各个义项及其对应的语境。

日常训练中，可以有意识地置身于不同的语境，理解一词多义。比如“打”，可以表达“武力攻击”（打人）、“制作”（打戒指）、“十二个”（一打袜子）、“从……起”（打小）等多种意义。接收新词汇时要适当展开联想，体会不同语言环境中不同的词义，避免使用中发生歧义。

对于一词多义的现象，除掌握概念中的理性含义，还要了解其附加含义。比如，要表达“失去生命”的中心意思，现代汉语中可以有多个词语：死、逝世、过辈、老了、牺牲、归西、撒手人寰、完蛋、翘辫子、去了、去世，等等。这些词语意义明了，但在受众心目中引发的联想和感情却不同：“逝世”带有尊重的意味；“牺牲”带有对为正义事业而死的人的敬意；“归西”带有一种陈腐的味道；“完蛋”表现出轻视；“翘辫子”除了轻视之外，还比较形象；而“死”“老了”“去了”“去世”则比较平淡，没有特别的感情色彩。

四、锤炼字句，力求用词精当

古往今来，读书人炼字炼句的佳话广为流传。唐代诗人贾岛执着于“推敲”，“二句三年得，一吟双泪流”。长期锤炼的心血之作，能够感天动地，流芳千古。

在日常的练习训练中，要力求把最恰当的词语摆在最恰当的位置。当词语不能精确地表情达意时，要有意识地去寻找、挑选最精当的词语，找出意义相近的各类词，辨析取舍，从不断的挑选锤炼中扩大词汇量，丰富自己头脑中的词汇仓库。这种挑选与锤炼，也许是漫长痛苦的历程，但日积月累，会厚积薄发，对于摆脱习作中的苍白无力或是老一套的“学生腔”大有裨益。

五、掌握公文常用文种的惯用语式，关注行业术语

公务文书常用文种具有较固定程式的用语，这些用语大体分为八种：①开头语式，用

词有“关于”“兹因”“根据”“依照”“为了”等。②称谓语式，用词有“贵（单位）”“该（局）”“本（院）”等。③祈请语式，用词有“恳请”“期盼”“诚请”“希”“盼”等。④经办语式，用词有“经”“执行”“落实”等。⑤征询语式，用词有“当否”“妥否”等。⑥表态语式，用词有“准予”“原则批准”“应”等。⑦承启语式，用词有“为此，特通知如下”“基于上述原因，提出如下意见”等。⑧转用语式，用词有“转发”“批转”等。

各种语式的常用词应烂熟于心，在应用写作中才能自然流露，信手拈来，绝不能临到用时才搜肠刮肚，冥思苦想。

对于专用文书，因其语言上有明显的行业特征，更要求习作者要在准确性上下功夫，要对各行各业的专业术语多加留意，日常阅读中注意吸收、积累。在应用写作中运用相关术语上不能寻求所谓的创新，要选用已经约定俗成、耳熟能详的专业术语，以期更准确地表达特定的行业内容，更好地让受众接受。

六、掌握语法，学会修辞，理顺逻辑关系

这三方面的训练，意在提高造句能力，而句子是文章中表达一个相对完整“思想”的语言单位。因此，掌握大量词语而不会按照一定的语法规则、逻辑关系、修辞效果合理地排列组合，仍然不能写好应用文。

语法、逻辑、修辞在提高造句能力上各有各的用处。语法解决的是句子通不通的问题，逻辑解决的是句子对不对的问题，而修辞解决的是句子好不好的问题。要多做组词选句练习，首先从简单句写起，逐步扩充句子成分，学会写复句。然后，从单层复句向多层复句过渡，在写通句子的基础上学习运用修辞，句中加入必要的修饰可以避免语言的干瘪乏味。最后，学会理顺逻辑关系，对零乱的语言、离散的结构、颠三倒四或含混矛盾的语句进行调整，遵循由先到后、由上而下、由远及近、由浅入深、因果相依的规律性顺序展开。

总之，要提高应用写作的辞章建构能力，除了积累词汇，还要具备相应的语法与修辞知识，通过多写多练多修改，逐步提高这三方面的能力，除此以外没有他途。习作者只有坚持不懈，不断加强自身的语言素养，才能在写作中达到文通字顺、言之有物。

（华洁芸．应用写作必须重视辞章建构能力［J］．应用写作，2002（12）：11-12.）

第三节 现代秘书德行修养

秘书是领导的助手和参谋，位于领导近身，能对领导产生影响，有时还代表领导行使一定的权力。同时，秘书又处于幕后担当配角，为领导服务却不允许超越领导自作主张，掌握大量秘密却不允许随意泄露。所以，秘书工作同时具有极强的政治性、服务性、政策性、隐秘性、综合性和复杂性。为此，秘书人员需具备特别的德行修养。

一、政治素养

政治素养要求秘书人员政治先进、立场鲜明。

秘书岗位是党政机关或企事业单位锻炼、选拔、培养领导干部的重要岗位。秘书的工作处在单位的核心层，因而具有良好的政治素养是秘书人员最基本的素养。

（一）政治先进、思想稳定

秘书人员要爱国、爱党、爱人民，要坚持四项基本原则，从思想上、情感上、行动上处处与党中央和上级党政机关保持一致，能抵制方方面面的诱惑，坚定立场，自觉工作。

（二）高度的责任心和事业心

秘书工作的性质决定了这是一项十分琐碎而又面面俱到的工作，往往吃力不讨好，即使工作卓有成效，良好的业绩也只能通过领导的业绩间接反映出来。因此，这就要求秘书人员要有强烈的事业心和工作责任心，在平凡的工作中保持旺盛的工作热情。同时，要求秘书人员要埋头苦干、不计得失，全心全意为领导服务。只有辅助领导取得卓有成效的业绩，才能体现出秘书工作的成效。

（三）高度的组织纪律性

秘书工作就是使领导意图转为现实的一项工作，秘书必须服从领导安排，严守工作纪律，绝不能脱离领导自行其是。

二、道德修养

道德修养要求秘书人员注重自身人格修养，讲究职业道德。

秘书人员作为普通公民，首先应遵循社会公德，严守“八荣八耻”，以保有完善人格。其次，作为特殊的职业人员，秘书应遵守自身的职业道德。

（一）忠心可靠

这是秘书人员首要的职业道德修养，具体说就是：①要忠于职守，热爱本职工作。②要忠心耿耿，处处维护领导威信。③要摆正位置，勤恳辅弼。

如果领导举止严谨，作风正派，道德高尚，礼贤下士，则会令人敬重，秘书人员就要尽心尽职，勤恳为领导服务。但有时，领导可能在思想、行为上失之偏颇，这时秘书人员仍要摆正位置，及时提醒，拾遗补阙。既不要打着服从领导的旗号是非不分，曲意逢迎，也不要打着坚持真理的幌子，诋毁领导，抬高自己。

（二）甘居幕后

甘居幕后是秘书人员重要的职业道德修养之一。

秘书为领导服务，决定了秘书需站在领导身后，其工作的成果是隐性的，往往通过领导业绩才能体现出来。

一次会议的圆满举行、一份翔实的工作报告，操办与起草的是秘书，赢取掌声的是领导，而秘书总是默默无闻。

有人开玩笑说：工作来了找秘书，出了问题怨秘书，福利待遇压秘书，功劳簿上没秘书。因此，秘书如果没有甘当无名英雄的胸怀，是难以胜任这项特殊工作的。

（三）服从领导

秘书的角色定位决定了秘书人员必须坚决服从领导，严格按领导的意图办事。

提倡秘书发挥主动性、创造性，但这种主动与创新必须在符合大政方针和领导意图的前提下才能发挥。服从领导是秘书的义务，对于领导的错误决定，秘书可以提出意见和建议，但不能停止执行，只能边执行边抗辩。

（四）实事求是

秘书人员在工作中一切要从实际出发，了解真实情况，反映真实情况，传达领导的确切意见，不掺杂个人意图。在办事过程中，要切合实际，有多大能力办多大事，不要为图给领导留下一时好印象而大包大揽，也不要凭空想象，好高骛远。

（五）待人以诚

无论秘书与领导多么接近，也要对自己的身份有清醒的认识。在领导身边工作是秘书职位所决定的，并不意味着自己高人一等。因此，秘书与人打交道时一定要平等待人，尊重他人，理解他人，设身处地为他人考虑，而不要傲气十足，借势压人。秘书言谈要谦和，举止要优雅，态度要和蔼，对上不卑不亢，对下礼貌热情，坚持做到谦虚谨慎、待人以诚。

（六）严格保密

秘书事务中要涉及单位的上层文件，秘书对领导工作的日程和行踪安排也非常清楚，在与领导的频繁接触中也会直接听到领导的言论，并会参与单位重大事件，知道许多内幕，甚至来自上级的国家机密档也会以文档保管的形式掌握在秘书手中。因此，秘书工作具有相当的保密性质。秘书人员必须严守机密，切忌泄漏或出卖单位的各种秘密，或议论和打探别人隐私。具体需要保密的事项如下。

1. 公文保密。严格收发文处理程序，把握各个环节。

2. 会议保密。从会前筹备、会议资料到会后文件整理，都要做好保密工作，防止文件外泄，会议被偷拍、偷录。

3. 办公自动化保密。这主要是防止无纸化办公、电话、网络等的泄密，要树立防范意识，防止电话窃听和网上黑客的侵入。

4. 守口如瓶。秘书人员主观上要有保密意识，对于早知、多知或深知的单位秘密，要守口如瓶，严格遵守保密规定，绝不能忘乎所以在人前卖弄。

三、心理修养

现代社会的工作节奏比以往任何时候都快，人的社交面比任何时候都广，这使现代人一直处于紧张状态，感受着较大的工作压力。秘书处于复杂的工作环境和人际关系中，所承受的心理压力更大。因此，秘书更需要良好的心理修养。具体地说，秘书心理修养表现在以下四个方面。

（一）积极快乐

捷克有句谚语：谁以笑开始新的一天，谁就能赢得这一天。为了愉快地开始工作，秘书要有能力在工作场所营造出具有工作乐趣的氛围，而将影响愉快气氛的干扰性因素减少到最低程度。要将快乐和工作保持在一个自然的平衡状态，为此可以设法将娱乐当作辛苦工作后的调剂结果，但同时不要让娱乐喧宾夺主。要知道工作着是愉快的，那么快乐就能成为工作的副产品。以积极的态度投入琐碎的秘书工作，以愉快的心情收获点滴的快乐，这是秘

书人员在职业中最基本的心理修养。

（二）自信沉稳

有积极的生活态度作前提，加上良好的交际能力，独当一面的工作能力及适度的个性发挥，能使人保有健康的自信心。

作为秘书人员，需具备以上三个方面的素养，才能在自信的基础上表现出沉稳的心理素养。为此，秘书人员要经常微笑，从潜意识里感觉“我很好”；同时要老练地做自己认为正确的事，不要顾忌“别人将对此说什么”。对于工作中偶尔的小错误，也不必耿耿于怀。要清醒地评价自己的优、缺点，并能扬长避短。

如果你对自己感到满意的话，别人对你感到满意就容易多了。

（三）坚韧豁达

秘书人员地位特殊，角色复杂，工作繁杂而无规律，常常加班熬夜，容易造成身心疲惫。而其一言一行，可能招致众口称赞，也可能招致毁誉参半、讽刺挖苦，甚至抱怨责难，这会给秘书人员造成巨大压力。对此，要学会自我调整，减少遭受挫折的可能。

1. 及时察觉自我情绪和心情。利用积极愉快的情绪，解决复杂事务或复杂的人际关系，避免在情绪消极时介入解决冲突的谈话和进行困难的工作。

2. 一旦感到身心压力，必须持续地改变思维模式，将置你于身心压力的思维模式从头脑中清除掉。要认识到“身心压力”这个概念不总是消极的，应正面地接纳它，它可以在感到紧张和忙碌时激发对工作的兴趣和热情。如果消极的身心压力因素在较长时间里占据支配地位，则要高度重视，要着手从各方面淡化压力的影响。

3. 学会自我放松。保持健康的身体和充沛的精力，积极安排休息时间，重新调整使人疲劳的工作日程，采用全新的、合理的工作方法。

4. 心胸豁达，以平常心面对宠辱。秘书工作的复杂性，必然带来结果的多样性。面对各种结果，要胜不骄、败不馁，学会克制自己，冷静理智，做到宠辱不惊。

（四）幽默机智

越是压力大、事务繁重、精神紧张，越要自寻开朗，洒脱放松，泰然自若，幽默乐观。

要提高应对工作重负和临场应变的能力，在紧张的工作中学会放松，以保持自然平和的心态，培养情绪上的弹力，尽可能缩短沉浸在失望和遭受挫折痛苦中的时间，视这一切为学习的机会，从心底认可“得失相对”。聪明人不单求笑到最后，而是求谁最先笑，笑得好，一路笑。这才是秘书人员良好心理素质的表现。

思考题

1. 政治素养、道德修养、心理素养三方面孰轻孰重，理由是什么？

2. 凡是社会人都需具备一定的心理素养，秘书人员应比普通人具有更高的心理素养吗？为什么？

案例分析

案例一　联合国需要什么样的秘书长？

英国《独立报》为联合国戏拟了一则招聘启事——“联合国正在招聘一名超级俱乐部总经理，要求应聘者最好有当CEO、销售员和催债人的经历，并且熟练掌握英语和法语。”虽然风趣，却也生动地传达出了联合国秘书长所应具备的才干：领袖风范、出色口才、强韧手段。

作为国际社会的首席公务员，联合国秘书长责任重大。尤其在美国单边主义政策愈演愈烈的今天，联合国秘书长承载了世界人民更多的期待，也承担了更多的责任。“他必须是一个协调高手，要善于了解和把握各方的利益分歧，并从中寻找一个妥善的平衡点。”

中国前常驻联合国代表李道豫说：“选举秘书长本身对联合国的走向是件大事，毕竟是选最高行政首脑。但秘书长并不能逾越安理会和联大，他的权威是安理会和联大赋予的，所以要说他对国际局势有什么影响，那倒谈不上。”他认为，即将当选的联合国秘书长不管是谁，不管是哪里人，都得是称职的，得是公允的，得公正贯彻和维护《联合国宪章》的宗旨和原则。

思考题

1. 你认为当前联合国秘书长最重要的能力是什么？

2. 作为最高行政长官，联合国秘书长为谁服务？

案例分析

案例二　臭皮匠和诸葛亮

中国有句很流行的谚语："三个臭皮匠顶个诸葛亮。"大意是说，一些不起眼的小人物，如果发挥其集体智慧，也能起到某个杰出人物的作用。

近来，有人考证，这里的"皮匠"只是"裨将"之误。裨将即主将属下的副将或助手，类似于今天的秘书。如此说来，这句谚语的意思可以理解为：三个秘书连手，可以替代一个领导。

思考题

对"三个臭裨将顶个诸葛亮"的立论，你赞同吗？请详述理由。

提示：

1."裨将"具备一定的能力，不同裨将各有不同专长。秘书如果具备完美素养且专业取向多样化，工作起来就能产生以一当十的效果。

2.秘书既需要全能运动员般全面均衡的职业素养，又需要陪练般的低调。能力再强，也顶替不了领导的决策权、影响力和使命感。

案例分析

案例三　毛主席究竟如何选秘书

毛泽东一生中有过很多秘书，其中最著名的当数胡乔木、陈伯达、田家英。我们从毛泽东与他的这三位秘书的交往以及三位秘书的经历中，可以获得不少借鉴和启迪。

1.毛泽东欣赏有思想、有学问的人

毛泽东集思想家、政治家、军事家、书法家和诗人于一身，好学勤思，博古通今，作为他的秘书也必须是高水平的。毛泽东的几个主要秘书都是经他本人发现和挑选的。毛泽东认为："有了学问，好比站在山上，可以看到很远很多的东西；没有学问，如在暗沟里走路，摸索不着，那会苦煞人。"因此，毛泽东选秘书的一个重要标准必须是"有学问"。毛泽东习惯于以文识才，以才举人，他的三位秘书都因各自的文才而引起毛泽东的注意和任用，并在以后的工作中成为毛泽东的得力助手。例如胡乔木的选用，起因是毛泽东看了胡乔木在《中国青年》杂志上发表的一篇纪念五四运动21周年的文章，发现"乔木是个人才"，所以点名要调胡乔木去当秘书。胡乔木来到毛泽东身边后，在毛泽东的影响下，读了大量的理论著作和文献。由于胡乔木的埋头苦学和深厚的理论功底，他在正确掌握毛泽东思想和起草中央文件方面发挥了重要作用。1971年夏天，毛泽东南巡中在回答丁盛"胡乔木是什么样的人"时说道："胡乔木曾为中央起草了许多重要文件。像《关于若干历史问题的决议》，别人搞了几个月都没有搞出头绪，他一写就写出来了。"由于出色的文字能力，胡乔木逐渐成了“中共中央一支笔”“大手笔”“新闻首脑”。

陈伯达能成为毛泽东的秘书，是因为他在延安的一次座谈会上较为有特色的发言而引起了毛泽东的注意。当时会上对孙中山的思想发生了争论，陈伯达的发言阐述了孙中山的思想。陈伯达刚发言完毕，毛泽东就站了起来，很高兴地说道：“刚才陈伯达同志的发言很好，很恰当地分析了孙中山思想的阶级属性问题……”散会后，毛泽东就把陈伯达留了下来。晚上，毛泽东请美国客人吃饭时，又邀请了陈伯达。席间，毛泽东与陈伯达关于古代哲学的谈论，使他们有了共同的话题。这一天，成了陈伯达一生的转折点。从此，他成了毛泽东手下的“一支笔”。

田家英最初引起毛泽东的注意，也是因他1942年在延安《解放日报》上发表的《从侯方域说起》一文。毛泽东看后，颇为赞赏。虽然那只是一篇千余字的杂文，但毛泽东从中看出了作者较好的文史功底和敏锐的思想。此后不久，毛泽东就把田家英调来当毛岸英的语文、历史老师，后又经过几次特殊的“面试”，毛泽东都很满意，才正式选调田家英作为自己的秘书。

2. 毛泽东希望秘书博览群书，兴趣高雅

毛泽东本人喜欢吟诗填词，泼墨挥毫。他博览群书，也希望身边的工作人员能经常与他交流读书的心得。毛泽东的秘书受他的熏陶，也都培养出广泛的兴趣爱好。例如，读书填词是毛泽东的一大嗜好，也是胡乔木的最大嗜好。20世纪60年代，胡乔木曾因病疗养而离开毛泽东身边多年。胡乔木在休养期间，开始学写古诗词，并将每次的习作呈送给毛泽东审阅，毛泽东因对诗词的浓厚兴趣，故而忙中偷闲，对胡乔木每次送来的诗词“终日把玩推敲，帮他逐句修改”，如此书信往来不断。正如胡乔木所说的那样：“《词十六首》都是在毛泽东同志的鼓励和支持下写出来，经过他再三悉心修改以后发表的。我对毛泽东同志的感激，难以言表。”

陈伯达与毛泽东共同的兴趣爱好在于两人对中国古代哲学的兴趣。陈伯达曾讲授过先秦诸子课，擅长中国古代哲学研究，而这正是毛泽东当时思索的热点。20世纪30年代，陈伯达在毛泽东的指导下，曾一口气写下《墨子的哲学思想》《孔子的哲学思想》《老子的哲学思想》等哲学文章，并引起毛泽东的很大兴趣。他对陈伯达说：“《墨子的哲学思想》看了，这是你的一大功劳，在中国找出赫拉克利特来了。”借助于对中国古代哲学的探讨，借助于呈送文章向毛泽东请教，陈伯达与毛泽东的关系日益密切起来。

田家英比毛泽东小29岁，如同子辈，但由于田家英喜欢文史，跟毛泽东一拍即合。毛泽东读了好书，感慨一番，还要经常向田家英推荐。共同的兴趣爱好，使他们之间填平了年龄的沟壑，如切如磋，亲密无间。在毛泽东的影响下，田家英还逐渐对书法产生了兴趣，并陆续买了上千幅清朝字画。闲暇时，评论古人书法，成为毛泽东和他的共同话题。毛泽东爱诗，田家英也爱诗，田家英经常为毛泽东查对古诗，并相继编辑出版了《毛泽东诗词十九首》《毛泽东诗词》等书。

3. 毛泽东教导秘书注重调查研究

毛泽东做任何事都非常严肃认真，喜欢对每件事寻根究源，彻底弄个明白，因此，他

十分注重调查研究。他不但自己经常深入群众做调研，还要求身边的工作人员也要经常到基层了解情况。例如1961年，毛泽东曾指示田家英、胡乔木、陈伯达分别带一个调查组下乡进行调查。为此，他给田家英写了一封信，在这封信中对调查的人员组成、调查方法、对象、时间等都一一做了详细布置，还要求将他以前写的《调查工作》一文（后改题为《反对本本主义》）发给每个组员。从中可以看出毛泽东对调查工作的重视程度。毛泽东像当年指挥作战一般，向身边人员部署着调查任务。

4. 毛泽东看重人品，喜欢老实人

在毛泽东身边工作的人员都知道，毛泽东喜欢老实人。毛泽东身边的工作人员，大都老老实实，勤勤恳恳，忠心耿耿。毛泽东不喜欢自作主张，做事事先不报告，爱出风头，喜欢投机钻营的人。胡乔木第一次挨批评是因起草1958年中共中央政治局扩大会议的公报。陈云当时建议胡乔木不要把“跃进指针”这些具体数字写入公报，并请转告毛泽东。胡乔木没有听陈云的建议，又不敢向毛泽东报告陈云的意见。事后，毛泽东知道了这件事，十分生气，第一次用颇为尖锐的言辞批评了胡乔木。陈伯达与毛泽东第一次发生不愉快，是在1949年随毛泽东出访苏联时。一次在与斯大林会谈时，陈伯达因斯大林对自己的问话而忘乎所以，表现欲十足，却把毛泽东撂在了一边，形成喧宾夺主的局面。之后，陈伯达又不打招呼，私自搬到外面住宿。毛泽东知道后，严厉地批评了陈伯达：“你为什么不得到我的同意就搬走？你的工作岗位究竟在哪里？”毛泽东批评了陈伯达以后，虽仍然把他留在身边工作，但这件事在毛泽东心中留下了不愉快的阴影。后来，在20世纪50年代，毛泽东曾批评陈伯达：“过去你专门在我和少奇之间进行投机。我和你相处这么多年，不牵涉到你个人，你从来不找我。”可见，毛泽东对陈伯达的油滑心态有着多么深刻的洞察和鄙弃。

思考题

阅读以上材料，回答问题。

1. 如何理解“秘书人才”这一概念？

2. 秘书的文才至关重要，它包括哪些具体内容？

实务操作

组织课堂交流：

一、主题：秘书行为及其修养。

二、准备：

1. 全班分成若干小组，每组推举组长一名。

2. 各组分头访问可以接触到的秘书人员，了解其从业过程中职业行为的得与失。

3. 整理访问记录，小组讨论分析，归纳秘书工作成功与失败的经验和教训。

三、交流：组长发言，课堂交流小组访问情况及得出结论。

四、点评：教师就各组材料点评，明确秘书必备素养。

五、时间：课堂交流80分钟，准备工作在课余进行，教师点评20分钟。

第三章
现代秘书日常事务

【本章学习要点及学习目的】

掌握办公室日常事务的主要内容，明确各项工作的具体方法和原则，了解各项工作中易出现的问题和应对措施，能够按要求进行各项事务的操作，为更好开展秘书工作打下良好的基础。

办公室日常事务是秘书工作中最基础的一项，也是最见秘书管理工作水平的一项。秘书在办公室日常工作的主要内容包括：维护管理办公环境、接待工作、日程安排、接打电话、管理和发放办公用品、对零用现金进行管理、负责信息的上传下达和保密工作、处理各种突发事件等。

第一节　办公室环境管理

办公室环境一般可划分为硬环境和软环境。硬环境包括办公室所在地、建筑设计、室内空气、光线、颜色、办公设备及办公室的布置等外在客观条件。软环境包括办公室的工作气氛、工作人员的个人素养、团体凝聚力等社会环境。综上所述，办公室中影响工作人员的心理、态度、行为以及工作效率的各种因素的总和称为办公室环境。

制约办公室环境的因素很多，主要有自然因素、经济因素、人的素质修养因素等。办公室环境的好坏受自然环境的影响很大，在依山傍水、风景秀丽的大环境中，办公室环境一般也较优越；在气候恶劣、荒凉干燥的地区，办公室环境自然也比较差。一般来说，人的素质修养高，相互之间关系就融洽，团体凝聚力就强；同时在外界条件较好的情况下，更适合于办公室工作人员工作，能起到事半功倍的效果。反之，如果气氛不融洽，互相猜疑，矛盾重重，则会严重影响工作，即使有现代化的办公设施等技术条件，也未必能带来高效率。因此，软环境的建设比硬环境的建设有时显得更为重要。

办公室是一个单位活动的重要场所，要求明快、整洁、方便、实用。确定办公室的方位应本着便于各项公务沟通协调的原则。凡与社会接触较多的部门，如收发室、传达室等，应设在人员进出的地方；综合、秘书等部门，应设在办公楼的中心地点；打字、计算机房、财务等办公室，应设在办公楼的一端；关系密切的处室应相互接近。

一、办公室内部布置的原则

第一，办公桌的排列应按照直线对称的原则和工作程序的顺序，其线路以最接近直线为佳，防止逆流与交叉现象。同室工作人员应朝同一个方向办公，不可面面相对，以免相互干扰和闲谈。

第二，各座位间通道大小要适宜，应以事就人，不以人就事，以免往返浪费时间。

第三，领导者应位于后方，以便监督，同时不因领导者接洽工作而转移和分散工作人员的视线和精力。

第四，光线应来自左方，以保护视力。

第五，常用设备应放在使用者近处。

第六，电话最好是 5 平方米空间范围一部，以免接电话离座位太远，分散精力，影响办公效率。

办公室的用具设计要精美、坚固耐用，适应现代化的办公要求。办公桌是工作人员的必备工具，应注意美观、适用。有条件的可采用自动升降办公椅，以适应工作人员的身体高度。同时，应根据不同的工作性质，设计不同形式的办公桌椅。另外，办公室应根据不同情况，设置垂直式档案柜、旋转式卡片架和来往式档槽，以便存放必要的资料、文件和卡片等，便于随时翻检。这些设备和桌椅一样，应装置滑轮，便于移动，平时置于一隅，用时推至身边，轻快实用。

二、办公室环境的物理条件

办公室环境物理条件包括的内容比较广泛，主要是指办公室硬环境的建设，包括绿化环境、空气环境、光线环境、颜色环境、声音环境、设备环境、安全环境等七项。

（一）绿化环境

办公室的绿化是不能忽视的。外部环境应绿树成荫，芳草铺地，花木繁茂。它不仅能点缀美化环境，而且是调节周围小气候的有效方式。因为植物通过光合作用，能吸收对人体有害的二氧化碳，同时释放出氧气。调查表明，绿化周围环境，能增加生气，丰富色彩。因为植物大都绿叶繁茂，人一看到绿色，便会产生一种视觉效应，这种感觉是很微妙的。绿色象征和平与生机，使人产生安全感，并使人奋发向上。因此，办公室绿化不但能调节小气候，而且有助于提高工作效率。

室内绿化与室外显然不同。室内只能放置花草，且所占空间不能太大。合理配置花木，会给室内增光添彩。有人把室内绿化誉为“无声音乐”，可使人心旷神怡。另外，很多花卉都有其宜人的馨香，易使人的嗅觉得到某种良性刺激，促使人的大脑皮层兴奋，从而影响人的心理、情绪和行为举止。

（二）空气环境

空气环境的好坏，对人的行为和心理都有影响。因此，室内通风与空气调节对工作人员提高工作效率是十分重要的。空气环境是以空气温度、湿度、清洁度和流动速度四个参数来衡量的，称之为空气的“四度”。

1. 温度。空气温度的高低对人的舒适感和健康影响很大。办公室的温度冬天一般在20℃～22℃，夏季一般在23℃～25℃为宜。空气温度过高，会使人频频出汗，烦躁难忍，造成人体内部热量不能及时散出；温度过低，又使人体热量散出过多。不管哪种情况，都会使人感到不舒服，严重者还会引起中暑或感冒，造成健康和工作上的损失。

2. 湿度。一定的场合有一定的湿度要求。对于办公室工作人员来说，适当的空气湿度能振奋精神，提高工作效率。适宜的湿度是创造理想工作环境的一个重要参数。研究表明，在正常温度下，办公室理想的相对湿度在40%～60%。在这个湿度范围内工作，人会感觉清凉、爽快、精神振作。

3. 清洁度。空气的清洁度是表示空气的新鲜程度和洁净程度的物理指标。空气的新鲜程度就是指空气中氧的比例是否正常。例如，许多人在一个关闭的屋子里开会，时间一久，人们就会有胸闷或压抑的感觉。在这种情况下，必须打开门窗，透透空气；开启排风扇或空调机，以调节室内的空气。因此，办公室空气新鲜与否，与工作人员的身体健康状况有着密切的关系。新鲜的空气使人精神焕发，工作效率高；污浊的空气则使人身体不适，影响情绪，降低工作效率。

4. 流动速度。更换室内的空气是通过空气流动来实现的。一般来说，在室温为22℃左右的情况下，空气的流速在0.25米/秒，这时人体能保持正常的散热，并有一种微风拂面之感，感到舒适。此外，常开窗能起到换气、使空气对流的作用。

（三）光线环境

办公室内要有适当的照明，以保护工作人员的视力。如长期在采光、光照度不足的场所工作，很容易引起视觉疲劳，不但影响工作效果，久而久之还会造成工作人员的视力下降，并影响身体其他方面的健康。而亮度太低，则不能满足视觉的要求，而且对调节眼睛瞳孔的控制机能产生干扰，会使眼肌迅速疲劳，不仅损害视力，而且影响情绪。但亮度也不能太高，不然会带来眩光，使视觉效能下降。

办公室的光线应充足，局部照明要达到要求，亮度过高或过低都容易造成视觉疲劳并进而产生其他的身体不适。因此，布置办公室时应注意以下几点。

第一，办公桌最好安放台灯，以20W～25W为宜，并要加灯罩，避免灯光直射人眼。

第二，尽量利用自然光。人工照明比自然光源更容易使眼睛疲劳，所以办公室的窗户更适宜于采用有利于采光的百叶窗。

第三，尽量避免因计算机、办公桌面、玻璃和其他有光亮表面的物品反光而刺激人的眼睛。

（四）颜色环境

颜色对人具有很强的感染力和吸引力，可直接影响人的心理活动和工作行为。办公室的颜色环境，可根据不同地区及办公室的不同用途而采用不同的颜色。气温高、天气热的地区，办公室宜采用冷色，如绿、蓝、白、浅灰等；气温较低的地区，宜用暖色，如橙、黄、红等。按工作性质区分，研究、思考问题用的办公室，宜用冷色；会议室、会客室宜用暖色。人们还可以利用颜色的配色原理，调制出最适合本地区、本部门的颜色，但注意必须遵循一条总的原则，即适用、美观、有效率，有益于工作人员的身心健康。

色彩对人的情绪有着直接的影响，因此，必须注意办公室的内墙、天花板、地板、办公家具等色彩的和谐。办公室的色调从总体上来说应单纯柔和，使人置身其中时感觉平静舒适。一般来说，办公室的内墙宜采用白色、乳白色等，会议室、接待室多用淡黄色；为保持较高的光线反射率，天花板一般用白色；地板以不易被污染的棕色为佳。

（五）声音环境

办公室保持肃静、安宁，才能使工作人员聚精会神地从事工作。一般来说，在安静的场所中工作，其效率往往比较高；在嘈杂的环境中处理问题，往往会分散精力，影响工作效率甚至造成判断失误。尤其是对写文稿一类复杂的脑力劳动，注意力需高度集中，而各种噪声往往造成人们的情绪波动，会使思路中断，影响工作的正常进行。安静，并非指绝对没有声音，听觉通道在完全没有刺激的情况下，人反而会产生一种恐惧感和不舒服的感觉，导致工作效率下降。声音环境应有一个理想的声强值，办公室的理想声强值为20~30分贝，在这个声强值范围内工作，人会感到轻松愉快，不易疲劳。

排除、降低噪声，是办公室对声音的要求。噪声会使人注意力分散，思维力下降，记忆力减退，并令人产生烦躁、厌恶等负面情绪。因此，进行办公室布置时应采取相应的措施排除或降低噪声。

第一，尽可能让办公空间远离噪声源。如果噪声对办公室环境造成影响，有条件的话可在办公室和噪声源之间种植绿化带。

第二，地面、墙面、天花板应有一定的吸音、静音装置。

第三，适当地播放无主题音乐。轻快抒情的音乐能调剂人的身心，使人心情舒畅，愉快工作。所以，有条件的话，在工作休息时段播放一些音乐是很有益处的。

（六）设备环境

要想大幅度提高办公效率，办公用品的适用化和现代化也是一项必要的措施。我国传统的办公室设备有办公桌椅、电话、文件档案柜、报架、图片架、图书资料等。现代化的办公设备则增加了诸如传真机、复印机、口授打印机、录音机、录像机以及以电子计算机为核心的科学管理信息系统。现代化的设备环境要求办公室日益强化和完善以下功能。

1. 数字计算功能。工作人员可通过电子计算机完成所需的各种计算。

2. 文字处理功能。工作人员能迅速处理各种业务文件、图片、报表，并具备编辑、转换、存贮、识别和处理功能。

3. 信息查询功能。利用办公室自动化系统，能迅速查到所需的各种信息资料。

4. 通信功能。能实现传真、计算机网络等多种方式的通信，并能自动记录、存贮、发送信息。

5. 管理和辅助决策功能。现代行政管理事务繁杂，信息量大，对于一个问题解决的方法有很多。如何选择最佳方案以提高决策和管理水平，是我们所面临的重要课题。

近年来，办公自动化设备发展很快，各种型号的机器相继出现，使工作效率大大提高。在购买或更新设备时应遵循以下原则。

（1）有利于提高办公效率；

（2）舒适安全，坚固耐用；

（3）性能良好，操作方便；

（4）用途广泛，与原有设备配套；

（5）设计美观，有利于环境建设；

（6）符合需要，节约办事。

（七）安全环境

安全环境是整个办公室安全措施的总和。安全环境的内容大致包括以下三个方面。

1. 人身安全。办公室工作人员在工作中有时会不可避免地触及少数人的利益，假如遇到个别思想不端正、行为不轨的人，办公室工作人员的人身安全就有可能受到威胁。因此，要加强门卫登记制度，重要部门要有警卫人员值班，以保证办公场地及人员的安全。

2. 财产安全。办公室的设备、文件、档案以及仓库、金库是公司的财产，应该实行严格的安全防护措施，防止盗窃、拐骗、泄密现象的发生。除要有严格的制度作为保障外，还要购置必要的保险设备，并配有专人和专职部门负责这项工作。特别是机密文件的保护更要从细、从严，必要时要配备警卫人员守护，从外围加强安全措施。

3. 防火安全。办公室内储存有大量的档案与信息，如果不慎失火，会造成不可弥补的损失。所以办公场所要特别注意防火，除制订并严格执行安全防火制度外，还要设置防火、灭火及避雷装置，做到有备无患。

三、办公室环境的社会条件

办公室环境的社会条件主要是指办公室软环境的建设，主要包括人际环境、气氛环境、工作作风三项。影响办公室工作人员行为的不只是硬环境，在某些时候软环境对人的影响更大。强调提高工作人员素质的重要性，即指加强软环境的建设。

（一）人际环境

办公室内部良好的人际关系与工作效率密切相关。因此，一个好的秘书，不仅要注意改善工作场所的物质环境，还要花较大的力量建立办公室良好的人际环境，因为它是影响工作人员工作行为的活的因素。与此相关的内容主要有以下几点。

1. 一致的目标。目标是全体人员共同奋斗的方向，可激励大家奋发努力。只有目标一致，大家才能同心同德，团结共事；否则便可能陷入无穷的争执中而无所作为。

2. 统一的行动。在办公室内，每个成员的工作都是为了实现办公室的目标。虽然分工不同，作用大小也不同，但每一项工作就如同工作母机中的每一个部件，必须一起协同运转，机器才能顺利运行。因此，要使工作人员在既定的目标下充分发挥个人之所长，彼此配合默契，必须有严格的规章制度、科学的组织管理、良好的是非舆论和公平合理的办事作风。这样，整个办公室才能呈现统一行动的状态。要坚决反对不顾大局、只顾个人或小团体利益的做法。

3. 融洽的凝聚力。凝聚力是指办公室成员之间的吸引力和相容程度。个人的许多心理需要，尤其是与工作有关的需要，如学习需要、信念与支持需要、归属需要等，只有在办公室内才能得到满足。

（二）气氛环境

和睦的气氛通常指一种非排斥性的情感环境。如果办公室内部的气氛是紧张的、不和谐的，其成员彼此之间互相猜疑乃至嫉恨，凡事相互推诿、扯皮，必然导致工作效率低下。所以和睦的气氛对工作的顺利开展十分重要。

良好的心境是建立和睦气氛的最根本因素，它对办公室成员行为的影响是不可忽视的。情绪一旦产生，可以持续相当长的时间，左右人的心境，影响着人的行为活动。具有愉快心境的人，无论遇到什么事都能泰然处之；并且心境对人的身体健康也有明显的影响。因此，办公室成员应该善于调节自己的心情，克服消极情绪，努力使自己在任何情况下都保持良好的心境，这对办公室成员的身体健康及建立良好的工作气氛有十分重要的意义。

（三）工作作风

工作作风由认识、情感、意志和行为等多种因素所构成，是在共同的目标与认识的基础上，经过办公室全体成员的长期共同努力，逐步形成的一种较为稳定的精神状态和具有一定特色的行为规范环境。

良好的工作作风是一种无形的力量和无声的命令，对办公室成员的行为具有强大的约束力、推动力和感染力，会使人很自然地接受其教育和感化，使行为举止适应工作的要求。工作气氛是否热烈，工作态度是否热情，工作作风是否严谨，是非标准是否鲜明，在很大程度上代表着一个组织的风貌，对办公室成员的行为有着深刻的影响。良好的工作作风可以使人精神振奋、心情舒畅，能充分调动和发挥大家的主动性、积极性、创造性，使各方面的工作得以顺利地开展，对实现工作的目标、完成工作任务起着推动作用。

良好的工作作风可以为人们创造良好的工作环境，它是通过情绪气氛的潜移默化、耳濡目染对工作人员发生影响的。因此，新的工作人员进入一个风气良好的集体，会不知不觉地受到感染和同化，自觉地改变自己，以适应工作的需求。

办公环境管理，应以人为主体，以人自身的生理、心理特点为出发点，从外观、视觉、听觉、空气直至安全、保险等方面研究办公活动的工作环境，使其更适合办公人员的身心活动要求，让办公人员能更主动、更高效地支配设备和环境，更健康、更愉快地工作，营造一个舒适、和谐、安全、健康的工作环境。作为“上班一族”的秘书来说，绝大多数人每周几乎有 40 个小时的时间是待在办公室的，所以，不断优化办公环境更是不容忽视的。

第二节　现代办公室布局的类型

一、常用的办公室布局

办公室布局合理与否，对工作人员的精神状态及工作效率有着很大的影

响。因此，合理地设计好办公室布局，是优化办公环境的重要内容，对于创造最佳的工作环境至关重要。

（一）开放式布局

开放式布局又称为灵活式布局，是将一个大工作间切分成多个相对独立的工作单元，把组织内部各职能部门的所有工作人员按照工作程序安排在各自的工作单元中开展工作。

在开放式布局中，工作单元的切分可以通过活动对象（如办公桌、活动屏风、书架等）来实现。这种布局模式以其突出优点在国外被普遍采用。目前，我国的三资企业也大都采用这种布局模式。

开放式布局的优点有以下几点。

1. 有利于沟通。把所有员工集中于一处，且彼此没有墙壁的阻隔，也没有明显的等级标识，所以，部门与部门、管理者与员工、员工与员工之间交流的心理障碍得以消除或减小，工作的合作和协调也就显得更为方便，工作效率因此得以提高。同时，领导也有更多的机会接触员工，并观察员工之间的相互影响，有利于其管理工作的进行。

2. 有利于办公空间和经费的节省。有关数据显示，开放式布局设计要求使用的地面面积比传统的固定墙壁的办公室面积可减少20%~30%；同时，它的灵活性也很大，如果需要对办公室的布局进行调整或重新布局，也无须再对其进行大量的资金投入；再次，由于办公室没有了墙壁，能源的消耗率减低；还有，办公的集中化也使办公设备的共享性得以提高。这些都是节约办公经费的有效途径。

当然，这种布局也存在着一定的弊端，如在这种工作环境中难以进行带有秘密性质的工作；噪声较大，此起彼伏的谈话声、机器设备声、电话铃声等，使人难以集中注意力开展工作；缺乏单独办公的工作机会，有人可能会产生处于被监控之下的感觉。

（二）封闭式布局

封闭式布局是一种较为传统的办公室布局，是用墙壁将办公空间分割成若干有门、窗的独立房间，每个房间都有一人或多人办公，一般是按照工作任务或职能分工划分办公室。每个办公室配有办公桌椅、计算机、传真机、文件柜、书架、绿色植物、饮水机等。我国的企事业单位大多采用这种布局模式。

封闭式布局可以使工作环境显得相对安全，有利于保密；同时，可以使员工拥有相对独立的私人空间，可有效地保护个人隐私；而相对安静的工作环境，也易于使人集中注意力来进行更为细致和专业的工作。

但是在封闭式布局中，各职能部门之间的信息难以得到及时有效的沟通，工作协调也不够快捷灵便，因此工作效率受到一定程度的影响；并且非办公空间的占用率较大，这无形中提高了行政费用。

（三）混合式布局

混合式布局是指在开放式布局的大办公室内，把组织内部的各职能部门用组合式办公用具或其他材料分隔开来，组成若干个工作区域。

这种布局模式把开放式和封闭式结合起来，扬长避短，使各部门既相对集中，又在一定程度上避免了相互干扰，是目前较为科学合理的布局模式。因此，尽管它需要相当数量的资金投入，但还是被许多三资企业所采用。

二、办公布局安排应考虑的主要因素

优化办公环境是提高工作效率的前提，方便、和谐、美观、安全、舒适的办公环境需要靠秘书的参与来实现，因为良好的办公环境离不开精心的设计和组织。设计和组织办公环境，需要考虑以下因素。

第一，组织的规模、员工人数以及购买或租用的面积。

第二，组织的机构设置和工作设计。它决定了办公区域的划分、办公流程的排列以及部室的设置。

第三，组织经营的性质和内容、业务部门的职能特点。与公众接触频繁的部门应位于离公司大门较近的地方，例如采购部门、人力资源管理部门等；公关部门也需要经常与外界接触，可安排在离接待区较近的地方。

第四，部门间的工作联系，应确保科学有效地实施工作流程，减少或避免不必要的重复与浪费。业务关联较密切部门的位置应尽量临近，以避免衔接出问题，或者使员工在工作和文件的流动中来回奔波。

第五，办公室的间隔方式应符合工作的需要和保密的需要。

由此可见，秘书要帮助领导制订一个合适的办公布局方案，就需要先认真了解各种布局类型的特点，并要结合本单位的规模、人数、结构、经营特点和工作情况进行设计。

三、办公环境的日常维护

办公环境的日常维护，是办公环境管理不可或缺的内容。秘书必须要学会维护和整理自己办公责任区的整洁卫生，让所有与自己发生公务交往的人都能从干净、整洁的办公环境中感受到组织良好的形象和高水平的管理。

（一）设备、物品放置适当，取用有序

每个人经常使用的办公用品和设备要摆放有序，方便操作。最常用的办公物品像文具盒、便签要放在触手可及的地方，按照使用频率及使用习惯安排；常用档夹应整齐地叠放在桌边或直立在文件架上，并贴有标识予以区分，保密的文件和不常用的活页夹应存放在文件柜里；专用的电话应放在左手边方便拿到的位置，以用右手记录留言；计算机、打印机等用电设备宜放置在一起，便于电源接线和管理；办公桌面要收拾得井然有序。

公用资源摆放有序，用后归位。文件柜里的公用活页夹应整齐有序地摆放，取用后要放回原位置，方便他人再用；公用办公用品柜的物品也要放置规范，通常重的、大的放在下面，轻的、小的放上面，且摆放有序，便于取用，并做到用后归位；一些常用的公用物品如电话号码本、航班表、火车时刻表、字典等按办公室要求放在柜子里或书架上，注意用后放回原位，以免给他人带来不便；接待区为访客阅览准备的宣传品、报纸杂志应整齐地摆放或码放，并经常整理，做好接待窗口的对外形象工作。

（二）经常清洁整理责任区

秘书要经常清洁整理由自己负责的办公区，清洁台面、地面、计算机、负责的设备、家具以及门窗墙壁等处；保持办公桌面清洁、整齐、美观，不乱放零散的物品和无用的东西，也不能摆放私人的物品；电话按键和听筒应经常清洁消毒；来访者用过的茶具应立即清洁干净，并重新摆放好；废纸篓要放在隐蔽处，并及时进行清理。

自觉清洁整理本人参与的公用区域，通常包括：经常清洁整理自己使用的复印机、打印机等设备的周围区域，发现复印纸抽拿零乱、废纸扔在地面等，都要及时整理；经常清理参与使用的茶水桌，保持桌面、地面无弃物、无水迹，茶具清洁整齐；经常清理参与使用的档柜、书架、物品柜等家具；注意清理自己负责的接待区或会议室，并在访客离开或会后立即清理，保证

下一个访客或会议前又显现一个清洁整齐的环境。

（三）自觉整理领导的办公区域

经常清洁、整理领导的办公桌椅，文档放整齐，档柜、书架、百宝阁和各种陈设要经常清洁，地面和废纸篓要经常打扫和清倒；经常打扫领导办公室的门窗，每天要打开窗户通风，调试好空调、照明设备；经领导授权后，定期对领导的档柜进行整理，把文档进行归类，将一些无用的文档销毁；注意对领导的办公室进行绿化，适当摆放一些绿色植物。

秘书一定要养成好习惯，维护办公室的清洁环境。虽然这些工作是烦琐的、不起眼的，但不论是对于组织的整体形象还是秘书形象而言，都是不可忽视的。所以，对于秘书而言，这必须是一件持之以恒的工作。

四、办公室的健康安全管理

“以人为本”的理念以及生命意识的日益增强，使得人们越来越关注办公环境的健康和安全。因此，办公室的健康和安全管理，成为优化办公环境的一个重要内容。

（一）树立健康安全意识

安全的工作环境所给予人的不单是身体上的健康，更是一种精神上的安全感。政府对此也相当重视，《中华人民共和国宪法》《中华人民共和国劳动法》（以下简称《劳动法》）等法律中也有相应的一些规定。作为秘书也应树立健康安全意识，如掌握基本的法律知识，用法律保护自己的合法劳动权益；上岗前认真学习并自觉遵守有关安全生产、劳动保护的规定和与本组织有关的规章制度；细心检查并主动识别存在于工作场所及机器设备等的隐患，一旦发现问题，如果是在自己的职权范围内的，应及时加以排除或者向领导报告，并尽快解决，以维护好健康安全的工作环境。

（二）识别办公室安全隐患

对于一个秘书来说，应该在强烈的安全意识的指导下，了解、识别办公室中各种有碍健康和安全的潜在危险，以减少乃至抑制危险发生的可能性。一般来说，办公室的隐患主要存在于以下几个方面。

1. 办公建筑隐患：这主要指地、墙、天花板及门、窗等，如地板缺乏必

要的防滑措施；员工离开办公室前忘记关窗、锁门等。

2. 办公室物理环境方面的隐患：如光线不足或刺眼，温度、湿度调节欠佳，噪声控制不当等。

3. 办公家具方面的隐患：如办公家具和设备等摆放不当，阻挡通道；家具和设备有突出的棱角；橱柜顶端堆放太多东西有倾斜倾向等。

4. 办公设备及操作中的隐患：如电线磨损裸露，拖曳电话线或电线；计算机显示器摆放不当的反光，复印机的辐射；一些违规操作等。

5. 工作中疏忽大意的人为隐患：如站在转椅上举放物品；女士的长头发卷进有关的机器设备；复印后将保密原件遗留在复印机玻璃板上；在办公室内抽烟；不能识别有关的安全标识等。

6. 消防隐患：如乱扔烟头；灭火设备已损坏或过期；灭火器上堆放物品；火灾警报失灵等。

了解这些潜在的办公室安全隐患，可以帮助我们养成良好的工作习惯，为工作效率的提高创造一个健康安全的工作环境。

（三）办公环境健康及安全的维护和管理

首先，应遵守有关的法律法规，实行安全管理责任制。作为秘书，应协助领导按照国家及有关部门法律法规、本组织规章中的有关规定，在组织内部落实安全管理责任制，对办公环境实施安全和健康管理，使办公环境的健康和安全得以完善。

其次，应定期进行安全检查，改进工作环境。秘书除了要协助领导按照有关规定落实好安全管理责任制外，还要在自己的工作范围内主动自觉地对办公环境和办公设备定期进行安全检查，及时发现隐患，采取有效措施，做好风险的防范和排除。特别要注意危害人群健康、污染办公环境的“无形杀手”，如吸烟，还有装修时没有采用无毒无害的绿色建筑材料等，有必要和有条件的话，可以请有关部门进行检测，进行科学处理，以确保办公环境的安全。

思考题？

1. 秘书应如何管理好自己的办公责任区？

2. 办公房间内的设计与布置要考虑哪些具体细节？

第三节　接待工作

一个组织在社会这个大网络中有着许许多多的内外联络，像工作联系、业务往来、友好访问等，这些联络大都要通过秘书办公室这个枢纽部门来进行。所以，接待工作既是组织整个联络工作中的一个重要组成部分，也是秘书工作的一个重要内容。接待工作的好坏，不但直接体现了秘书个人的素质、能力，更反映出一个组织的工作作风和外在形象，所谓“见其礼而知其政”。因此，秘书必须重视和切实做好接待工作。

一、接待工作概述

秘书对一切来客、来宾和来访者的接洽和接待工作过程称为接待工作。

（一）接待工作的类型

接待工作涉及面广，对象多而复杂。根据不同的对象、不同的来访目的，接待的内容和方式也往往不同。

按来宾的来访意图不同，可以将接待分为公务接待、会议接待、视察与检查接待、参观接待、经营活动接待、技术考察接待和其他接待。

按来宾的对象不同，可以把接待分为内宾接待、外宾接待。内宾接待又分为上级单位来人接待、下属单位来人接待、本单位来人接待、平行单位来人接待、新闻单位来人接待；外宾接待又分为外国来宾接待、港澳台地区来宾接待。

按来宾人数，可以把接待分为团体接待和个别接待。

按来宾是否有预约，可以把接待分为未预约来访接待和预约来访接待。

对于秘书来说，接待工作最常见的类型主要有日常一般性个别接待、团体接待等。

（二）接待的规格

秘书人员必须根据来宾的身份确定接待的规格。接待规格是以陪同领导的角度而言的，接待规格过高，影响领导的正常工作；接待规格过低，影响上下左右的关系。所以，确定接待规格时应慎重、全面地考虑。

从主陪人的角度论，接待规格有以下三种。

1. 高规格接待。这是指主要陪同人员比主要来宾的职位高的接待形式。如一公司的副总经理接待上级单位派来了解情况的工作人员，或接待一位重要客户，而该客户的职位不过是某公司的部门经理。高规格接待表明对被接待一方的重视和礼遇。

2. 对等规格接待。这是指主要陪同人员与主要来宾的职位相当的接待形式。

3. 低规格接待。这是指陪同人员比主要来宾的职位低的接待形式。如上级主要领导或主管部门领导来本地视察、了解情况或调查研究，本部门最高领导的职位也不会高于上级领导，只能进行低规格接待。

（三）接待中的准备工作

1. 做好接待的环境准备工作。首先从自然环境入手。来宾所到之处的所有接待区域，如前台、接待室、会议室和办公室等，不论大小都应尽量做到清洁、明亮、整齐、美观，让来访者一走进来就感到这里的工作有条不紊，充满生气。其次是人文环境的准备。根据接待目的的不同，注意从不同的方面彰显组织文化，如布置展示组织文化的展览橱窗，张贴实施科学管理的规章，悬挂体现组织文化的口号等。这些都能给来宾留下深刻的印象。

2. 做好接待的物质准备工作。前台或办公室应准备约会计划记录本或计算机约会登记系统，根据预约整理出当天来访者的单位、姓名、职务、时间、事由及接待者等内容的接待计划表，以便来访者造访时不会忙乱。会客室应准备好座位、茶水，还应有一部电话，以便在谈及有关问题需要询问有关部门时可以立即拨打电话。有条件的情况下还应有复印设备，当来客索求有关资料时能立即复印。桌上应放置纸笔，方便来访者留言以便转交。为了方便来访者进屋后有放衣物的地方，应准备衣帽架。为使来访者排解等待的时间，可准备一些书报杂志、单位介绍等材料。

3. 做好接待的心理准备工作。所谓心理准备，是指接待秘书要以诚心、热心地去面对每位来宾，热情适度，和蔼可亲，用语礼貌，举止大方。秘书人员待人接物的良好行为有助于赢得对方的好感。那种“门难进、脸难看、话难听、事难办”的现象，会令人反感。外面的人对于领导评价的标准，首先取决于秘书人员接待客人时的表现。若一开始受到秘书人员真诚亲切的接待，来访者对即将见到的领导也会抱着同样的期待；反之，如果秘书人员对于来访者拉长脸，嫌麻烦，来访者也一定会产生连锁反应，认为领导也不会热情。因此，秘书人员应有真诚的待客心理。

（四）接待的礼仪原则

从事接待工作的秘书是单位的门面，是展示单位形象的一个重要窗口。因此，秘书应掌握接待工作的礼仪原则，建立和维护公司良好的公众形象。

1. 热心适度，耐心倾听，即热情周到原则。应该让来访者感觉到他们是受欢迎的。秘书在接待过程中，对于来访者提出的合理要求，应尽量予以满足；同时，应以满腔的热情与来客沟通，倾听他们的各种要求，耐心回答来访者的问题，并积极帮助来访者解决各种问题，使客人有宾至如归的感觉。

2. 礼貌周全，仪表得体，即讲究礼貌原则。从事接待工作的秘书应穿着得体，气质端庄，举止大方，礼貌待人；能在工作中使用礼貌用语，注重接待礼仪，显示出良好的修养和高超的工作技巧。

3. 照顾周到，进退有度，即平等、一视同仁原则。在接待工作中，既要热情礼貌，又要进退得体。服务要周到，要做到一视同仁。遇到为难的人和事，秘书一定要以礼相待，尽可能地让被接待者满意而归。

4. 有始有终，始终如一，即不卑不亢原则。秘书在接待工作中，不能因为初次接触一个陌生的来客而冷漠、拘谨，也不能仅仅因为其是工作中的一面之交而给人“人走茶凉”之感。

5. 勤俭节约，讲究成本，即不奢侈、不摆谱原则。

总之，在整个接待过程中，秘书不能因个人感情影响对来客的礼仪和态度。无论来客如何，秘书既不可不礼貌、少礼仪，也不必过分热情，要客套而不俗套，亲切而不做作。

二、日常接待工作的基本程序

日常一般性个体接待工作几乎是秘书每天都必须要面对的事情。处理日常一般性个体接待，无须制订具体的接待计划，只需有礼有序地接待便可。一般来说，日常一般性个体接待又有有约接待和无约接待之分。

（一）有约接待

有些来宾就来访的有关事宜已事先约定好，秘书接待依约而来的来宾，称有约接待。在有约接待中，秘书一定要做好充分的准备，使接待有礼有序地进行。

1. 热情迎候客人。一般来说，对预先约好的客人，在约见前便要做好相应的准备，如适时提醒领导，做好接待室的卫生和布置以及其他相关的准备工作。如果有必要，还要跟对方加以确认，保证约见按计划顺利进行。

对依约前来的客人，秘书应立即停下手头上的工作，以站立姿态面带微笑主动问候："×先生，您好！我们经理正在等您呢!"即使来宾是初次见面的，秘书也应早有心理准备，可诚恳地招呼并作自我介绍："您是×先生吧？我是经理秘书×××。"

如果来宾比约定的时间来得早一些，领导因工作关系不能马上接待，这时，秘书应请其入座，款待茶水，递送书报以使其排遣时间，或轻松地与他们交流，使他们感到不被冷落。

如果来宾进入办公室时秘书正在接电话、打印文件或是查找数据，这时秘书要先向来宾致意，请来宾稍候，然后迅速结束通话、放下手里的工作来招待来宾。

问候后，秘书应及时用适当方式把来宾来访信息通知领导，或直接把来宾引到接待地点，而不能让来宾久等。

2. 正确引导客人。迎接来宾后，应妥善地把来宾引导到事先安排好的领导办公室、接待室或其他接待场所。离开办公室时，秘书别忘了把桌面上的文件、资料等收起放好。

引导来宾途中，秘书应配合来宾的步调，在来宾左前方一步左右的位置引导，并可与来宾进行适当的寒暄、交谈；转弯或上楼梯时，应稍停并指示方向，礼貌地用手示意，说"请这边走"或"请上楼"；乘电梯时，应先告知来宾"在×楼"，并按住电梯开关，让来宾先入先出。

如果来宾手提皮箱之类的行李，秘书应主动提出帮助；若对方拒绝则不必勉强。

到达接待场所，应向来宾说明"就在这里"，或先行敲门，或直接为来宾推拉门；应面对来宾，请来宾先入内。

进入接待场所后，秘书应为初次来访的来宾和领导做介绍，介绍的顺序是先介绍主人，再介绍客人。介绍时要礼貌地平伸右手，手心向上。介绍的内容要简明，注意说清楚双方的姓名和职务。然后，秘书要将来宾引领入座，座次的安排一般遵循面门为上、以远为上、以右为上的原则。若来宾是内宾，有时也可以按照我国"以左为尊"的传统来排列座位。

3. 适时告退。一般情况下，在领导和来宾入座后，秘书要端上茶水、饮料，然后便应适时告退了。退出接待室关门时不要背对来宾，应以正面倒走方式退出。退出时用目光扫视一下接待室里所有的人，看看他们是否还有事要办。

在领导和来宾会谈时，秘书应在适当时候添加茶水饮料。如果接待室的门关着，进去时别忘了敲门，并诚恳地说声“对不起，打扰了！”之类的礼貌用语。

4. 妥善处理临时失约。如果领导临时失约，秘书要做出妥当的安排。不经领导允许，秘书不应该擅自请客人在领导的办公室等候，因为领导的办公室里往往有许多重要文件，容易泄密。如果领导遇到突发性的事情，需要取消事先已经订好的约会，秘书应先向领导请示处理办法；如果可能，可与对方另行约定时间，或授权请其他人接待。如果客人已经来到公司，秘书应该向客人道歉并做出解释，以取得对方的谅解，并及时采取措施进行补救。

5. 礼貌送客。来宾将要离开时，秘书应妥善照顾，如主动为客人取衣帽等物，并扫视一下桌面，看是否有东西被遗忘，并为客人开门。送客人到电梯时，要为客人按下电梯按钮，在电梯门关上前道别；如送到大门口，要一直等到客人所乘坐的汽车驶出视野后再转身回去；和领导一起送客时，要站在比领导稍后一步的位置；在按电梯门或开车门时应抢前一步做好工作。

我们可以将以上内容概括为有约接待四步骤：

- 迎接宾客：微笑问候—诚恳招呼—自我介绍—请其入座—款待茶水—轻松交谈—放下工作—通知领导。
- 引导宾客：引导来宾—指示方向—来宾先行—帮助携物—介绍主宾—平伸右手—手心向上—说明身份—引领入座。
- 秘书告退：端茶上水—倒退出门。
- 下楼送客：取衣开门—抢先按钮—目送来宾。

（二）无约接待

若来访宾客事先未经预约而突然来访，如联络、咨询、推销、求救等人员、采访的记者以及其他各类不速之客，这种接待称为无约接待。当了解到对方未做预约时，秘书仍要以欢迎的态度礼貌友好地加以接待，同时要求秘书随机应变、灵活处理，既要维护组织的利益与形象，又要以不得罪人、尽量广结良缘为原则。

1. 了解来宾的身份及来意。领导的日常工作大都是按计划进行的，不速之客的到来可能会使既定计划受到干扰。因此，为了保证工作的正常顺利进行，领导对不速之客不可能“每个必见”，但也不能“一个不见”。因为“每个必见”的话，有时可能会使一些重要紧急事情的处理受耽搁，所以，对于不速之客，秘书必须礼貌委婉地了解其身份及来意，以便做出恰当的接待安排。

2. 分流。秘书在了解了来宾的身份和意图后，应及时对来宾做出恰当的分流处理。

对于确实应该由领导亲自接待的重要来宾（如领导熟识的上级、客户、亲属、朋友等）或有重要、紧急事务者，秘书对他们做了初步接待后，或尽快安排他们的会面时间，或立即通知领导，按领导的指示处理。

对于应该由领导接待，但事情不是非常紧急，而领导目前又没有时间接待者，秘书可以诚恳地与其协商另外的会见时间。

对于不需要领导出面就能解决问题的来宾，秘书不应该态度漠然地予以拒绝，而应热情地把他们介绍到其他相关的部门。

如果领导刚好独自在办公室，而这时有来宾来访，秘书也不要贸然把来宾直接带到领导办公室，而应先问清来宾意图，经请示领导后再按领导的意愿处理。

对于上门的推销员，秘书可介绍其与采购部门联系，或者让其留下名片和产品说明书，告诉他会转告领导，需要的话会与其联系。不能动辄就带其见领导。

对于不受欢迎的来客，如胡搅蛮缠者、多次前来索取赞助者等，也要以礼相待，以显示出自己的涵养和礼貌。秘书可委婉而坚决地打发他们离开，也可根据来宾的意图，请有关部门做出必要的解释。对于个别无理取闹者，必要时，在得到领导同意的情况下，可与有关部门取得联系，争取他们的帮助，以防止无理取闹者破坏性行为的出现或将事态扩大。

3. 婉拒来宾。对于不愿表明来意的来宾，或领导不准备会见的来宾，秘书应明确婉拒。可使用“善意的谎言”，表明不清楚领导去向。如果当天确实不能找到适当的人与来访者见面，要立即向来访者说明情况，切忌不要让客人产生“等一等还有希望”的误解，以免浪费双方时间，使自己更被动。

在无法接待来访者的情况下，应主动请来访者留言，并向其保证尽快将留言递交给被访人。

在接待过程中，要耐心听取对方的要求，并要确保来访者感到舒适，比如为来访者提供座椅和饮料等。

4. 礼貌相送。尽管来宾是不速之客，秘书同样也应以礼相送。即使来宾仍有不服甚至余怒也应如此，因为这样既可以平复他们的情绪，也显示了自己的风度，对组织良好形象的树立也有极大的帮助。

（三）其他相关工作

1. 帮领导接待来宾。有时，由于领导外出或其他的原因，秘书被授权代表领导接待一些来宾。这时，秘书接待工作的质量及其效果对领导的工作将产生直接的影响，因此，秘书必须认真对待这项工作。对于自己被授予的权力范围，秘书必须清楚，知道哪些事情可以做出承诺，哪些事情能自主解决，哪些事情必须向领导请示，哪些事情需经由其他部门处理。秘书要准确理解来宾来意，认真倾听，详细记录，在自己的权力范围内及时做出处理。接待完毕后，秘书应及时把接待情况及结果详细记录下来，并尽快向领导汇报，这样有利于工作的有效衔接和开展。

2. 必要时帮助领导中止会客。秘书应留心领导接待来宾的情况，有时领导需要秘书帮助他及时结束接待工作。如在下一个活动尤其是重要活动的时间已经临近时，秘书需及时提醒领导，或者面对已谈完正事仍喋喋不休的来宾，秘书就需要帮领导解围，及时结束接待工作。秘书应该明白，在什么样的状况之下应该给予领导什么方式的帮助才能有效地中止接待，从而成为领导名副其实的助手。

3. 做好来访记录。为了更好地掌握、总结接待来访工作，秘书应对每天的来访情况进行记录，可以准备一个专用的来访记录本，也可以采用表格来记录。

三、接待团体来访的基本程序

团体来访一般来宾比较多，事情比较重要，来访期也更长一些。如果来宾是外宾，接待工作更是影响着我国在国际交往中的声誉。因此，团体接待比日常一般性个体接待工作要复杂得多，往往会涉及组织中更多的人和事。为了使接待工作能够有条不紊地进行，秘书或秘书部门在接到接待任务后，必须进行周密的部署。

（一）接待准备

团体接待基本上属有约接待。准备工作是整个接待工作中的一个重要环节，也是做好接待工作的关键。准备工作的好坏，在很大程度上影响甚至决定着整个接待工作的质量和效果。所以，应在来宾抵达之前，把准备工作做好、做到家，力争主动。一般说来，接待准备工作包括以下具体环节。

1. 了解来宾的情况。秘书必须准确无误地了解来宾情况，如来宾的国别、地区、所代表的组织机构及其概况、职务、级别、性别、民族、宗教信仰、生活习俗、身体状况以及人数、来意、来访性质、逗留时间、抵离日期、所乘交通工具、过去来访的情况等。对这些了解得越多越具体，接待的准备工作就能做得越好，越能取得接待工作的成功。

2. 制订接待方案。一般来说，团体接待尤其是重要的团体接待，都应当事先制订好接待方案，报有关的领导或部门审批。接待方案一经批准，就成为接待的重要依据。接待方案大体应包括如下内容。

（1）接待方针，即接待的指导思想。

（2）来宾情况。

（3）接待规格。接待规格根据接待的目的、性质、方针以及来宾的身份、地位、影响、宾主双方的关系等实际因素来综合确定。

（4）接待计划。制订详细的接待计划时，须与对方联络协商并得到有关部门的同意。接待计划一般包括接待日程和接待形式的安排。接待日程的安排要周全、合理，应具体标示出每项接待活动的时间、名称（如接站、陪车等）、出面人、地点等，不能有疏漏。日程的安排要尊重来宾的意愿，并且在时间安排上既要紧凑，又要有弹性。接待形式是指接待活动进行的形式，如个别会谈或集体会谈或现场参观，迎送、宴请、参观、游览等事宜进行的形式等。

（5）食、宿、交通安排。这包括来宾的用餐、住宿，以及接待期间交通工具的安排。

（6）接待经费。接待方案中应该对接待经费的来源和支出做具体的说明。主要包括住宿费、餐饮费、劳务费（讲课、做报告等费用）、交通费、工作经费（如租借会议室、打印数据、通信等费用）、考察参观娱乐费、纪念品费、其他费用等。

（7）其他事宜。如翻译服务、新闻报道、礼品赠送、安全警卫、医疗卫生、代购车船机票，等等。

对于有的一般性团体接待，为方便起见，在做好相应准备的情况下，只是制定出详细的日程安排，有的组织则把接待方案的主要内容打印成表格，接待时予以填写则可。

（二）接待工作的实施

来宾到达后，按照接待方案，秘书随时与有关部门及人员联系沟通，实施接待。具体包括迎送来宾、会见会谈接待、宴请接待、参观游览、新闻报道等。

（三）接待工作后总结

来宾接待工作的记录，是重要的档案资料之一，一定要收集齐全，及时整理，按照档案管理规定的要求整理归档。另外在送走来宾后，应结算接待经费，做好会谈善后事宜的处理，力求事事落实到位。最后要写好接待工作小结，如有必要，可编印简报。

接待工作对秘书的综合素质要求相当高，除了掌握接待工作的技巧外，还必须具备良好的个人素养。秘书应该熟悉接待事务，积极、主动、热情地做好这项工作，为单位树立良好的组织形象。

思考题

1. 如何做好团队接待工作？
2. 接待方案包括哪些内容？

第四节　日程安排

秘书日常事务工作之一就是辅助领导安排好时间，主要内容是做好日程安排，包括每年、每季、每月、每周、每天的日常工作安排。通常采用表格的形式将已明确的工作任务清晰地表达出来，提醒使用人员和相关人员按照进程行动，从而有效地管理时间，完成工作任务。

一、日程安排的内容及要求

（一）日程安排的主要内容

秘书日程安排的内容是把领导或组织的主要活动纳入计划。领导或组织日常工作安排一般涉及以下内容。

1. 各种接待、约会，包括接待或会见本单位员工、外单位来宾和国外来宾。

2. 商务旅行活动。当前各组织领导特别是企业领导经常到各地、各国去联系合作事宜，进行市场调研和参观学习，商务旅行活动较多。

3. 参加各类会议。各类组织都会经常举行不同类型的会议，部署重要的

任务，或听取员工的建议，或组织各类表彰会议等。

4. 到车间进行实际检查或指导。优秀的企业家都注重及时了解本组织的生产、营销、资产运算等方面的情况，这离不开亲自去做市场分析、产品分析、资产分析等过程。

5. 组织的各类重大活动的安排。

6. 领导私人活动的安排。在西方国家，包括日本，秘书一般都要对领导的私人生活进行安排，比如何时去休假，以及替领导安排好接待领导私人亲朋的日程表等。

（二）日程安排的基本要求

1. 统筹兼顾。所谓统筹兼顾，就是安排日常活动要从组织的全局出发统一筹划，又要兼顾领导的实际情况。

2. 安排规范。根据组织领导的分工，明确规定哪一类组织活动应由哪些领导参加，避免出现随意性。要注重实效，克服形式主义。

3. 效率原则。日程表的安排要体现效率原则。

4. 突出重点。要突出重要的工作或活动，以便领导集中精力办大事。

5. 留有余地。对时间的安排要留有余地，不要安排得过于紧密，要给领导留有空隙时间。

6. 事先同意。在安排领导的日程表时，无论是一般的工作还是重要的工作，都要事先得到领导的同意。

7. 适当保密。领导的日程安排，一般都是制成一览表的形式。日程表给领导一份，给秘书科长和其他领导一份，再给有关科室和司机一份。不过，给科室和司机的日程表，内容不能太详细，以防泄密。

二、日程安排的形式

领导的日程安排可以分为以下几种形式。

（一）年计划表

该表是将企业、单位或组织一年中例行的会议、重要的经营活动、已经确定的商务出访、公共关系活动等做出妥善安排。秘书可以参照上一年度的时间表和新一年工作部署来编制，力求内容简明概括，一目了然。详细情况在月时间表和周时间表中体现。

（二）季计划表

该表是将企业、单位或组织一个季度中例行的会议、重要的经营活动、已经确定的商务出访、公共关系活动等做出妥善安排，力求内容简明概括，一目了然。详细情况在月时间表和周时间表中体现。

（三）月计划表

该表信息由主管领导负责，请其他领导提出下月计划，再结合集体议定的事项，由秘书制表，经主要领导审定下发实施。也有的组织月底请各位领导将下月的安排或活动口头或书面交给秘书综合整理，有矛盾冲突的加以沟通调整，然后将编制的月安排表交主要领导审定下发实施。

（四）周计划表

该表是在月计划的基础上制定的，表中内容常在周五下班前或周一上午由主要领导碰头协商活动安排。加上平时收集的信息，由秘书填写在固定的按周一至周五并分上、下午时间的表格中，经被授权人过目审定后印发相关人员。

秘书人员在编制日程计划表时要注意以下几点：①根据需求确定编制时间的周期；②收集并列出该阶段所有工作、活动或任务；③发现活动有矛盾，主动与负责人协商，及时调整；④按照时间顺序将任务排列清晰；⑤绘制表格，标明日期、时间和适合的行、列项目；⑥用简明扼要的文字将信息填入表格，包括内容、地点。

三、工作日志

工作日志是根据周计划表写出的一天时间内领导的活动计划，是秘书协助领导提高工作效率的一种很重要的工具和工作方法，秘书应学会很好地利用它。

（一）工作日志填写的信息内容

工作日志一般有手工填写的和电子的两种，二者填写的信息内容应相同。领导日志内容通常包括以下几项。

1. 领导在单位内部参加的会议、活动情况，要记录清楚时间、地点、内容。

2. 领导在单位内部接待的来访者，要记录清楚来访者的姓名、单位详情、

约会时间。

3. 领导在单位外部参加的会议、活动、约会等情况，要记录清楚时间、地点的确切细节、对方的联络办法等。

4. 领导个人的安排，如去医院看病等，以保证秘书不会在这段时间内安排其他事宜。

5. 领导私人的信息，如亲属的生日，以提醒领导购买生日卡或礼物。

秘书的日志内容除了包含领导的日志内容外，还需要包括以下这些内容。

（1）领导的各项活动需要秘书协助准备的事项，例如为领导的某次会议准备发言稿、制订会议议程、订机票、为领导的某次会谈草拟合同和订餐等。

（2）领导交办自己的工作，例如为签字仪式联系地点、媒体等准备工作。

（3）自己职责中应做的工作、活动，例如撰写半年工作总结、参加值班等。

（二）电子工作日志

计算机程序现已具备提供日历、日志和计划的功能，并应用于联网的计算机中。有条件的可以使用计算机电子日志来管理时间，通过计算机程序中的 Microsoft Outlook 可以打开个人档夹，上面有今日的时间、本月和下月日历，只输入工作任务即可，输入的方法和内容与手工填写日志基本相同。电子工作日志比手工填写日志用起来更加方便，可以迅速修改和更新日志内容，且不留痕迹。

（三）填写工作日志的方法

1. 手写日志需要准备两本，一本给领导，一本秘书留用，以保证秘书工作与领导同步。

2. 一天的活动安排，应按时间先后记录。

3. 提前了解领导工作和活动的信息，填入领导和自己的日志，并于当日一早再次确定和补充。

4. 提前在自己的日志上清楚标出自己当日应完成的工作；应该在每天下班前把第二天的工作计划准备好，它可以使你第二天一来上班就能进入工作状态。

5. 输入或填写的信息要清楚，方便阅读，同时信息要完整，应标明各项活动的时间、地点、参加人员的姓名、联络方式等必要信息；记载社交活动，要注意招待会或酒会的时间，如“18：30 动身赴 19：00 的酒会”。

6. 输入或填写的信息要准确，当日出现情况变化，应当立即更新日志并告知领导。

7. 每件事务的安排要留有间隔和弹性时间。

8. 在领导日志变化的同时，应更改自己的日志，并做好变更的善后工作。

9. 在自己的日志上要清楚标出为领导的有关活动所做的准备，并逐项予以落实。

10. 协助或提醒领导执行日志计划，在需要时能帮助领导排除干扰。

另外，秘书在记录和执行日志时，每天开始要先为当天的所有活动做好必要的准备工作，如为会议和约会准备好档案材料；每天工作结束时，要仔细检查每个日志，查看所有项目是否都已进行过处理，所有约会是否都已赴约。

（四）处理工作日志的变化与调整

有时会因为预想不到的事情或对方的原因而必须改变日程安排，如果是我方原因变更安排，会造成一些有形无形的影响，甚至会影响企业、单位的信誉和双方的信赖关系。因此，应尽量想办法将日程安排的变更限制在最小的范围。一般的变更包括：原定结束时间延长超时；追加紧急的或新添的项目；项目的时间调整、变更；项目终止或取消等。

调整时要注意以下几点。

1. 安排的活动之间要留有 10 分钟左右的间隔或适当的空隙，以备活动时间的拖延或新添临时的、紧急的情况。

2. 进行项目的时间调整、变更，仍然要遵循轻重缓急的原则，并将变更的情况报告领导，慎重处理。

3. 确定变更后，应立即做好有关善后工作，例如通知对方、说明理由、防止误解等。

4. 再次检查工作日志是否已经将变更后的信息记录上，防止漏记、错记。

此外，秘书还应注意确保领导日志信息的保密，只给领导授权的人查阅；要保持两本工作日志信息的一致和准确，若领导有了新安排，应立即补充，并且每天要进行检查和更新；秘书应熟悉领导工作习惯和约会时间的长短，每天最早和最晚可安排约会的时间，以便安排的约会符合要求；秘书应熟悉领导用餐和休息的时间，以便安排约会时避开领导的休息时间。

思考题

1. 工作日志需填写哪些内容？
2. 秘书工作日志与领导工作日志如何协调配合？

第五节　接听与拨打电话

现代社会，电话已成为不可或缺的通信手段，尤其是秘书部门的工作，上传下达、内外沟通、左右联系……很多时候都需要电话来进行。礼貌、准确、高效地接打电话是秘书的一项重要业务技能。正确使用电话，有助于创造良好的沟通气氛，提高办事效率，树立个人和组织的良好形象。因此，秘书应以礼貌的态度、专业的方式处理好每一个电话，应在电话里表现出良好的职业规范和高超的技巧。

一、接听与拨打电话的基本要求

（一）文明礼貌

无论是打电话还是接电话，秘书人员都应当讲究文明礼貌。首先，使用礼貌用语，如“您好”“请”“谢谢”“再见”“请多联系”等。其次，态度要和蔼，尽量做到耐心、热情、周到，创造出一种相互信任和尊重的气氛；同时，注意语速和音量要适中，声音要听上去愉快自然，语气要清晰和婉。最后，要面带微笑，姿势端正，这样做所发出的声音会亲切悦耳，充满活力，也能展现出良好的自身形象。

（二）简洁高效

秘书在每次通话时都要尽量控制通话时间，遵守“三分钟原则”，以提高电话系统的使用效率并降低电话费用。因此，通话内容要简明扼要，语言要简洁明了。在进行复杂内容的通话时要事先打好腹稿，尽量不在工作时间谈论无关紧要的话题，要善于处理电话中的闲聊和纠缠。

（三）安全保密

电话保密是秘书通信保密的重要方面，秘书人员一定要加强电话保密意识，严格把好电话通信的保密关。具体应注意：在打电话时不要无所顾忌，随意谈论他人和公司的秘密；凡涉及秘密事项的，一律使用保密电话；打保密电话还必须注意周围环境是否安全，有无不该了解情况的人在场。

二、拨打电话的基本程序及技巧

掌握接听和拨打电话的技巧，这样便于提高通话效果及正确表达。

（一）电话机旁应备记事本和铅笔

即使是人们用心去记住的事，经过 9 小时，遗忘率也会高达 70%，日常琐事则遗忘得更快。

若在电话机旁放置好记录本、铅笔，当他人打来电话时，就可立刻记录主要事项。如不预先备妥纸笔，到时候措手不及、东寻西找，不仅耽误时间，还会搞得自己狼狈不堪。

（二）先整理电话内容，后拨电话

给别人打电话时，如果想到什么就讲什么，往往会丢三落四，忘却了主要事项还毫无觉察，等对方挂断了电话才恍然大悟。因此，应事先把想讲的事逐条逐项地整理记录下来，然后再拨电话，边讲边看记录，随时检查是否有遗漏。另外，还要尽可能在 3 分钟之内结束通话。一般来讲，3 分钟可讲 1 000 个字，相当于两页半稿纸上的内容，按理是完全可行的。如果一次电话用了 5 分钟甚至 10 分钟，那么一定是措辞不当，未能抓住纲领或未突出重点。

（三）通话前的准备是非常必要的

通话前的准备主要有以下几个方面。

1. 情绪准备。打电话要保持愉快的心情，不顺心的时候尽量不要打电话，以免怒气通过话筒传给对方；非打不可时，一定要控制好自己的情绪，千万不能表现出不耐烦的态度，更不能因自己不称心而迁怒于对方。

2. 内容准备。拨号前，要在记事本上逐一列出要谈的事项，或者打好腹稿，以便在电话中讲清楚，避免遗漏。同时，如果有几件事情同时要说，要考虑其先后顺序。手头还应准备好通话时所需要的文件和数据。

3. 工具准备。应准备的工具主要包括电信局印制的最新电话号码簿、自编的常用电话号码表、国内外城市直拨电话区号（代码）、世界各地时差表以及记录用的笔、纸（或电话记录单）等，以便节约时间，提高效率。

4. 拨号准备。拨号之前一定要查对清楚预打电话的号码以及预找之人的姓名、职务或身份，不能先摘机再查对，否则便是对电话资源的无效占用。

（四）态度友好

有人认为，电波只是传播声音，打电话时完全可以不注意姿势、表情，这种看法大错特错。双方的诚实恳切，都饱含于说话声音之中。若声调不准就不易听清楚，甚至还会听错。因此，讲话时必须抬头挺胸，伸直脊背。“言为心声”，态度的好坏，都会表现在语言之中。如果道歉时不低下头，歉意便不能伴随言语传达给对方。同理，表情亦包含在声音中。打电话表情麻木时，其声音也会冷冰冰。因此，打电话也应微笑着讲话。

（五）注意语速和语调

急性子的人听慢话，会觉得对方断断续续，有气无力，颇为难受；慢吞吞的人听快语，会感到焦躁心烦；年龄高的长者听快言快语，会难以充分理解其意。因此，如何掌握讲话速度并无定论，应视对方情况灵活掌握，随机应变。

打电话时，适当地提高声调显得富有朝气、明快清脆。人们在看不到对方的情况下，大多凭第一听觉形成初步印象。因此，讲话时有意识地提高声调，会令声音格外悦耳优美，就像乐谱中 5（梭）的音域。

（六）不要使用简略语、专用语

将“行销三科”简称“三科”这种企业内部的习惯用语，第三者往往无法理解。同样，专用语也仅限于行业内使用，普通顾客不一定知道。有的人不以为然，得意扬扬地乱用简称、术语，给对方留下了不友善的印象。有的人认为外来语高雅、体面，往往自作聪明地乱用一通，可是意义不明的外来语并不能正确表达自己的思想，不但毫无意义，有时甚至还会产生误解，这无疑是自找麻烦。

（七）养成复述的习惯

为了防止听错电话内容，一定要当场复述。特别是同音不同义的词语及日期、时间、电话号码等数字内容，务必养成听后立刻复述并予以确认的良好习惯。文字不同一看便知，但读音相同或极其相近的词语，通电话时却常常容易搞错。因此，对容易混淆、难于分辨的词语要加倍注意，放慢速度，逐字清晰地发音，如 1 和 7、11 和 17 等。为了避免发生音同字不同或义不同的错误，听到与数字有关的内容后，请务必马上复述，予以确认。当说到日期时，不妨加上星期几，以保证准确无误。

（八）选择合适的时间

秘书在打电话时，要考虑对方的时间，尽可能在对方方便的时候打电话。一般的公务电话最好避开刚上班和临近下班的时间，这些时段人们一般不太愿意被电话打扰。往国外打电话时还要注意时差。

（九）正确拨号，耐心等待

摘机后要立即拨号，拨号时要集中精力，以免拨错。拨叫电话要有耐心，要考虑到对方接电话的人可能恰巧不在电话机旁，要将对方在听到铃声后从其他地方走过来所需要的时间考虑进去，确认对方没人应答再挂机。如果听到占线的忙音，应暂时挂断电话，过一段时间后再重新拨叫。

（十）及时自我介绍

自我介绍是通话的基本礼节。

电话接通后，如果对方未自报家门，首先应用亲切的语调向对方问好；在得到对方确认后，主动自报家门，报出自己的工作单位、姓名、职务并说明来意。如果对方已自报家门，便可直接进行自我介绍并直入主题。如果接电话的正是你要找的人，便应立即亲切地称呼对方。如果找不到要找的人，千万不要“咔嚓”一声挂断电话，而应表示一下谢意或给对方留言。

（十一）清楚陈述

应简明扼要、准确清楚地陈述预先准备好的内容，特别重要和容易弄错的地方，如双方约定的时间、地点，谈妥的产品数量、种类，认同及分歧的地方，确定的解决方案等，可以重复，以确认对方已明白无误地听清并记住了。

（十二）替领导拨叫电话

有时领导在比较忙的时候，会要求秘书先替他拨通某个电话，然后他再来和对方讲话。秘书可以在拨通对方电话后及时进行通报，然后再把电话听筒交给领导。如果领导要打电话找对方的领导，作为秘书不宜直接找对方领导，而应先打电话给对方领导的秘书，等对方的领导出来通话时再把话筒交给自己的领导。

（十三）道别挂机

通话结束，使用如“谢谢！”“再见！”“请多多关照！”之类的礼貌告别

用语，然后轻轻挂机。挂机时应先把耳机一头朝下，按住叉簧，切断通话，再放下话筒一方。

（十四）其他应注意的问题

如果不慎拨错了电话，要及时道歉，绝不可一挂了之。道歉的态度要诚恳，话不必多。

如果线路出现故障，电话临时中断，作为打出的一方应主动再将电话打回去，并向对方解释和道歉。

通话过程中如有紧急事项非马上处理不可，须向对方道歉；处理完毕接着通话时，应再次致歉；如果处理的时间较长，可与对方另约时间通话。

对于一些啰唆的通话，秘书要学会及时摆脱，运用语言技巧，及时结束冗长的、难对付的谈话。

三、拨打电话的流程

拨打电话的流程有：打电话者—准备通话提纲—核查对方号码—拨出电话—主动自我介绍—确认对方—陈述内容—复述通话内容—道别挂机—整理记录。

四、接听电话的基本礼仪

（一）准备笔和纸

通话中遇到重要信息或对方需要留言时，因手边没有可供记录的工具而让对方等待自己去找笔和纸，是很不礼貌的。所以在接听电话前，务必准备好记录工具。

（二）停止一切不必要的动作

拨打电话一方注意到你在处理一些与电话无关的事情时，会感到你分心，这是不礼貌的表现。

（三）使用正确的姿势

如果你姿势不正确，不小心让电话从你手中滑下来，或掉在地上，发出刺耳的声音，会令对方感到不满意。

（四）面带微笑迅速接起电话

虽然对方看不到你，但透过你的声音，可以感受到你的热情或冷漠。

（五）接听电话中的注意事项

表 3-1 中列出了接听电话时需要注意的问题。

表 3-1　接听电话中的注意事项

记忆口诀	详　　解	正误做法
铃响三声内接起	如果你让电话铃响得时间过长，对方可能会感到不悦，甚至挂断电话，从而给你方造成损失	
主动问候并介绍	一拿起电话就应清晰地说出自己的全名，有时也有必要说出自己所在单位/部门的名称	正："你好！我是×××公司的×××。" 误："喂，找谁？"
对方身份礼貌问	千万不要唐突地问"你是谁"	正："请问您哪位？" 正："对不起，可以知道应如何称呼您吗？" 误："你是谁？"
适当回应表倾听	当对方的谈话很长时，必须有所反应，表示你在听	正："是的"；"好的"。 误："说"；"讲！"
搁置电话勿长久	对于必须搁置的电话，除了应给予说明，并对造成对方的等候致歉外，每过 20 秒还要留意一下对方，询问是否愿意等下去	正："抱歉，我帮您查一下，请稍等片刻。" 正："您是稍候片刻，还是过一会儿再打过来？" 误："××先生，我已经快替您找完了，请您再稍候片刻。"
转接电话要迅速	每个人都必须学会自行解决通话中的问题；如果自己解决不了再转接到正确的分机上，并要让对方知道电话是转给谁的	正："我们经理会替您处理好这件事的，现在请他和您通话好吗？" 误："这件事情不归我管，你找别人吧！"
礼貌感谢后挂断	在通话结束时，要感谢对方来电	正："××先生，感谢您的来电！再见！"

五、接听电话的技巧

（一）记录准备

秘书一定要养成随时准备记录的职业习惯，电话记录更应该形成制度。记好电话内容，不但可以帮助秘书合理安排时间、及时地处理一些重要问题，还有助于日后建档以便备用。秘书应在电话旁边准备好电话记录本和笔等，电话铃一响，左手摘机，右手马上准备记录。

（二）及时接听

一般情况下，秘书应在电话铃响起两声之后的间隔里拿起话筒进行接听，即“铃响不过三”。铃声响了三次以上才拿起话筒是缺乏效率的表现，会给来电者留下不好的印象。如果确实有事耽搁了，拿起话筒后应先向对方真诚地表示歉意：“对不起，让您久等了。”

（三）礼貌应答

接电话时，先主动问候对方，然后再做自我介绍，报出本单位的名称或部门名称，这是国际惯用的电话礼节。目前，我国很多单位也都是采用这一模式。如果对方也做了自我介绍，则可正式通话；否则，秘书就应礼貌客气地了解对方的身份：“请问您是……”“请问您贵姓？”切忌单刀直入地问“你是谁？”、“你找谁？”或“你要干什么？”之类的话。

如果一接电话就能辨认出对方，便可直接称呼对方，如：“啊，您好！王先生（小姐）”，这会给对方留下特别亲切的印象。

如果要传呼电话时，应明白告诉对方：“请稍等一下，我这就去请小王来接电话。”如果对方要找的人刚好不在，应彬彬有礼地告知对方并商议有关转告事宜，例如：“小王刚好不在，方便让我转告他吗？”千万不能鲁莽地说上一句“他不在”就挂上电话。

如果某个问题必须放下话筒做进一步的查问才能回答对方，则应向对方说明需要多长时间并征询对方可否等待。如果对方愿意等待，那么再次拿起话筒时要先向对方表示歉意。当然，让对方等待的时间不宜过长。

如果确信对方在电话中所谈的内容无法解决时，不要马上生硬地拒绝对方，使对方陷入窘境，而应热情地给予对方一些力所能及的帮助，如帮助对方把电话转到可以解决问题的分机，或告知对方应找人员的电话号码及姓名等。这样做，虽然增加了一定的工作量，但可给人留下良好的印象。

（四）认真听记

通话时，秘书应用心倾听，准确领会对方意图，认真做好记录。记录的内容应包括所有细节，不能仅仅记下对方所告知你的情况，像来电单位、时间、主要内容、处理意见等也都要如实记录。重要的内容，应主动予以复述，以得到对方的确认。不明白、不清楚的地方，应不厌其烦地请对方重复或解释，以保证信息的准确性。记录完毕之后，还应该再次向对方重复核对，这是非常必要的。

（五）结束通话

结束电话之前，应确保事情已经谈完，所有的细节都已经讲清楚了。结束通话的礼节要求与主叫方相类似，一般来说，应贯彻“谁打出电话谁先挂断”的原则；如果对方是长辈或领导，应等对方先挂机。

六、接听电话流程

接听电话的流程包括：接电话者—铃响 1～2 次—拿起话筒—报出名字及问候—确认对方—我的电话—记录—重复—道别—挂机—整理记录。

七、特殊电话处理技巧

秘书每天都会接到许多电话，或联系业务，或推销产品，或借贷募捐，这些电话有来自外界的，也有来自内部的；有认识的人，也有陌生人；有公开的，也有匿名的……面对繁多的电话，秘书必须迅速地进行甄别、过滤、分流，做出判断，或马上处理，或延后安排；或由自己答复，或交有关部门或有关人员处理，或请领导出面……而这些必须讲究技巧，否则会使工作陷于被动之中。

（一）接听直接找领导的电话

秘书接到直接找领导的电话时，必须认真对待，切记要先问清楚对方的身份及目的，然后根据具体情况再做进一步的处理。

如果领导正在开会、谈判或会客不方便接听电话，秘书可以向对方做简单解释，并建议稍候请领导回电话，或请对方在以后的一个确定的时间再打过来。同时要注意保密，不要泄露领导的行踪和电话号码。

由于某些原因，有时领导会有一些不愿意接听的电话。这时，秘书就应一口回绝："王经理出去办事，今天不回来了。您有什么事找他吗?"如果对方仍固执纠缠下去，可以礼貌地拒绝："对不起，我还有急事要办。我见到他，会转告他的，好吗?"

（二）同时处理打进来的多个电话

有时秘书的办公室配备了不止一部电话，秘书会经常遇到这样的情况：手头的一个电话还没有处理完毕，另外一个电话又打进来了。这时秘书需要镇定、有序地进行处理，正确的处理方式有如下几点。

1. 礼貌地请前者稍等，告诉他另有电话打进来，并闭音。

2. 迅速接听第二个电话，并问清对方的目的，记下对方的电话号码，告诉对方稍候再复电，并简单解释原因，尽快回到第一个电话上来。

3. 如果第二个电话必须马上接听，则应先请对方稍等，然后迅速向第一位通话人解释：因另外有紧急的事要处理必须先结束这次谈话，必要时再给对方回电，并中断电话。然后再接第二个电话。

4. 应该先接听哪一个电话，需要秘书区分轻重缓急，对两个电话的重要、紧急程度等迅速做出判断，然后依序处理。

5. 不管是哪一种情况，当重新接起等候在那里的电话时，首先要向对方致歉，然后继续通话。

（三）接听纠缠电话

有时，秘书在办公室会接到一些纠缠电话，如推销商品的电话，而且是三番五次打来。秘书接听这类电话时态度一定要明确，要礼貌地回绝对方，不留任何余地。不要发脾气或训斥对方，以免被对方利用。

（四）接听打错的电话

接到打错的电话时，秘书的态度也要和蔼客气，不能只说声"打错了"便"咔嚓"一声挂断电话，而应不失礼貌地说"您打错了，我这里是……需要我帮你查找正确的号码吗"，这也不失为宣传本组织的一个好时机。

（五）接到投诉电话

投诉电话往往会伴随着比较冲动的感情和激愤的言辞，这时，秘书不能针尖对麦芒，而应心平气和、冷静耐心地聆听，等对方发完火后，再诚恳地向其解释原因或提出建议，如“您购买的产品出现了问题，可以直接找我们的维修中心维修，它的地址是××××，电话号码是××××××”；或“我会把您反映的情况及时向领导汇报，有了结果，我将马上通知您”；或把电话直接转至有关的业务部门等，以此来显示秘书的教养和风度。对于企业的秘书来说，这样的电话会更加频繁，更需要处理时有耐心。

（六）接听匿名电话

有时，打电话的人既不愿报上姓名，也不愿说明打电话的动机，只一个劲儿地要直接找领导。这时，秘书仍应保持彬彬有礼的态度，坚持不报姓名或不说明来意就不打扰领导的原则，如可向对方说：“很抱歉，先生，王经理此刻不在办公室。如果您不愿意告诉我您是谁，有什么事，那么请您最好写一封信来，注明‘亲启’字样，我会尽快交到王经理手上。”

如果接到匿名打来反映有关情况的电话，要注意先不要明确表态，也不要听到风便是雨，到处乱说，而应向有关的负责人反映。

（七）接听告急电话

若接到告急电话，秘书或反映情况，或请求帮助，或请示解决的办法，这时应沉着、冷静、细心、果断、迅速地予以处理，尽快弄清楚发生了什么事、在什么地方、有什么人、其事件的严重程度如何等。如情况紧急且又是自己职权范围内的事，要当机立断，马上提出防范措施或初步处理意见；如不能决定，应马上请示汇报，并协助有关部门即刻处理。

八、电话的后续处理

（一）整理电话记录

秘书在通话后应及时整理记录内容（包括录音电话记录）。为了尽可能完整地记录电话内容，接听电话时秘书可以根据自己的书写习惯做快速记录；但如果记录较为潦草，别忘记在处理完电话后及时把较为重要或较为复杂的电话内容（不管是打出的还是接听的）整理并誊写一遍，以便于领导批示或立卷存档和日后查考。

（二）及时处理有关事务

根据电话涉及的内容和缓急程度的不同，进行不同的处理。需要向领导

汇报或请示的，要及时送领导阅读做出批示。如果内容较多，可先做初步的整理汇总，必要时还可附上自己的处理意见，协助领导处理；秘书个人或秘书部门能解决的，秘书人员可直接答复或办理；需要有关部门解决的，或及时转交、移交，或协调有关部门解决。对重要的事项还要跟踪了解并把有关的情况回馈给领导。

思考题

1. 拨打电话的基本程序和技巧有哪些？
2. 特殊电话有哪些处理技巧？

案例分析

案例　EMC 邮件门事件

单位新来了一位实习兼试用的秘书小王，连接几个电话都不得体，受到了领导的批评和警告。主任给小王提了几条建议，小王照着认真练习，逐步掌握了接听电话的技巧。

下面是小王接听电话的实录：

状况一：(有电话打进)

小王：喂！

对方：是 A 单位吗？

小王：你找谁？

对方：T 总经理在吗？

小王：你是谁？

对方：我是 B 公司。

小王：什么事？

状况二：

对方：请问 T 总经理在吗？

小王：他不在！你是谁？

状况三：

对方：请问 T 总经理在吗？

小王：他还没来。

思考题

1. 详细分析以上接听电话中，小王有哪些做得不得体。
2. 假如你是主任，你会给小王哪些建议？请列出提纲。

提示：

1. 秘书是对外的窗口，应注意礼貌。
2. 秘书要维护单位形象。

实务操作

1. 到一家单位的办公室参观，了解并分析其办公环境的管理情况。

2. 请为某公司王总经理拟制一份为期一周的时间表，要求如下。

（1）内容包括：会议、面谈、接待、出差、深入基层及其他重要事项；

（2）表格要简洁规范，内容要适合、适应、适时。

3. 模拟秘书在办公室接电话时的几个情景。

（1）对方要找人事部王经理，秘书告知王经理不在的对话情景。

（2）对方打错了电话，秘书对此的应对。

（3）对方询问公司新产品的情况以及要转接的电话。

（4）秘书自己拨错了电话时的应对。

（5）顾客购买的产品在使用中出现了问题，反映情况的电话。

（6）通知部门经理开会的电话。

（7）对方咨询本公司产品情况时，秘书需要查数据要对方等候的电话。

4. 模拟秘书在办公室接待访客时的几个情景。

（1）有一外地公司的客户，慕名来到宏远公司，但因为事先未预约而显得有些不好意思，请演示秘书接待的情景。

（2）吴总经理与宏远公司王经理是大学的同窗好友，有着十几年的友情，关系非常亲密，他们经常在一起打球，在生意上也有合作。王经理经常到宏远公司来找吴总经理聊天，吴总经理也经常到宏远公司看望王经理。今天，王经理又来找吴总经理，正好吴总经理不在公司，他陪同台商汪先生打保龄球去了。这时秘书应如何接待，请演示。

（3）有一位推销员，事先没有约定，一来就声称是经理的朋友，坚持要见经理。秘书请教他的大名，他又不愿通报姓名，也不愿说出求见理由。于是秘书委婉拒绝安排会见，可他却一直赖着不肯离去。请演示秘书应对的情景。

（4）一天早晨，两位预约的客人刚到，另一位客人却由于急事来到公司，要求马上见到吴总。请演示秘书接待的情景。

（5）今天有四位重要客人来访。秘书要在办公室外迎接客人并进行自我介绍，然后引导他们上楼，进入经理办公室。请演示整个过程。

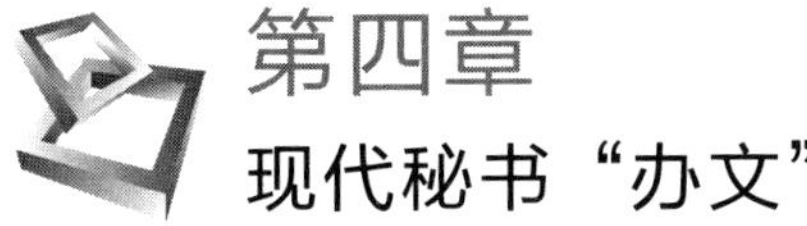

第四章 现代秘书“办文”

【本章学习要点及学习目的】

通过本章学习，了解现代秘书“办文”的基本内容及工作程序，了解机关常用文书的格式、用途及写作要求，学会秘书常用文体的写作，掌握文书拟写与处理的基本程序和要点。

办文，即文书的制作和处理，它包括秘书起草撰制文书、收发、传递和处理文书以及针对文书内容办理的各种事务工作。简而言之，“办文”是围绕“文”而展开的一切工作，它是秘书最主要的工作之一。

第一节　现代公文类别及格式

一、公文的概念

公文是公务文书的简称，对其含义的理解有广义与狭义之分。广义上说，机关、团体、企事业单位以及一切依法成立的组织在从事政务、商务等公务活动中代表本组织形成并使用的规范的文书均可称为公文。它包括行政机关在行政管理过程中所形成的具有法定效力和规范体式的行政公文，机关、单位、团体和个人在处理日常事务中经常使用的形式较为灵活的事务文书，以及像经济文书、法律文书、新闻文书、外交文书等在一些特定行业和工作部门范围内使用的专用文书。狭义上说，公文是指国务院办公厅《国家行政机关公文处理办法》中规定的13种行政公文和中共中央办公厅《中国共产党机关公文处理条例》中规定的14种党的主要公文，是专指国家行政机关和党的机关在政务和党务管理过程中所形成的具有法定效力和规范体式的文书。它是传达、贯彻党的方针、政策，发布行政法规和规章，施行行政措施，请示和答复有关问题，指导、布置和商洽工作，报告情况、交流经验的重要工具。本节所讲的公文，是广义上的公文。

二、现代秘书办文所涉文种类别

秘书办文涉猎文种繁多，最常用的有以下四类。

（一）国家统一规范的机关法定公文

根据国务院办公厅 2000 年 8 月 24 日发布的《国家行政机关公文处理办法》的规定，我国行政机关现行公文有 13 种，分别是命令（令）、决定、公告、通告、通知、通报、议案、报告、请示、批复、意见、函和会议纪要。

（二）机关法定公文之外较常用的事务文书

此类文种大体包括计划、总结、调查报告、综述、简报、会议记录、章程、启事、海报、条据、讲话稿、演讲稿、述职报告等。

（三）日常信函文书

此类文种包括介绍信、证明信、邀请信、感谢信、慰问信、求职信、申请书、倡议书、建议书、涉外书信等。.

（四）经济文书

此类文种包括经济合同、市场预测报告、经济活动分析报告、商品说明书、广告文案、招标书、投标书等。

三、国家行政机关法定公文的格式

组成公文的各要素划分为眉首、主体、版记三部分。置于公文首页红色线以上各要素统称眉首；置于红色线以下、主题词以上各要素统称正文；置于主题词以下各要素统称版记。

（一）公文眉首格式

眉首又叫文头，由发文机关标识、公文份数序号、秘密等级和保密期限、紧急程度、发文字号、签发人、红色反线组成。

1. 发文机关标识。发文机关标识应当使用发文机关全称或者规范化简称后面加“文件”组成；发文机关标识上边沿至版心上边沿为25mm；对于上报的公文（请示、报告等），发文机关标识上边沿至版心上边沿为80mm。发文机关标识推荐使用小标宋体字，用红色标识。字号由发文机关以醒目美观为原则酌定，但是最大不能等于或大于22mm×15mm。联合行文时应使主办机关名称在前，“文件”二字置于发文机关名称右侧，上下居中排列。

2. 公文份数序号。公文份数序号是将同一文稿印刷若干份时每份公文的顺序编号，用阿拉伯数码顶格标识在版心左上角第1行，顶格写。

3. 秘密等级和保密期限。公文如需标识秘密等级，用3号黑体字，顶格标识在版心右上角第1行，两字之间空一字；如需同时标识秘密等级和保密期限，秘密等级和保密期限之间用“★”隔开。

4. 紧急程度。公文如需标识紧急程度，用3号黑体字，顶格标识在版心右上角第1行，两字之间空一字；如需同时标识秘密等级与紧急程度，秘密等级顶格标识在版心右上角第1行，紧急程度顶格标识在版心右上角第2行。

5. 发文字号。发文字号由发文机关代字、年份和序号组成。发文机关标识下空两行，用3号仿宋字，居中排布；年份、序号用阿拉伯数码标识；年份应标全称，用方括号“［］”括入；序号不编虚位（即1不编为001），不加“第”字。

6. 签发人。上报的公文需标识签发人姓名，平行排列于发文字号右侧，发文字号居左空一字，签发人姓名居右空一字；签发人（3号仿宋体）后标全角冒号，冒号后用3号楷体字标识签发人姓名。如有多个签发人，主办单位签发人姓名置于第1行，其他签发人姓名从第2行起在主办单位签发人姓名之下按发文机关顺序依次顺排，下移红色反线，应使发文字号与最后一个签发人姓名处在同一行并使红反线与其的距离为4mm。

7. 红色反线。标于发文字号下4mm处，隔开眉首和主体，与版心同宽。

（二）公文主体格式

公文主体格式包括标题、主送机关、正文、附件说明、成文日期、印章、特殊情况说明、附注、附件等。

1. 公文标题。完整的标题包括发文机关名称、发文事由和文种三部分，简称三要素。

公文标题居于红色反线下空两行，用2号小标宋体字，可分一行或多行居中排布；回行时，要做到词意完整，排列对称，间距恰当。

2. 主送机关。标题下空一行，左侧顶格用3号仿宋体字标识主送机关，回行时仍顶格；最后一个主送机关名称后标全角冒号。如主送机关名称过多而使公文首页不能显示正文时，应将主送机关名称移至版记中的主题词之下、抄送之上，标识方法同抄送。

3. 公文正文。公文正文居于主送机关名称下一行，每自然段左空两字，回行顶格。数字、年份不能回行。

4. 附件。公文如有附件，在正文下空一行左空两字用3号仿宋字标识“附件”，后标全角冒号和名称。附件如有序号使用阿拉伯数码（如“附件：1. ×××× ”）；附件名称后不加标点符号。附件应与公文正文一起装订，并在附件左上角第1行顶格标识“附件”，有序号时标识序号；附件的序号和名称前后标识应一致。如附件与公文正文不能一起装订，就在附件左上角第1行顶格标识公文的发文字号并在其后标识附件（或带序号）。

5. 成文时间。成文时间用汉字将年、月、日标全；“零”写为“0”，成文时间右空4个字；加盖印章应上距正文2mm~4mm 。

6. 公文生效标识。

（1）单一发文印章。机关印发的公文在落款处不署发文机关的名称，只标识成文时间。成文时间右空4个字；加盖印章应上距正文2mm~4mm，端正、居中下压成文时间，印章用红色。当印章下弧无文字时，采用下套方式，即仅以下弧压在成文时间上。当印章下弧有文字时，采用中套方式，即印章中心线压在成文日期上。

（2）联合行文印章。当联合行文需加盖两个印章时，应将成文时间拉开，左右各空7个字；主办机关印章在前；两个印章均压成文时间，印章用红色，只能采用同种加盖印章方式，以保证印章排列整齐。两印章间互不相交或相切，相距不超过3mm。

当联合行文需加盖3个以上印章时，为防止出现空白印章，应将各发文机关名称（可用简称）排在发文时间和正文之间。主办机关印章在前，每排最多3个印章，两端不得超过版心；最后一排如余一个或两个印章，均居中排布；印章之间互不相交或相切，在最后一排印章之下右空两字标识成文时间。

7. 特殊情况说明。当公文排版后所剩空白处不能容下印章位置时，应采取调整行距、字距的措施加以解决，务使印章与正文同处一面，不得采取标识“此页无正文”的方法解决。

8. 附注。公文如有附注，用3号仿宋体字，居左空两字加圆括号标识在

成文时间下一行。

（三）版记（文尾）格式

版记包括主题词、抄送机关、印发机关和印发日期、反线及位置。

1. 主题词。“主题词”用 3 号黑体字，居左顶格标识，后标全角冒号；词目用 3 号小标宋体字；词目之间空一字。

2. 抄送机关。公文如有抄送机关，在主题词下一行；左右各空一字，用 3 号仿宋体字标识“抄送”，后标全角冒号；抄送机关间用逗号隔开，回行时与冒号后的抄送机关对齐；在最后一个抄送机关后标句号。如主送机关移至主题词之下，标识方法同抄送机关。

3. 印发机关和印发日期。位于抄送机关之下（无抄送机关在主题词之下）占一行位置；用 3 号仿宋体字。印发机关居左空一字，印发日期居右空一字。印发日期以公文付印的日期为准，用阿拉伯数码标识。

4. 版记中的反线。版记中各要素之下均加一条黑色反线，宽度同版心。

5. 版记的位置。版记应置于公文最后一面（封四），版记的最后一个要素置于版心最后一行。

（四）公文的特定格式

1. 信函式格式。发文机关名称上边缘距上页边的距离为 30mm，推荐用小标宋体字，字号由发文机关酌定；发文机关全称下 4mm 处为一条武文线（上粗下细），距下页边 20mm 处为一条文武线（上细下粗），两条线长均为 170mm。每行居中排 28 个字。首页不显示页码。发文机关名称及双线均印红色。发文字号置于武文线下一行版心右边缘，顶格标识。发文字号下空一行标识公文标题。如需标识秘密等级或紧急程度，可置于武文线下一行版心左边缘顶格标识。

2. 命令格式。命令标识由发文机关名称加“命令”或“令”组成，用红色小标宋体字，字号由发文机关酌定。命令标识上边缘距版心上边缘 20mm，命令标识下空两行居中标识令号；令号下空两行标识正文；正文下空一行右空 4 字标识签发人签名章，签名章左空两字标识签发人职务；联合发布的命令或令的签发人职务应标识全称。在签发人签名章下空一行右空两字标识成文日期。

3. 会议纪要格式。会议纪要标识由“××××××会议纪要”组成，用红色小标宋体字，字号由发文机关酌定。会议纪要不加盖印章。

第二节　常用行政机关公文的拟写

一、通知的写作

（一）指示性通知的拟写

指示性通知用于向所属下级布置工作，阐明工作活动的指导原则和方法；还用于传达上级的决定和指示、布置需要执行或办理的工作事项等。

指示性通知的正文由三部分组成：通知的依据（原因、目的、意义）、主体部分、结尾部分。

1. 通知的依据。通知的依据是用简明的语言说明为什么发此通知，然后用一句过渡语如“现通知如下”“特作如下通知”等转入主体部分。

2. 主体部分。主体部分是通知的具体事项。指示性通知主体部分比较复杂，应分条或分段叙述，使人一目了然。

3. 结尾部分。通知的结尾部分一般写执行要求。如：“以上通知，望认真执行”；有时则用一般号召性文字提出希望和要求，有的通知也可没有结尾部分。

（二）转发性通知的拟写

将上级、同级或不相隶属单位的来文发给下级单位，用转发性通知。转发性通知正文的写法也比较简短，常用“现将×××转发给你们，望遵照执行”这一模式。有时在此基础上，还根据本单位、本系统、本地区的实际情况提出具体要求，或做补充规定。

转发性通知的特点在“转”字上，不能加批语。

（三）发布性通知的拟写

发布性通知是用于告知受文单位，某一规章已经某会议讨论通过或经某上级批准，现予发布或印发，并要求下级遵照执行。重要的规章用“颁发”或“发布”，一般的规章用“印发”。这类通知所发布（印发）的法规性文书，一般都是发文单位本身制定的。发布性通知的正文也比较简短，一般只需写明发布根据以及发布的是什么文书，提出执行要求即可。有时也可简要阐述发布此文书的目的、意义，或提出贯彻执行的具体意见。

（四）事务性通知的拟写

事务性通知是上级要求下级办理或告知下级需要知道的一般事项，如报送有关材料、启用或废止公章、出版刊物的订购、变更地址及电话号码，等等。事务性通知的正文往往采用篇段合一的形式，只把通知的是什么事情说清楚即可，没有必要予以议论评价或阐发意义，也不提执行要求。

（五）会议通知的拟写

各单位在召开会议时，会前要告知与会者开会的时间、地点、需携带的材料等，这时要用会议通知。除了一些小型或紧急会议就近口头或电话通知外，一般都要使用书面会议通知。会议通知的正文一般由召开会议的背景（目的、意义）和会议注意事项两部分构成。

1. 召开会议的背景。主要写明为什么开会，一般文字比较简短，不要长篇大论。

2. 会议注意事项。会议注意事项包括会议的时间、地点、与会人员、日程安排、报到日期，有时还具体地提出准备的材料及与会者赴会所乘车、船、飞机班次等。

（六）任免通知的拟写

任免通知是上级需要向下级传达对有关人员的任免事项时使用的通知。任免通知的正文要写明任免根据、日期、被任免人员的姓名与职务。

二、通报的拟写

通报正文的结构通常由开头、主体和结尾等部分组成。开头说明通报缘由，主体说明通报决定，结尾提出通报的希望和要求。通常有以下几种类型。

1. 表扬性通报。一般在开头部分概述事件情况，说明通报缘由。主体部分通过对先进事迹的客观分析，在阐明所述事件的性质和意义的基础上，写明通报决定。结尾部分明确提出希望和要求，号召大家向先进人物学习。

2. 批评性通报。开头部分先写出事实，主体部分在分析评论的基础上叙写通报决定，最后提出希望和要求，让大家吸取教训，引以为戒。

3. 情况通报。情况通报主要起着沟通情况的作用，包括两项内容：通报有关情况和对其的分析并做出结论。

三、请示的拟写

请示的正文一般由三部分组成：请示事由或起因、请示事项、请求。

（一）请示事由

请示事由是请示提出的依据，放在正文的开头。这一部分可以反映情况，但要注意不是为了汇报，而是为所请示的事项说明理由。

（二）请示事项

请示事项是请示的核心内容，主要写明需要上级帮助解决的问题。为了有利于审批，还可以进一步提出解决问题的办法、措施、意见与建议。

（三）请求

请求是在请示的结尾提出要求的话语，是请示的终结与强化。一般紧接请示事项后面另起一段书写。根据请示目的的不同，请求常用的语句是："以上请示如无不妥，请批准""当否，请批示""特此请示，请予审批""以上请示如无不妥，请批转各地、各部门执行"等。

四、报告的拟写

（一）工作报告的拟写

工作报告主要用于总结工作经验、汇报工作进展情况或提出今后的工作意见等。工作报告的正文通常由四部分组成：工作过程、成绩或收获、经验或体会、存在问题与今后打算。

1. 工作过程。工作过程是指工作情况的概述，包括背景、依据、任务、成效等。

2. 成绩或收获。成绩或收获是指工作的成果，包括物质的和精神的、直接的和间接的，这一部分可分成几个方面进行叙述。

3. 经验或体会。经验或体会是指在完成工作任务的过程中带有规律性的认识或经验体会，这一部分比直接成果更进一步，属理性认识，对于其他工作具有指导作用。

4. 存在问题与今后打算。这是指工作中的失误和实际困难，以及下一步

工作应如何做。

（二）情况报告的拟写

情况报告是用来汇报工作中发生的重大问题或特殊情况、接办事项的处理情况等。情况报告反映的问题比较专一，主要是围绕一项工作、一件事情加以叙述和说明。其正文由两部分组成：事情的起因和经过及办理结果。

1. 事情的起因和经过。这是指所要报告事情发生的原因（即报告依据）及发生的过程（或工作完成的过程）。

2. 办理结果。这是指事情最后的办理情况（或完成情况或结论）。

（三）调查报告的拟写

调查报告是指有关单位为了了解情况，研究制订法规、政策、计划，解决与处理问题，发现典型与总结新鲜经验以推动工作等，有目的地指派专人或工作组，深入实际进行调查之后写出的书面报告。调查研究是取得第一手材料、制定有关方针政策和处理问题的重要依据。调查报告的正文通常由四部分组成：目的经过、基本情况、分析认识、结尾部分。

1. 目的经过。目的经过应放在正文的开首，简要交代进行调查的缘由，调查的时间、地点、对象，要解决的中心问题，参加调查的人员和调查的简要经过等。

2. 基本情况。这是指通过调查得到的具体情况。

3. 分析认识。这是指从调查所得情况中，经过分析研究得出的认识。这一部分可以和基本情况结合在一起写，可以采取纵向的叙述法，即从事物的历史状况谈起，叙述它的发展变化及其原因；也可以从横向的剖面来叙述，即从几个主要方面来看待事物的发展面貌及主要特点。无论是纵向的还是横向的，各部分均可拟出生动醒目的小标题。

4. 结尾部分。这是对全篇做出画龙点睛式的总结，概括出全篇给人的启示和得出的结论，或者是对于问题的处理、政策的调整、工作的开展等提出意见和建议。

（四）答复报告的拟写

上级向下级询问某一问题或某项工作的进展情况时，下级要按要求如实向上级汇报，这时使用答复报告。答复报告具有很强的针对性，要问什么答什么。答复报告的正文由报告起因和报告内容两部分组成。

1. 报告起因。这是写报告的原因或根据，常要写明收到上级什么文件、什么指示或接受了什么任务，执行办理情况及结果摘要。

2. 报告内容。这是报告的主体，按照执行或办理的实际情况拟写，常要写明执行或办理的依据、主要过程、措施、结果，有时还要写出经验、教训与今后的打算。

（五）报送报告的拟写

报送报告是下级向上级报送有关文书或物品时，随文书或物品写的一种报告。报送报告的正文比较简短，只写明报送对象及报送目的即可。

五、决定的拟写

决定的标题要求写明发文机关、事由、文种三部分，也有的只写明发文事由和文种。有些决定在标题下有题注，标明通过或发布的时间。

对重要事项或者重大行动做出安排的指挥性决定，正文通常由决定缘由和决定事项两部分构成。决定缘由是指对某项工作或重大行动做出安排的依据，行文要简明扼要，依据要恰当充分，令人信服。决定事项是全文的主体内容，主要包括开展工作的有关政策原则、执行的事项及有关规定要求等，行文要眉目清楚，用语要确切明了。

表彰决定的内容比较单纯，主要是做出表彰决定的依据和决定事项，即使有号召或者鼓动性的结尾，也很简短。在写法上往往开门见山，直接陈述，篇段合一，语句简练、明快。

处分决定要首先把错误的事实说明，并进行分析定型，然后写处分决定，最后提出希望和要求。

六、函的拟写

函的正文通常由起因、事项、结尾三个部分组成。

1. 起因。发函的起因主要写明发函的原因；复函的起因是告诉对方来函已收到，常见的写法是：“你单位×年×月×日来函收到。”

2. 事项。主动发函的事项部分主要写明商洽、询问的具体事项，复函的事项部分是答复对方提出的问题。

3. 结尾。主动发函的结尾往往提出要求对方答复的请求，如“盼复”

“望函复”等；复函往往用“专此函复”“此复”等作为结尾用语。

第三节　国家行政机关公文处理

公文处理包括发文处理、收文处理、文书管理三个环节，是指公文在机关、单位内部运转中处理和管理的全过程。

一、发文处理

发文处理指以本机关名义制发公文的过程，包括草拟、审核、签发、复核、编号、缮印、用印、登记、分发等程序。

（一）草拟

草拟是秘书人员或有关人员将单位发文意图草拟成文书初始稿的过程，它包括交拟、议拟、撰拟，是发文处理的首要环节。拟稿环节必须严格按照撰写文书的基本要求来进行，以确保文书的质量。

（二）审核

审核是指秘书部门的负责人或有关领导人对草拟的文稿进行的审查、修改工作，目的是为领导签发做好准备。审核的重点是：是否确需行文，行文方式是否妥当，是否符合行文规则和拟制公文的有关要求，公文格式是否符合规定等。

（三）签发

签发是单位领导人对发出的文稿经最后审阅后认为确应发出，即批明发文意见并签字。文稿经领导人签发即成定稿，可以据此生效。签发人对其所签发的文稿从政治上到文字上的准确性负完全责任。

（四）复核

公文正式印制前，文秘部门应当进行复核，复核的重点是：审批、签发手续是否完备，附件材料是否齐全，格式是否统一、规范等。

经复核需要对文稿进行实质性修改的，应按程序复审。

（五）编号

文稿送印前要编好发文字号，并注明缓急或密级标记，确定印制份数，以便一并缮印。

（六）缮印

由文秘人员对已签发的文稿进行誊抄或打印。

（七）用印

对已缮印好的文书要加盖单位印章，以表示文书生效。

（八）登记

为待发文稿注册，以便于今后的查考利用。登记项目包括顺序号、发文日期、发文字号、文书标题、附件、密级、份数、发往机关、归卷日期、归入卷号、备注等。

（九）分发

由文秘部门将印有公章的文书通过适当方式发送给受文单位。

二、收文处理

收文处理指对收到公文的处理过程，包括签收、登记、审核、拟办、批办、承办、催办等程序。

（一）签收

签收是指接受文书时收件人在送件人的文书投递单或送文簿上签字，表示收到来文。秘书签收文件时要细致认真，签收前要注意三点：第一，要认真核对所收文件的袋数、件数是否与文书投递单或送文登记簿上的相符合。第二，仔细查看文书封套上所注的收文机关部门或姓名是否是本机关。第三，查对封签编号是否与投递单或送文簿上的登记相符合，检查封签或文书包装是否有破损、开封等现象。

（二）登记

登记是对收进的文书进行注册，目的是便于对文书进行查找、统计、催

办以及今后的查考利用。登记的项目主要有顺序号、收到日期、来文机关、来文字号、标题、密级、份数、承办单位、签收、复文号、归入卷号、备注等。

（三）审核

收到下级机关上报的需要办理的公文，秘书部门应当进行审核。审核的重点是：是否应由本机关办理；是否符合行文规则；内容是否符合国家法律、法规及其他有关规定；涉及其他部门或地区职权的事项是否已协商、会签；文种使用、公文格式是否规范。

（四）拟办

拟办是秘书根据来文的具体情况，对来文如何处理提出初步方案和建议，供领导人审核决定的过程。经审核，对符合本办法规定的公文，文秘部门应当及时提出拟办意见送负责人批示或者交有关部门办理，需要两个以上部门办理的应当明确主办部门。紧急公文应当明确办理时限。拟办的意义在于充分发挥秘书人员的参谋助手作用，节省领导的时间，提高工作效率。

（五）批办

批办是领导人对应办的来文由谁或哪一部门办理及如何办理写出的指示性意见。文书的批办工作一般由机关负责人、秘书长或办公室主任承担。

（六）承办

承办是根据领导的指示意见，由有关部门具体承接办理文书所涉及的事务的过程，是文书处理工作的关键环节。承办部门收到交办的公文后应当及时办理，不得延误、推诿。紧急公文应当按时限要求办理，确有困难的，应当及时予以说明。

（七）催办

催办是指文秘人员对文书办理情况的督促、检查工作，以提醒有关人员加快办文速度。送负责人批示或者交有关部门办理的公文，秘书部门要负责催办，做到紧急公文跟踪催办，重要公文重点催办，一般公文定期催办。这是避免办事拖沓、文书积压，加速文书运转的重要措施。

三、文书管理

在发文和收文办理程序的最后，都有文书的管理工作。公文办理完毕后，应当根据《中华人民共和国档案法》和其他有关规定，及时整理（立卷）、归档。

（一）立卷归档

文书立卷是整理与保存文书的一种方法，即将已经处理完毕并且具有保存价值的文书组合为一个一个的案卷。案卷装订好以后，要按规定的制度向本单位的档案室移交，称为归档。归档范围内的公文，应当根据其相互联系、特征和保存价值等整理（立卷），要保证归档公文的齐全、完整，并能正确反映本机关的主要工作情况，以便于保管和利用。

（二）销毁

凡已办理完毕且无查考保存价值的文书，应妥善保存，于当年年底编制销毁目录，报请主管的领导人批准后定期销毁。销毁秘密公文应当到指定场所由两人以上监销，保证不丢失、不漏销。其中，销毁绝密公文（含密码电报）应当进行登记。

四、行文制度

无论是收文和发文，文书在运行传递过程中都要遵循一定的制度，这便是行文制度。行文制度主要包括行文关系、行文方向、行文方式和行文规则。

（一）行文关系

行文关系是行文时发文单位与受文单位之间的关系，它是机关单位之间的组织关系在公文运行中的体现。机关之间的工作关系有如下几种类型：第一类，处于同一组织系统的上级机关与下级机关之间存在领导与被领导的关系。第二类，处于同一专业系统的上级主管业务部门与下级主管业务部门之间存在指导与被指导的关系。第三类，处于同一组织系统或专业系统的同级机关之间的平行关系。第四类，非同一组织系统、专业系统的机关之间，无论级别高低，均不相隶属的关系。因此，机关之间的行文关系也就包括了上下级

关系、平级关系、隶属关系和非隶属关系四种。

（二）行文方向

行文方向是以发文机关为立足点、公文向不同机关运行的去向。主要行文方向有三个：第一，上行，指公文向上级机关单位运行。行政公文的上行文有议案、报告和请示。第二，下行，指公文向下级机关单位运行。下行的行政公文较多，如批复、通知、决定、通告等。第三，平行，指公文向同级或不相隶属的机关单位运行。函、通知等都可以平行。

（三）行文方式

行文方式指行文的方法和形式。

1. 从行文对象分，可分为：

（1）逐级行文，即向直接的上级或者直接下级行文。

（2）越级行文，即越过自己的直接上级或下级行文。

（3）多级行文，即向直接上级并呈非直接上级或者向直接下级并转非直接下级的一次性行文。

（4）普发行文，即向所属各机关及其部门、单位一次性行文，主送机关使用泛称。

（5）通行行文，即向隶属机关和非隶属机关以及社会群体一次性泛向行文。

2. 从发文机关分，可分为：单独行文；联合行文。

3. 从对象主次分，可分为：主送；抄送。

（四）行文规则

行文规则就是行文中应遵循的规矩、要求和原则。

《国家行政机关公文处理办法》（以下简称《办法》）主要规定了以下行文规则。

1. 注重效用。《办法》第 13 条规定：“行文应当确有必要，注重效用。”

2. 党政分清。为加强和改善党的领导，在对社会和国家的管理上实行党政分开。反映在公文运行上，党和政府的行文不能混淆，党政可以联合行文而不要互相行文。

3. 部门行文规则。《办法》第 15 条规定：“政府各部门依据部门职权可以相互行文和向下一级政府的相关业务部门行文；除以函的形式商洽工作、询问和答复问题、审批事项外，一般不得向下一级政府正式行文。部门内设机构除办公厅（室）外不得对外正式行文。”

4. 联合行文规则。《办法》第 16 条规定：“同级政府、同级政府各部门、上级政府部门与下一级政府可以联合行文；政府与同级党委和军队机关可以联合行文；政府部门与相应的党组织和军队机关可以联合行文；政府部门与同级人民团体和具有行政职能的事业单位也可以联合行文。”联合行文的机关及部门、单位必须是平级的，还要经过协商并取得一致意见。

5. 抄送规则。《办法》第 20 条规定：“向下级机关或者本系统的重要行文，应当同时抄送直接上级机关。”《办法》第 23 条还规定：“受双重领导的机关向上级机关行文，应当写明主送机关和抄送机关。上级机关向双重领导的下级机关行文，必要时应当抄送其另一上级机关。”

6. 请示、报告规则。

（1）不越级请示、报告。《办法》第 14 条规定：“行文关系根据隶属关系和职权范围确定，一般不得越级请示和报告。”

（2）《办法》第 21 条规定：“请示”应当一文一事；一般只写一个主送机关，需要同时送其他机关的，应当用抄送形式，但不得抄送其下级机关。“报告”不得夹带请示事项。

“办文”是秘书工作的重要组成部分，它是围绕文件的撰制、传递、处理和管理而展开的一系列活动。秘书人员应该了解办文工作的基本要求，熟悉常用公文的规范格式和写作要求，掌握公文拟写、处理的基本程序和公文的行文制度，并围绕这几个方面的问题，着重培养、训练公文写作、修改和处理的实际操作能力。

思考题

1. 请示和报告有何不同？报告中为何不能夹带请示事项？

2. 根据《国家行政机关公文处理办法》的规定，公文一般由哪些部分组成？

3. 上报公文签发人的姓名写在何处？如何标注？

4. 收文处理一般包括哪些程序？

5. 举例说明什么是上行文、平行文、下行文。

6. 下列事例是否符合文书处理规则或程序？为什么？

（1）某单位对外拟发公文，领导签发后交秘书部门审核修改。

（2）某单位秘书为保证工作不出错，将所有来文一律以三天为单位，每三天分送一次，这样做对不对？为什么？

（3）某单位秘书每次都将来文按单位领导顺序填好名字，请他们自行传阅，这样做对不对？

第四节　经济文书拟写

经济文书就是涉及经济内容的应用文章。常见的经济文书有：经济合同和经济合同协议书；市场调查报告；经济广告；经济司法文书；商品说明书。

一、经济文书的特点

（一）实用性

实用，是经济文书的价值取向。任何经济文书都不是一般的有感而发，而是为事而作，力求能够解决实际问题。具体来说，它的实用价值体现在以下几点。

1. 能够反映经济建设中的新动态、新情况、新经验、新问题，并认真地加以剖析研究，从而探索和发现经济活动的发展规律，为制定经济方针、政策做出决策、制订计划、提供科学的依据。

2. 针对现代经济管理活动中的各种实际问题，适时地做出决策、指令、通报和说明。提出解决问题的措施和办法，使管理活动能够沿着正确的轨道正常运行，促进现代化的经济管理。

3. 能够梳理适合我国国情、我国市场经济发展的新经济形式，反映其发展与优化的过程，对经济改革做正确的导向。

对经济文书来说，如果能实实在在解决一些实际问题，就一定会对经济工作具有指导意义，也就具有较高的实用价值。

（二）真实性

经济文书是反映经济活动规律、解决实际经济问题的，它应当从实际出发，原原本本反映客观事物的真实面貌，传递准确无误的信息。经济文书不能像文学作品那样可以进行艺术虚构，而必须实事求是，事必有据，反对歪曲事实，弄虚作假，夸大其词。具体来说，要做到以下几个方面。

1. 所反映的时间、地点、人物、事件、背景、过程、细节等都符合事实的本来面目，不掺假、不夸张、不走样。

2. 引用各种资料、统计数据要准确无误。对一些重要数据，必须反复核实测算，不能出丝毫差错。

3. 要反映客观事实本身的逻辑关系，揭示客观经济规律，不能片面强调求真而去纯客观地"有闻必录"。不能"只见树木不见森林"，只见现象不见本质，只见偶然否定必然。

（三）效益性

经济活动与其他活动相比的一个根本区别就在于它必须讲求经济效益。文章是客观事物的反映，经济文书是直接反映、影响与作用于经济活动的，就必然与经济效益发生发联。这就要求经济文书要从不同的角度、不同的方面，以不同的内容、形式和方法与经济效益挂钩，为提高经济效益服务。

例如，市场调查报告要为解决企业产品适销对路服务，经济合同要为企业的切身经济利益着想，审计报告要着眼于对企业经济效益的检查与评估，决策方案报告要考虑提高经济效益的最佳方案，商品广告要以推销商品和劳务达到盈利为目的……

总之，经济效益是经济管理的核心内容，提高经济效益是所有经济管理活动的根本目标，也是经济文书写作的终极目的。因此，经济文书在写作过程中必须牢固树立效益观念，注重对经济活动中影响经济效益诸因素的分析，注重提供有助于提高经济效益的切实可行的措施与方案，保证经济活动的正常运行，实现最佳的经济效益。

（四）政策性

市场经济是法制经济，有关的经济法规和经济政策就是经济运行的基本规则，也是经济文书写作的指导方针。这就要求经济文书的内容要体现和渗透经济法规和经济政策的精神，要以有关的法规和政策为依据去分析经济现象，研究经济形势，解决经济问题；要结合具体的经济工作任务、具体的事件、具体的问题去自觉贯彻宣传国家的有关法规和政策，反映国家政权的政治意向和根本利益。

例如，签订经济合同，其内容必须遵循《中华人民共和国民法典》（以下简称《民法典》）的有关规定，必须在国家法律以及有关税务、财务、物价等方面的政策允许范围之内；发布商品广告也要按照《中华人民共和国广告法》的有关规定进行，以保证广告内容的真实与合法。这些行为都具有很强的政策性。

（五）程式性

这主要是就经济文书的格式与语言而言的。经济文书专业性很强，为了

表达得准确得体，处理得及时迅速，在长期的写作实践中，逐渐形成了各自不同的、相对固定的格式与写作规范。各种文体都有自己大致的模式，写作也要按照一定的规格、程式、标准和要求进行，不允许随心所欲，自行改变。规范化是实现经济文书统一性、完整性、准确性和有效性的重要保证，是提高经济写作的速度与效率的基本措施，同时也为经济文书运用电脑写作、进行科学化管理奠定了基础。

本节以目前运用范围最广、使用频率最高的经济合同为例，讲述经济文书的拟写。

二、合同制度

（一）什么是合同？

合同或契约是一种古老又现代的法律关系和社会关系。它伴随着人类由野蛮状态进入文明社会，是交易及商品关系的媒介；至现代则由交易的法律形式进化为任何领域、任何主体自愿相互接受约束的法律形式。从国际法（条约、协定等）到国内法，从国事（大选协议等）到家事（夫妻财产、收养和监护、遗赠扶养协议等），从行政（政府岗位责任合同、上下级政府防治污染等责任书等）到经济和社会（政府采购、承包或租赁、劳动合同和集体协议等），不胜枚举。合同之所以有如此魅力，历经数千年而成为当今最普遍的一种法律关系，其缘由皆可由梅因的名言“从身份到契约”加以概括和诠释。合同的本质和精髓在于当事人讨价还价基础上的合意，其平等（对立）、自愿（自由）也意含着社会成员自立、自强、自由表达意见、共同决定等要求，所以它与社会发展的趋势吻合一致。这就不难理解，何以在行政关系中也可以通过合同，在不同程度上引入相互承诺、平等，强化权利、责任和约束，以提升效力和效率。

（二）合同制度的变革

合同制度是市场经济的基本法律制度，《中华人民共和国合同法》（以下简称《合同法》）自1999年10月1日起施行。

《合同法》第二条规定：合同是平等主体的自然人、法人、其他组织之间设立、变更、终止民事权利义务关系的协议。法人之间为显示一定经济目的，明确相互权利义务关系而订立的协议。一般都采用书面形式。主要条款有：标的（指货物、劳务、工程项目等）；数量和质量；价款或酬金；履行的期限、地点和方式；违约责任；根据法律规定的或按经济合同性质必须具备的条款以及当事人一方要求必须规定的条款。按其内容，一般可分为：购销合同（包括供应、采购、预购、购销结合及协作、调剂等合同）；建设工程承包合同；加工承揽合同；货物运输合同；供用电合同；仓储保管合同；财产租赁合同；借款合同；科技协作合同等。签订经济合同是一种法律行为，必须遵循合法原则、平等互利原则、协商一致原则和等价有偿原则。经济合同依法成立，即具有法律约束力，当事人必须全面履行合同规定的义务，任何一方不得擅自变更或解除合同。违反合同要追究责任，赔偿损失，直至法律制裁。

自 2021 年 1 月 1 日起实施的《民法典》，将《合同法》入编，合同法规定在《民法典》的第 463~988 条，用于调整因合同产生的民事关系。先前施行的民法通则、物权法、合同法、担保法、婚姻法、收养法、继承法、侵权责任法全部废止。

（三）《民法典》的合同编

较之于合同法，《民法典》合同编作了一些增减，其中第三编合同，共 3 个分编、29 章、526 条，主要内容如下。

1. 关于通则。第一分编为通则，规定了合同的订立、效力、履行、保全、转让、终止、违约责任等一般性规则，并在现行合同法的基础上，完善了合同总则制度。

一是通过规定非合同之债的法律适用规则、多数人之债的履行规则等完善债法的一般性规则。

二是完善了电子合同订立规则，增加了预约合同的具体规定，完善了格式条款制度等合同订立制度。

三是结合新冠肺炎疫情防控工作，完善国家订货合同制度，规定国家根据抢险救灾、疫情防控或者其他需要下达国家订货任务、指令性计划的，有关民事主体之间应当依照有关法律、行政法规规定的权利和义务订立合同。

四是针对实践中一方当事人违反义务不办理报批手续影响合同生效的问题，明确了当事人违反报批义务的法律后果，健全合同效力制度。

五是完善合同履行制度，落实绿色原则，规定当事人在履行合同过程中应当避免浪费资源、污染环境和破坏生态。同时，在总结司法实践经验的基础上增加规定了情势变更制度。

六是完善代位权、撤销权等合同保全制度，进一步强化对债权人的保护，细化了债权转让、债务移转制度，增加了债务清偿抵充规则、完善了合同解除等合同终止制度。

七是通过吸收现行担保法有关定金规则的规定，完善违约责任制度。

2. 关于典型合同。典型合同在市场经济活动和社会生活中应用普遍。为适应现实需要，在合同法规定的买卖合同、赠与合同、借款合同、租赁合同等 15 种典型合同的基础上，增加了 4 种新的典型合同：一是吸收了担保法中关于保证的内容，增加了保证合同。二是适应我国保理行业发展和优化营商环境的需要，增加了保理合同。三是针对物业服务领域的突出问题，增加规定了物业服务合同。四是增加规定合伙合同，将民法通则中有关个人合伙的规定纳入其中。

此外，在总结现行合同法实践经验的基础上，完善了其他典型合同：一是通过完善检验期限的规定和所有权保留规则等完善买卖合同。二是为维护正常的金融秩序，明确规定禁止高利放贷，借款的利率不得违反国家有关规定。三是落实党中央提出的建立租购同权住房制度的要求，保护承租人利益，增加规定房屋承租人的优先承租权。四是针对近年来客运合同领域出现的旅客霸座、不配合承运人采取安全运输措施等严重干扰运输秩序和危害运输安全的问题，维护正常的运输秩序，细化了客运合同当事人的权利义务。五是根据经济社会发展需要，修改完善了赠与合同、融资租赁合同、建设工程合同、技术合同等典型合同。

三、经济合同

（一）什么是经济合同？

经济合同（economic contract）是指合同一方是政府或者由政府或法律授权的机构，或者一方或双方就合同的订立、合同的条件及其实现对政府负有义务，直接体现以政府意志表达出来的公共政策要求或其他公共利益要求，具有经济目的或经济内容的合同。

这个定义首先将经济合同与不直接体现国家或政府意志的其他具有经济目的的合同，包括民商事合同和纯粹的行政管理性合同区别开来；其次则表明，经济合同不包括所含政府意志并不或无须表达公共政策要求，而由国家机关作为当事人一方的合同，如国家机关基于自身消费需要、并不或不需要纳入政府采购程序的民事合同。

经济合同是直接体现政府意志的具有经济内容的合同，其本质是国家或政府在经济活动或经济管理中，将其意志体现到原本是私人自治的契约关系中去。

经济合同，从内涵上看，是指平等民事主体的法人、其他经济组织、个体工商户、农村承包经营户相互之间，为实现一定的经济目的，明确相互权利义务关系而订立的合同。从外延上看，它主要包括购销、建设工程承包、加工承揽、货物运输、供用电、仓储保管、财产租赁、借款、财产保险以及其他经济合同。

经济合同是合同的一种，是民事主体之间为实现定的经济目的，明确相互权利义务关系的协议。凡是依法签订的各种经济合同，都会受到国家法律的保护，合同各方都必须严格遵守。

（二）经济合同主体

经济合同主体包括自然人、法人、其他组织。

1. 自然人。自然人为依法享有民事权利承担民事义务的人。自然人是指因出生而获得生命的人类个体。不仅包括公民还包括外国人、无国籍人。

2. 法人。法人指经国家认可，有独立的财产或独立的预算，具有民事权利能力和行为能力，依法独立享受民事权利和承担民事义务的组织。法人是一种独立的社会组织。组织性是法人和公民的根本区别。独立承担民事责任。法人的创立人和成员对法人的债务不负责任。

3. 其他组织。在特殊情况下，经济合同的主体资格除法人外，还有个体工商户、专业户、承包经营户、农户。这部分特殊情况下的公民虽然不是法人，但可以成为经济合同的主体，同法人签订经济合同。

（三）经济合同客体

经济合同客体指合同主体的权利、义务所共同指向的事物。

（四）经济合同的形式

经济合同的形式是指经济合同当事人之间明确权利义务的表达方式，也是当事人双方意思表示的表现方法。

《民法典》第二章第四百六十九条规定，当事人订立合同，可以采用书面形式、口头形式或者其他形式。

书面形式是合同书、信件、电报、电传、传真等可以有形地表现所载内容的形式。

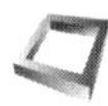

以电子数据交换、电子邮件等方式能够有形地表现所载内容，并可以随时调取查用的数据电文，视为书面形式。

具体的典型合同有买卖合同，供用电、水、气、热力合同，赠与合同，借款合同，保证合同，租赁合同，融资租赁合同，保理合同，承揽合同，建设工程合同，运输合同，技术合同，保管合同，仓储合同，委托合同，物业服务合同，行纪合同，中介合同，合伙合同。

（五）经济合同的法律效力

经济合同的法律效力是指经济合同依法成立即受国家法律的保护，当事人双方必须受其约束、严格履行，否则就要受到法律的制裁。经济合同的法律效力主要表现在：经济合同依法成立，当事人双方必须按照合同约定全面履行各自的义务，不能违反；经济合同依法成立后，当事人需要变更和解除的，必须符合法定条件和法定程序，依法变更和解除，任何一方不得擅自变更和解除；一方违约，造成经济合同不能履行或不能完全履行的，有过错的一方要承担违约责任；经济合同发生纠纷，任何一方均可依据约定向仲裁机构申请仲裁，或向人民法院起诉，其合法权益受法律保护。

当事人采用合同书形式订立合同的，自当事人均签名、盖章或者按指印时合同成立。在签名、盖章或者按指印之前，当事人一方已经履行主要义务，对方接受时，该合同成立。

法律、行政法规规定或者当事人约定合同应当采用书面形式订立，当事人未采用书面形式但是一方已经履行主要义务，对方接受时，该合同成立。

当事人采用信件、数据电文等形式订立合同要求签订确认书的，签订确认书时合同成立。

当事人一方通过互联网等信息网络发布的商品或者服务信息符合要约条件的，对方选择该商品或者服务并提交订单成功时合同成立，但是当事人另有约定的除外。

采用数据电文形式订立合同的，收件人的主营业地为合同成立的地点；没有主营业地的，其住所地为合同成立的地点。当事人另有约定的，按照其约定。

（六）签订经济合同的基本原则

签订经济合同是一种法律行为，因此，当事人在签订经济合同时，必须遵循一定的基本的原则，根据《民法典》有关法律规定，当事人在签订经济合同时，必须遵守以下四项原则。

1. 平等原则，即民事主体在民事活动中的法律地位一律平等。

合同是平等主体的自然人、法人、其他组织之间设立、变更、终止民事权利义务关系的协议。合同当事人的法律地位平等，一方不得将自己的意志强加给另一方。当事人依法享有自愿订立合同的权利，任何单位和个人不得非法干预。

这条规定主要包含两个要素：一是合同当事人的法律地位平等。在中国，经济合同当事人无论是法人，还是个人，无论是国有企业，还是民营企业，无论是大企业，还是小企业，它们的主体资格，即权利能力都是平等的，任何一方都不能对他方强迫命令，不能要求不平等的权利。二是当事人在签订经济合同时，必须协商一致。经济合同的签订是当事人自愿的行为，是建立在当事人各方自愿基础之上的，因此，当事人在签订经济合同时，必须要进行充分协商，只有经过充分协商，考虑到各方利益，才能最终达成一致协议，并达到各自的经济目的。

2. 自愿原则，民事主体从事民事活动应当遵循自愿原则，按照自己的意思设立、变更、终止民事法律关系。

当事人订立、履行合同，应当遵守法律、行政法规，尊重社会公德，不得扰乱社会经济秩序，损害社会公共利益。第八条规定，依法成立的合同，对当事人具有法律约束力。当事人应当按照约定履行自己的义务，不得擅自变更或者解除合同。依法成立的合同，受法律保护。

这一规定是对当事人在签订买卖、租赁等各类经济合同时最基本的要求，当事人只有遵循这一原则，签订的经济合同，才能得到国家的认可和具有法律效力，当事人的利益才能受到保护。这里所说的法律和行政法规，不仅包括合同法及其配套的条例，而且包括一切与订立合同有关的法律、规范性文件及地方性法规。

3. 公平原则，民事主体从事民事活动，应当遵循公平原则，合理确定各方的权利和义务。

4. 诚信原则，民事主体从事民事活动，应当遵循诚信原则，秉持诚实，恪守承诺。

民事主体从事民事活动，不得违反法律，不得违背公序良俗。民事主体从事民事活动，应当有利于节约资源、保护生态环境。有下列情形之一的，合同无效：①一方以欺诈、胁迫的手段订立合同，损害国家利益；②恶意串通，损害国家、集体或者第三人利益；③以合法形式掩盖非法目的；④损害

社会公共利益；⑤违反法律、行政法规的强制性规定。

这样规定的核心是要求当事人在签订经济合同时，主观上没有损害国家、社会利益和他人利益的故意，做到不欺诈、不规避法律，恪守信用，尊重商品交易的道德和习惯，尊重社会公德。

四、经济合同的写法

合同的内容由当事人约定，一般包括：当事人的姓名或者名称和住所；标的；数量；质量；价款或者报酬；履行期限、地点和方式；违约责任；解决争议的方法。当事人可以参照各类合同的示范文本订立合同。

（一）标题

合同的标题比如《基本建设合同》《粮食定购合同》。

（二）编号

标题的下方应标明合同编号。完整的合同编号分为三部分：

1. 开头部分：单位简称拼音的开头大写字母。如太湖教育集团用 TH。

2. 中间部分：合同类型的拼音简写。如买卖合同用 MM、租赁合同用 ZL。

3. 结尾部分：合同签订的时间用阿拉伯数字表示。如 2022 年 9 月 11 日签订，则编号为 20220911。

如，江南教育集团的租赁合同编号为：JNZL20220911。

（三）关联方

在表格式合同中，签订日期和地点也可放在标题的右下方，与编号上下排列，用小一号字体。还要订立合同双方的名称及代称。

（四）正文

1. 引言：合同的开头，主要写目的和依据。

如：“为了……根据……法律的规定……双方经过充分协商，特订立本合同，以便共同遵守。”

引言可部分省略或全部省略。

2. 主体：指合同条款。

合同条款包括必备条款（标的、数量、质量、价款或酬金、履行期限、履行地点与方式、验收、结算方式、违约责任、解决争议的方法）、其他条款等。

3. 合同文本的份数及保存。

合同一式四份，甲乙双方各执一份，副本两份，送双方上级主管机关存查。

4. 合同的有效期限。合同的有效期限指合同执行的起止日期。

例如，“本合同有效期自××××年×月×日至××××年×月×日，过期作废。”

“本合同自双方代表签字，加盖双方公章或合同专用章即生效，至××后终止。”

5. 附件说明。

合同的附件须注明合同附件的效力。例如：

“本合同附件、附表均为本合同的组成部分，且具有同等的法律效力。”

附件、附表均写在合同条款的最下方，要注明附件名称、序数和份数。

6. 结尾。

（1）落款：写明双方单位全称和法人姓名，加盖公章或合同专用章，双方代表签字。如需审批，需写明双方主管机关和签证机关的名称并加盖印章。数额较大、周期较长的合同还要公证。

（2）日期：写明签订合同的日期。

（3）附项：日期下写明合同当事人的地址、邮编、电话、图文传真、银行账号等。

五、拟写合同的注意事项

拟写合同时须注意以下问题：①格式要规范；②条款要完备；③文字要精确。

六、合同的有效确认

《民法典》规定，签订合同当事人有民事行为能力，是真实意思表示，不违反法律强制性规定和公序良俗，就具有法律效力。

《民法典》第一百四十三条具备下列条件的民事法律行为有效：

（一）行为人具有相应的民事行为能力；

（二）意思表示真实；

（三）不违反法律、行政法规的强制性规定，不违背公序良俗。

第四百六十五条　依法成立的合同，受法律保护。

依法成立的合同，仅对当事人具有法律约束力，但是法律另有规定的除外。

有效合同要求当事人、经办人和代理人的资格要合法；经济合同的内容必须符合国家的法律、行政法规，不得违背社会公共利益；经济合同应具备下列四个要件：经济合同当事人、经办人和代理人的资格要合法；经济合同的内容必须符合国家的法律、行政法规，不得违背国家利益或者社会公共利益；合同当事人必须平等自愿，协商一致，意思表示真实；合同的形式和主要条款必须完备。

具备了上述四个要件的经济合同，为有效合同。但现实生活中，这种从内容到形式都十分完备的合同是不多见的。对于那些为数众多、要件残缺的经济合同，其效力应如何确认？

第一，经济合同当事人、经办人和代理人的资格要合法。

第二，经济合同的内容应当符合法律、行政法规，不违背国家利益或者社会公共利益。

第三，经济合同双方必须平等自愿、协商一致、意思表示真实。

第四，经济合同必须具备法定的形式、履行法定的手续。

实务操作

合同语言须准确、周密，以防止产生歧义，造成纠纷。请指出下列合同中语言不确切的地方，并加以修改。

1. 某公司从国外进口原木，合同中规定的质量标准为“直径 50 厘米以上”。

2. 某合同中规定：“交货地点：北京。”

3. 某合同中的违约责任中写道：“乙方不能按期交货，每延期一天，应偿付甲方 5% 的违约金。”

4. 某技术合同的成交金额与付款时间、付款方式中写道：“项目开发经费 10 万元。甲方在合同签订后向乙方汇出 3 万元；乙方交付开发成果鉴定证书后，甲方付清全部余款并汇入乙方开户银行账号。逾期不付，将按加息 20% 收取滞纳金。”

案例分析

案例　经济合同纠纷案例

高某与某公司在 2013 年 11 月 1 日签订了无固定期限的劳动合同一份，双方约定：劳动合同必须全面履行，任何一方违约，应支付对方违约金 100 000 元；原告至劳动合同期满后五年内，不得参与同行业的商业竞争或服务于他人，否则给公司造成的一切损失由其承担。原告应提前 30 日以书面形式通知被告解除本合同，原告要依法承担本合同约定的违约责任，未经双方协商并办妥有关手续时，不得擅自离开公司安排的工作岗位。同日，双方又签订了劳动合同补充协议一份，约定：高某负责该公司生产工艺的管理工作，每月享受的工资报酬为 5 300 元（含技术保密费、竞业限制费、一切加班费、手机费、回家的来回车旅费）；为鼓励原告努力工作，每月生产的产品合格率达 100%则公司每月奖给高某工资报酬总额的 10%。约定每月的星期日为高某的休息日，其余为高某的工作时间，星期六为加班日。高某于 11 月 16 日开始在公司工作，职务为公司生产技术副经理。

2015 年 3 月 26 日，高某因家中有事向公司请假 3 天，此后一去不返，公司多次发函让其回公司上班，高某均未回应。2015 年 4 月 6 日，公司与一家微电公司签订订货合同两份，分别约定如延期交货需赔偿微电公司经济损失 50 000 元和 60 000 元。

2015 年 7 月，公司未能按期交货，微电公司通知继续履行合同，并保留追究违约金及经济损失的权利。公司申请仲裁，要求继续履行与高某的劳动合同，要求高某承担违约责任金 100 000 元，赔偿经济损失 110 000 元。在仲裁过程中，公司同意解除劳动合同，但要求高某承担违约金与赔偿经济损失 100 000 元。

思考题

分析下面三种意见，判断正误。

1. 双方签订的劳动合同所约定的违约金条款无效。双方在合同中未明确约定服务期，而《劳动法》第 31 条规定了劳动者有单方解除合同的权利，故高某不应承担违约责任。

2. 双方约定的违约金条款有效，不论有没有约定服务期，高某享受了单位提供的特殊待遇，高某单方解除合同违反法律和合同的约定，理应承担违约责任。

3. 双方约定的违约金条款无效，但高某单方解除合同不符合《劳动法》第 31 条关于“应当提前 30 日以书面形式通知用人单位”的规定，故其单方解除合同的行为应适用《劳动法》第 102 条的规定，赔偿给用人单位造成的经济损失。

提示：

这是一起在劳动合同期内，劳动者单方解除劳动合同所引发的劳动争议案件。我国《劳动法》规定，劳动合同依法订立即具有法律约束力，当事人必须履行劳动合同规定的义务。但事实并非如此，因当事人违约而引起的劳动争议纠纷与日俱增，其中主要原因有二：一是用人单位造成违约；二是劳动者恶意“跳槽”造成违约。但遗憾的是，我国《劳动法》中并未对劳动者和用人单位违反劳动合同应承担的违约责任做系统和完整的规定，其中最为突出的就是违约金问题。并且《劳动法》对服务期也无具体的规定。这里的争议问题就涉及违约金条款的适用、服务期适用以及与此相关的劳动者辞职权的行使等问题。

实务操作

1. 为了迎接省教育厅对学校办学条件的评估，学校按照省教育厅的要求对本校的办学条件进行了认真的自查和整改，现在自查和整改工作已经结束。请你以××学校的名义起草一份给××省教育厅的请示，请求省教育厅派评估团来校进行办学条件评估。另外起草一份通知，安排学校各部门准备迎接省教育厅评估团来校评估。

2. 关于劳动合同法案例分析。

陈某与某电脑公司签订了劳动合同期限为6个月，如果该电脑公司与陈某约定的试用期是6个月，试用期内的月工资900元，试用期满后的月工资为2 000元，6个月的试用期工作，而且该公司按照合同规定支付了试用期的全部工资，那么该公司与陈某约定的试用期期限是否合法？如果违法，电脑公司与陈某最多可以约定试用期的期限为多长？该公司应当支付的试用期工资是多少？陈某应该获得多赔偿金？

提示：

案例分析该公司与陈某约定的试用期限不合法，因为劳动合同期限大于三个月小于一年的，试用期应该小于等于一个月。电脑公司与陈某最多可以约定试用期限为一个月。试用期的工资不得低于劳动合同约定的百分之八十，所以不得低于1 600元；赔偿陈某5 500元。

根据以上案例材料，代陈某某与电脑公司拟订一份劳动合同，以有效规避不合法的条款。

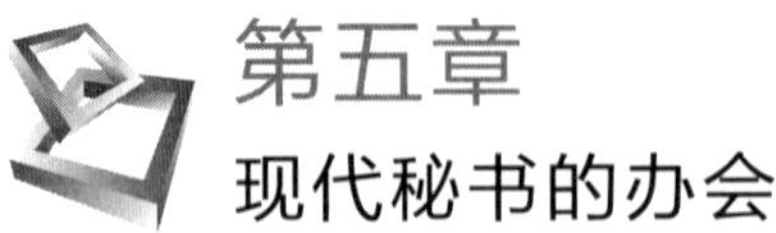

第五章 现代秘书的办会

【本章学习要点及学习目的】

学习本章，要了解会议的概念，熟悉会议报批的基本程序，掌握会务工作的基本要点，熟悉秘书会务工作中会前准备、会场布置、会间组织服务和会后工作的处理，掌握会议的组织方法。

现代社会，各种正式会议已成为人们社会生活、政治生活、经济生活中一种最常见、最广泛、最有效的群体沟通形式。会议的作用、形式和实效直接反映出社会的文明程度。

第一节　会议种类和办会特点

会议是有目的、有组织、有领导地商议事情的集会。

在我国，会议已经成为党和国家机关、企事业单位集体沟通的基本方法，也是各种组织之间进行对外交流和日常内部工作协调的一种重要方式。在宣传、贯彻、执行党和国家的路线、方针、政策，统一思想、提高认识、进行决策、布置工作、推广项目、交流经验、统筹协调、纠正失误和解决问题等方面都有重要的作用。

一、会议种类

会议种类非常多，可以从各种不同角度划分出许多种类型。

（一）按照会议规模（即参加人数多少）划分

1. 小型会议。人数少则两三人，多则几十人，一般不超过百人，如领导办公会议、例行工作会议、座谈会、洽谈会等。

2. 中型会议。人数在一百至一千人之间，如一些代表会议、交流会议等。

3. 大型会议。人数在一千人以上、一万人以内，如表彰大会、各种大型庆典会等。

4. 特大型会议。人数在万人以上，如节日集会、庆祝大会等。

（二）按照会议性质和内容划分

1. 约定性会议，即法定的必须召开的会议。一般是事先约定召开，具有例行性质，有较严格的程序，也可临时组织召开，如联合国大会、国民议会、企业股东大会、工会代表大会、职代会等。

2. 日常性会议，即领导机关、管理人员为维持组织机制的正常运转，研究和处理日常工作而召开的会议，如联合国安理会、政府办公会议、防汛抗洪电视电话会议、企业经理办公会议、班组长碰头会等。

3. 专业性会议，即为解决工作中的某些专门性问题或专业技术问题而召开的会议，如教育工作会议、科技工作会议、生产经营性会议、可行性论证会议以及各种学术性会议等。

4. 纪念性会议，指为了纪念重大历史事件或人物，或为庆祝重要的节日、纪念日而召开的会议。

5. 总结交流性会议，即在某项工作进行到某一阶段或者宣告结束之后，有关领导机关为总结工作、评比表彰先进、交流经验而召开的会议。

6. 动员性会议，这类会议以宣传动员群众、提高群众认识为目的，如征兵动员会。

（三）按照会议召开的时间划分

1. 定期会议，指按照一定的时间间隔或一定的循环周期固定召开的会议，亦称例会，如办公例会，各种定期召开的经验交流会、学术讨论会、学术年会等。

2. 不定期会议，指根据组织开展工作的需要，随时召开的会议，如防汛紧急会、抗灾紧急会、工作布置会、研讨会等。

3. 一次性会议，指只需要开一次的会议。

4. 多次性会议，指需要开两次以上的会议。

（四）按会议涉及的地域划分

1. 国际性会议，是指会议的内容涉及不同国家和地区，参加人员来自不同国家与地区的会议。

2. 全国性会议，指参加会议的人来自全国各个地区，会议内容涉及全国性问题的会议。

3. 地区性会议，一般指省、市、县或企事业单位召开的各种工作会议、代表会议等。

4. 部门性会议，也称为局部性会议，指某个机关、企业、事业单位召开的内部会议。

（五）按照组织程序或进展阶段的特点划分

按照组织程序或进展阶段，会议可划分为预备会议和正式会议。预备会议是整个会议的组成部分，是为正式会议做准备的会议，但在职权和效力上同正式会议有所区别。

（六）按照保密情况划分

按照保密情况，会议可划分为公开性会议和秘密会议。比如，根据我国《宪法》的规定，全国人民代表大会公开举行，在必要时经主席团和各代表团团长会议决定，可以举行秘密会议。

（七）按技术手段划分

1. 常规会议，即传统的会议。

2. 媒介会议，指利用电子、网络等现代通信手段为媒介召开的会议，如电视会议、电话会议、互联网会议等。

（八）按层次结构特点划分

1. 单一性会议，指只有一个层次结构的会议。

2. 复合性会议，指结构层次在两个或两个以上的会议。

（九）按性质和目的划分

1. 正式会议，指经过事先策划、专门组织并寻求某种结果的一般常规性会议。

2. 非正式会议，指正式正统、不必寻求一种特定结果的会议，如春节联欢会、行业聚会、员工家属招待会等。

（十）按内容议题划分

1. 务实会议，指围绕一个或多个专题分析问题、解决问题的会议。

2. 务虚会议，指不限专题，只有讨论范围，且议而不决的会议，如意见交流会、市场走向研讨会、员工座谈会等。

二、办会特点

会议无论规模大小，也不管属于什么性质，都需要会务保障，这就是办会。会务工作完成的好坏，将直接影响到会议的质量和效果，甚至会直接导致会议的成败。尽管每个会议都各有其特点，但从一般情况看，办会具有如下九个特点。

（一）合法性

会议无论内容还是形式，都必须合乎法律和政策的要求，即会议要具有合法性。

（二）社会性

除少数特殊会议外，一般会议需多数人参加，特别是跨组织的公开会议，它的社会性毋庸置疑。

（三）服务性

会务工作是直接为会议服务的，它的一切活动，都是为了给会议提供方便条件，做好各项服务工作，保证开好会议。会务人员必须摆正自己的位置，树立为会议和与会者尽职服务的思想。

（四）服从性

会务工作是为会议服务的，会务人员参加会议主要是办理会议事务，不管会务工作有多繁杂艰难，都要服从会议需要，不能因为会务安排或会务人员问题影响会议。

（五）事务性

会议的很多环节具有较强的事务性，办会工作特别繁杂琐碎。会务人员必须具有从宏观上把握会议组织工作的能力，同时还应该具有处理具体事务和注意每一个细节的能力。

（六）综合性

会议种类繁多，涉及内容广泛，与会者构成复杂，所以办会人员要成为通才和杂家，须具有较高的综合能力，能够从全局出发观察与考虑问题。

（七）机要性

无论党政机关、社会团体还是企事业单位，许多重要事情都是通过会议讨论后做出决定。因而，许多会议的内容都有很强的机密性。会务人员参与了会议方案的制定、会议文件的起草等重要工作，保守会议秘密理所当然地是会议秘书工作的任务之一，需要慎之又慎。例如，党政会议涉及路线方针、政策法规方面的内容比较多，会务工作的机要性实际上是政治性、政策性的具体体现；公司会议涉及经济贸易、技术合作、市场信息方面的内容多，会务工作也有很强的机密性；有些会议涉及人事调整、利益分配等方面的内容，会务工作中保守机密非常重要。

（八）时限性

会议是时限性很强的团队工作，会务人员应有高度的时间观念，具有很强的计划性和变通性，善于管理时间，善于处理事情，能在一定时限内完成每一项工作。

（九）团队性

会议的社会性决定了会务工作的团队性。

三、办会协调

（一）内部协调

内部协调包括准备工作协调和组织工作协调。

（二）外部协调

在会议召开前，会务部门还应注意考虑与社会各有关方面的协调问题，如与供水、供电、安全、交通、新闻等部门及时联系，取得它们的配合与支持。如有必要，还应提前向有关领导报告，取得批准。

思考题

1. 根据会议划分，指出下列会议所属种类：

经理办公会　客户联谊会　产品鉴定会　奥运会　春节联欢会　人代会。

2. 会务协调要考虑哪些具体事项？有哪些技巧？

第二节　会议报批

会议报批指会议的申报与会议的审批。无论何种会议，无论会议规模是大是小，都有动议和决定召开该次会议的过程或程序。这种程序，因会议的性质、内容、技术形式、规模大小等不同而各有不同。

一般地，对于例行常规性工作会议，产生动议和审批的不是会议本身有无必要，而是会议应讨论的中心内容，即议题。而对于会议中占多数的非例行、非常规性会议，产生动议和审批的程序首先要涉及会议的必要性，然后才涉及会议的内容、形式、规模、人员范围、经费预算、宣传力度等一系列的申报内容。

一、会议申报与审批的形式

一般而言，会议申报与审批大体有三种形式。

（一）口头申报形式

对于小型座谈会、简短的碰头会、一般问题的现场会、报告会等，由职能部门负责人口头向主管领导提出召开会议的要求。这种申报的审批形式有两种：①当即答复；②研究后答复。

（二）书面申报形式

由申办会议的单位或部门秘书将需要召开会议的目的、议题、规模、形式、时间、场地、出席范围、所需经费等项写成综合性文字材料，上报上级领导。

这种申报的审批形式也有两种：①上级领导审定批复；②上级秘书部门按领导的研究意见予以书面回复。

（三）会议申报形式

在办公会、联席会或其他工作会议中提出需要召开某个会议的要求并陈述会议的大体方案。

这种申报的审批形式有两种：①在会议上由领导研究，决定是否批准。②领导原则上同意后，责成秘书人员会同有关职能部门综合协调、反复研究后，制订出详细的会议预案，再次交办公会审定或报领导审批。

二、会议审批的原则

（一）精简从严原则

对有关职能部门申报召开的会议，秘书部门和秘书人员要严格把好审批关。可从以下几方面考虑。

1. 会议有无必要召开。可开可不开的会议，由秘书部门向职能部门说明情况，协商变通解决。例如，与职能部门产生意见分歧，应上报领导部门裁定。

2. 会议能否合并召开。对于确定必须召开的会议，秘书部门应与申办会议的职能部门会商，在规模、规格、时间、经费等方面严格控制，从严把握，并报领导部门批准。

对于几个职能部门涉及共同议题的会议，可合并召开。秘书部门做好各职能部门之间的协调，协调会议时间、地点、出席人员、列席人员及会议议题，涉及几个部门的内容须在会前取得一致意见，确定轻重缓急的讨论次序，最后报领导批准。

为避免会议的重复，出现“会出多门”或“会海”现象，以及议而不决甚至劳民伤财，精简从严的会议审批原则，对提高管理效率、避免资源浪费是十分必要的。

（二）遵循“一支笔”原则

对会议审批管理而言，遵循“一支笔”原则是为了更好地执行会议审批精简从严的原则。在党政机关、企事业单位中，众多的部门、复杂的事务，使得拟议需要召开的会议甚多，会议已经成为企事业单位集体沟通的基本方式，也是各种组织之间进行对外交流和内部日常工作协调的一种重要方式。

会议的作用毋庸置疑，但会议有利也有弊，这需要秘书人员在会议的组织工作中认真分析，科学实施，真正做到趋利避害，事半功倍。取消不必要的会议，消除多余的协商和讨论，必须由组织内的一个部门负责会议的审批把关。一般地，在党政机关里由秘书长把关，在企业由办公室主任或行政事务部门负责人审批把关。

思考题

下列会议中哪些必须取消？

1. 没有明确议题的会。
2. 议题很多的会。
3. 准备不太充分的会。
4. 几个部门都要召开的会。
5. 可以用其他方式代替的会。

第三节　会务工作

一、会前准备

会前准备充分，是取得会议成功的前提。秘书人员在会前要做的准备工作名目繁多，这里讲的是会议的一些关键环节。

（一）确定会议名称

名正则言顺。要根据会议内容确定会议的名称。

（二）拟定议程、日程、程序

1. 拟订会议议程。会议议程是对会议议题的顺序安排。会议要讨论的问题不止一个，秘书要根据事务的轻重缓急，科学地统筹安排会议议程。

2. 拟订会议日程。会议日程是指会议议程在时间上的具体安排。它不仅细化围绕会议议题的全部活动，还包括会议过程中其他的辅助活动，如聚餐、参观、考察、娱乐等。

3. 拟订会议程序。会议程序是一次会议按照时间先后排列的详细工作步骤，它可以让与会者了解每次具体会议活动的内容及时间顺序，也是会议主持人掌握会议的操作依据。

（三）确定与会人员名单

提名与会人员是一项重要的、政治性很强的工作，应当注意以下几点：一是周到全面；二是宽严适度，准确无误，从有利工作和便于保密的角度出发，做到提名合情合理，不宽不严，不错提，不漏提；三是会议秘书工作人员提出的与会人员名单，需要报请领导审核后方能最后确定。

（四）选择合适的会议地点

选择合适的会议地点，对于会议的成功是极为重要的。举行会议的地点对与会者的心理有着不可忽视的作用，而与会者的心理状况会直接影响到会议的效果。选择完善的会议地点可以从下面几个方面考虑。

1. 利用会议中心。典型的会议中心坐落在没有大城市的汽车、飞机和行人交通干扰的地方，一般包括供会议使用的一所房间充足的宾馆，附设餐厅、客房、会议室及供使用的娱乐设施等。

2. 提前预订。会议地点最好及早预订。预订时，应告诉对方你对会场的要求，一般包括活动的安排、场地的要求、拟议的社交活动、住宿等事项。

3. 视察开会场地。

4. 签订书面合同。

（五）制发会议通知

在领导确定了会议时间和内容、各项会议准备工作基本就绪后，要尽早发出开会通知，明确会议的时间、地点、出席人，尤其是会议讨论题，以便与会人员提前做好准备。

会议通知一般分书面通知、口头通知、电话通知和手机短信通知四种。

1. 书面通知。书面通知态度庄重严肃，备忘性好，一般用于参加人数较多或比较庄重的会议。书面通知也可以分为两种：一是张贴式，即黑板、启事栏等处的会议通知；一是便条式或卡片式的会议通知卡。一般来说，人多的，用张贴式；人少的，用便条式。但也有一些较重要的会议，两种形式并用。

2. 口头通知。口头通知适用于小型例会，如三五个人的碰头会。

秘书在通知开会时一般不单采用口头通知，而是口头和书面通知并用。即使采用，秘书必须一一面告，不应请人转捎口信。

3. 电话通知。电话通知的情况一般是与会者比较分散，尤其是不同单位、部门的不定期会议，常是以电话通知的形式通告。口头通知和电话通知应拟一个通知稿，以便简明、扼要、完整地进行通知。

重要会议的通知发出后，应及时检查并进行落实。例会一般是事先规定的，比如每周的周一、每月的第一天等。即使是这样，秘书也要为保险起见，再行通知。

4. 手机短信通知。临时决定召开的会议或出现会议时间、内容上的临时变更，可采用手机短信群发。会议中，如出现临时情况，也可借助手机群发短信及时通报。

（六）会议物品的购置与准备

这里所说的会议物品，包括会议文件以外的会议所需物品和设备。

1. 配置合适的视听器材。常用视听器材包括：黑板、翻动的图表、投影机、手提电脑、录像带和电影、电子黑板、电脑传送的电视演出。

2. 准备会务用具。这包括身份牌、记录用具、活动用具、宣传用具等。

二、会场布置

（一）会场形式

会场的布局有多种形式，应根据会议的不同规模和主题选用不同的布置形式，以体现不同的意义、气氛和效果，适用于不同的会议目的。

1. 相对式。相对式的特征是主席台与代表席采取上、下面对面的形式，整个会场气氛显得比较严肃和庄重。它可以分为礼堂形、教室形、弦月形等，如图 5-1、图 5-2、图 5-3 所示。

2. 全围式。全围式的特征是不设专门的主席台，会议的领导和主持人与其他与会者围坐在一起，容易形成融洽与合作的气氛，体现平等与相互尊重的精神，有助于与会者之间相互熟悉、了解，以及不拘形式的发言与插话，能使与会者畅所欲言，充分交流思想、沟通情况，也便于会议主持者细致观察每位与会者的意向、表情，及时准确地把握与会者的心理状态，从而保证会议取得成果。它可以分为多边形、椭圆形、长方形和圆形等，如图 5-4、

图 5-5、图 5-6、图 5-7 所示。

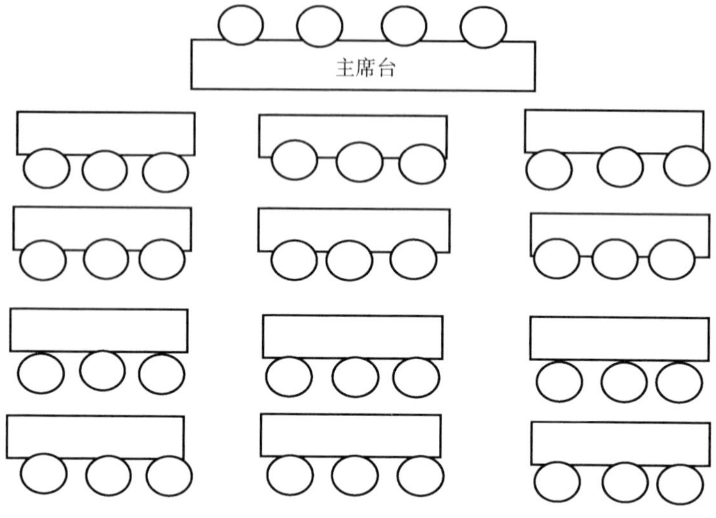

图 5-1　礼堂形会场布置

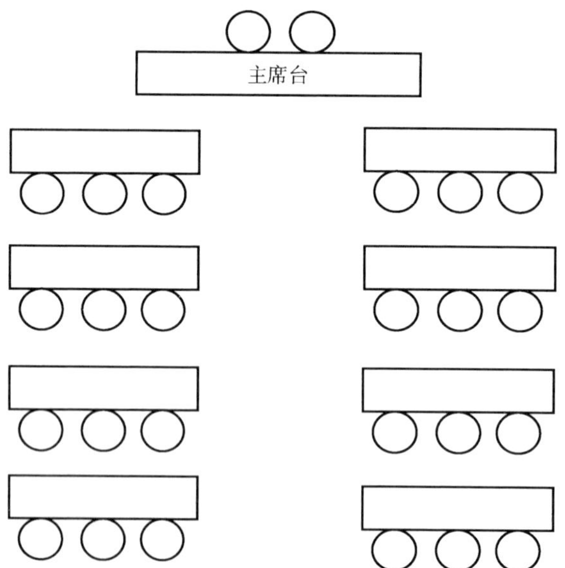

图 5-2　教室形会场布置

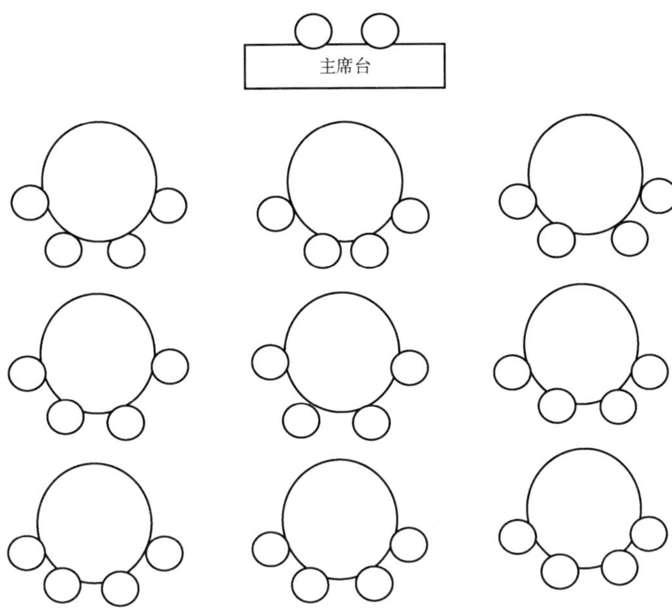

图 5-3　弦月形会场布置

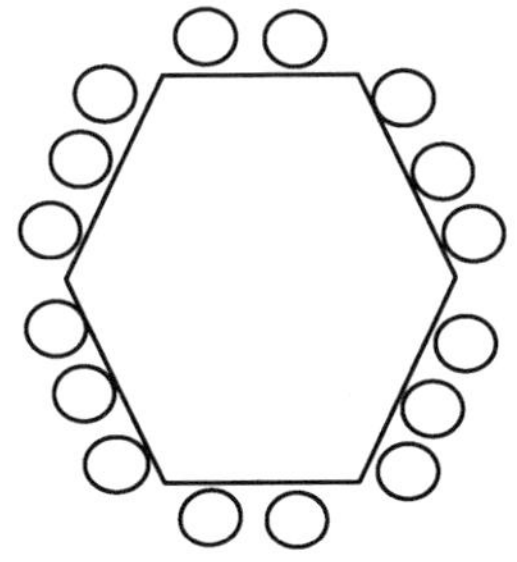

图 5-4　多边形会场布置

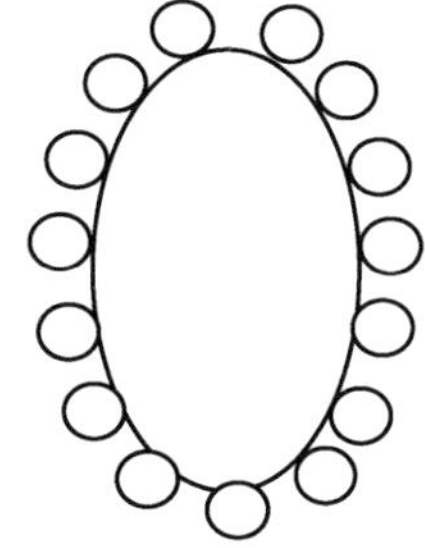

图 5-5　椭圆形会场布置

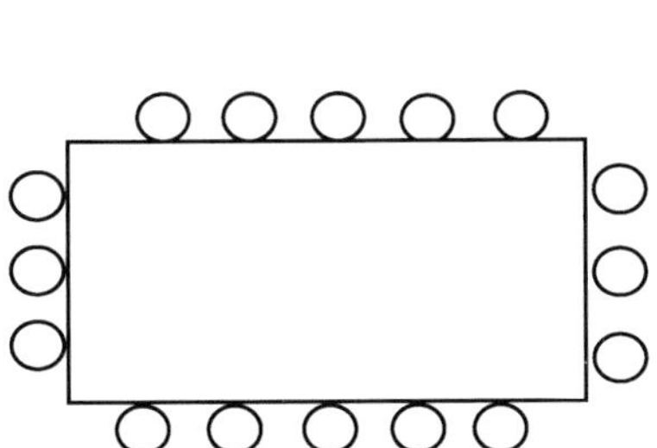

图 5-6　长方形会场布置

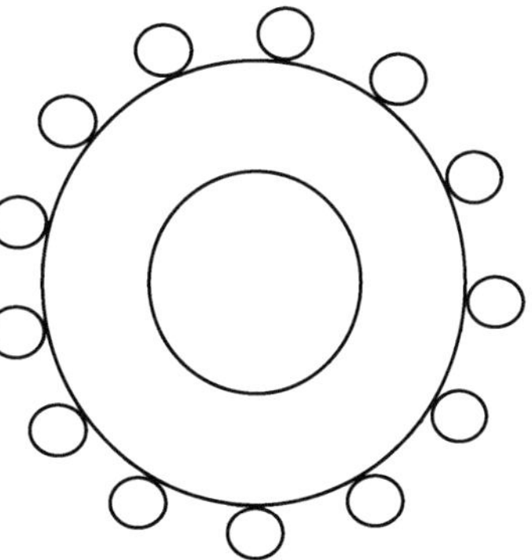

图 5-7　圆形会场布置

3. 半围式。半围式会场布置介于相对式与全围式之间，在主席台的正面和两侧安排代表席，形成半围的形状，既突出了主席台的地位，又增加了融洽的气氛。它可以分为桥形、T字形、马蹄形等，如图 5-8、图 5-9、图 5-10 所示。

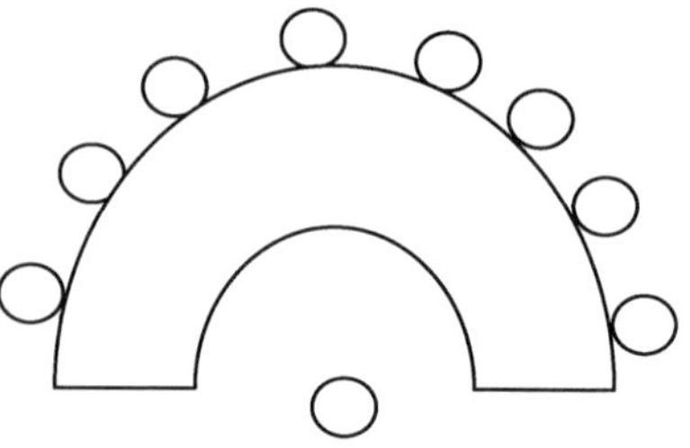

图 5-8　桥形会场布置

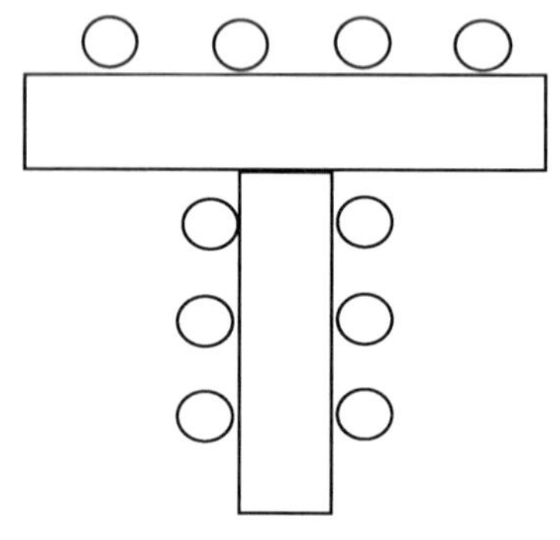

图 5-9　T 字形会场布置

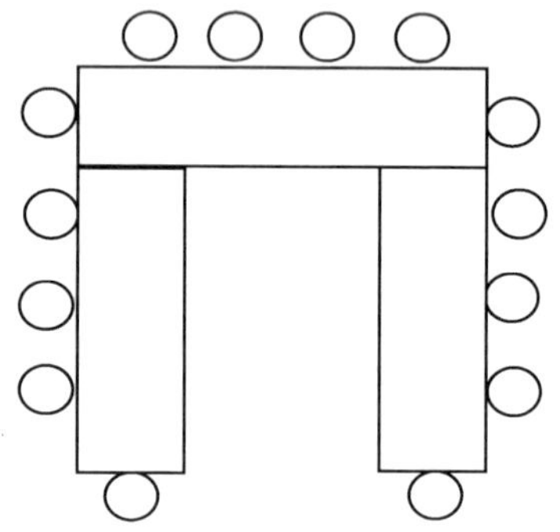

图 5-10　马蹄形会场布置

4. 分散式。分散式会场布置指将会场分成若干个中心，每个中心设一桌席，与会者根据一定的规则安排入座。领导人就座的桌席叫“主桌”。这种格局既在一定程度上突出了领导，又给与会者提供了多个谈话、交流的中心，使会议气氛更加轻松和谐。它可以分为方桌形、V 字形、圆桌形等，如图 5-11、图 5-12、图 5-13 所示。

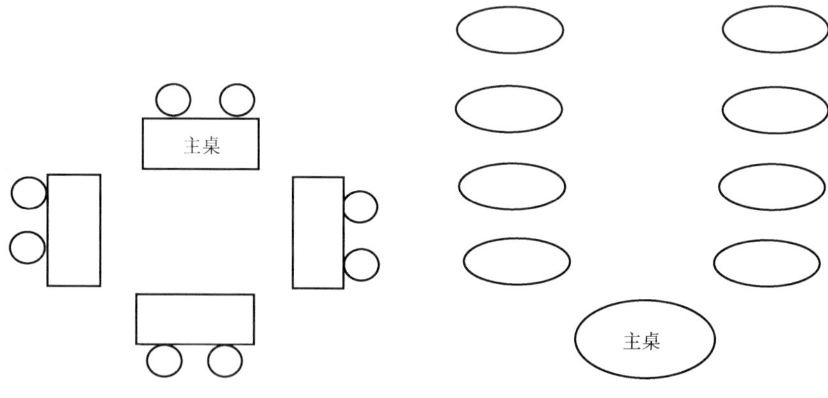

图 5-11　方桌形会场布置

图 5-12　V 字形会场布置

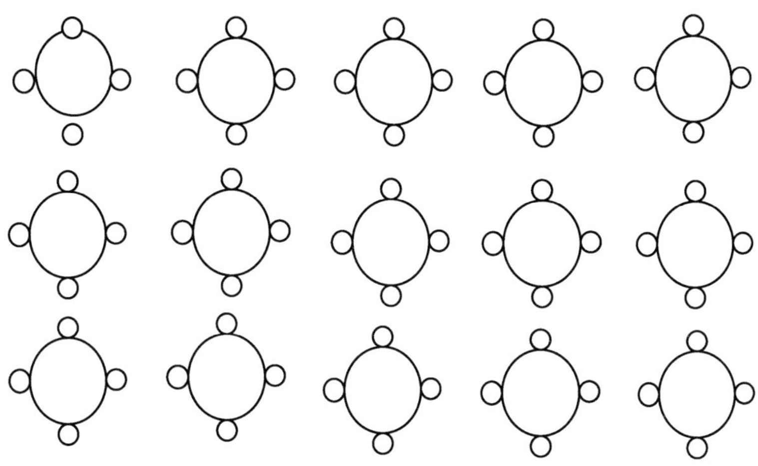

图 5-13　圆桌形会场布置

（二）主席台布置

主席台是会场的中心，众人瞩目，是整个会场布置工作中的重点之一。主席台的座位布置，一般采取横式，大体有如下两种形式。

1. 横式、通栏式，见图 5-14。

2. 横式、分栏式，见图 5-15。

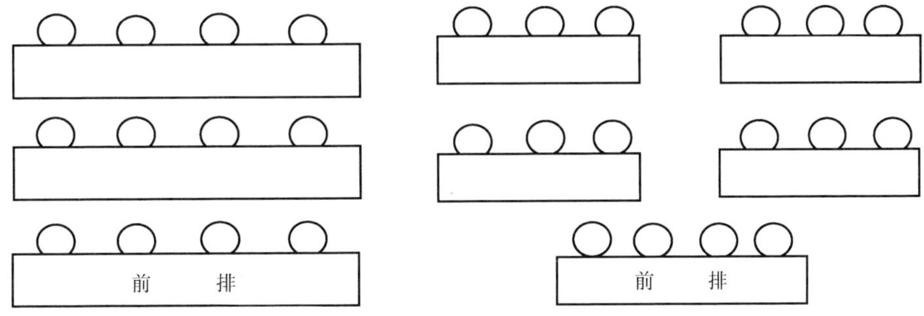

图 5-14　横式、通栏式主席台布置　　图 5-15　横式、分栏式主席台布置

（三）会场气氛布置

会场气氛布置是指根据会议的内容选择适当的背景色调和摆放会议物品，悬挂突出会议主题的装点物等，其目的是要营造会议气氛，这对与会者的情绪和心理状态有着很大的影响，与会议效果有着密切的联系。

1. 悬挂会标和会徽。正式、隆重的会议都应当悬挂会标，将会议的全称以醒目的标语悬挂于主席台前幕的上端或天幕上。会徽即体现或象征会议精神的图案性标志，一般悬挂于主席台的天幕中央，形成会场的视觉中心，具有较强的感染力和激励作用。

2. 贴挂对联和标语。在主席台两侧可贴挂对联，在会场内外可适当地贴挂标语，以烘托会议的主题，渲染会议的气氛，振奋与会者的精神。

3. 插放旗帜。重要的会议应当在主席台、会场内外插一些旗帜，以增加会议的庄重气氛。

4. 摆放花卉。在主席台前和空旷的会场角落里可适当摆放鲜花、盆景等，点缀会场，能给人一种清新、活泼的感觉，并能减轻与会者长时间开会的疲劳。

（四）安排座次

会场座次的安排包括主席台的座次和场内人员的座次。座次安排既是一项技术性工作，也是一个严肃的政治问题，必须正确对待。

1. 主席台座次。

主席台就座的人员多是主办方的负责人、贵宾或主席团成员。安排座次时，一般应按照台上就座者职务的高低排列，以职务最高者居中，然后依先左后右、由前至后的顺序依次排列。

主席台座次的编排应编制成表，报主管领导审核；在主席台的桌上，于每个座位的左侧放置姓名卡。

2. 场内其他人员座次。

并非所有的会议都需要对会场内其他人员的座次进行排列，但如果是中型以上较严肃的工作会议、报告会议或代表会议，一般都要对座次进行适当排列。常见的排列方法有以下三种。

（1）横排法。按照参加会议人员的名单，以其姓氏笔画或名单的既定顺序为序，从左至右横向依次排列座次。选择这种方法时，应注意先排出会议的正式代表或成员，后排出列席代表或成员。

（2）竖排法。按照各代表团或各单位成员的既定次序或姓氏笔画从前至后纵向依次排列座次。选择这种方法也应注意将正式代表或成员排在前，职务高者排在前，列席成员、职务低者排在后。

（3）左右排列法。按照参加会议人员的姓氏笔画或单位名称笔画为序，以会场主席台中心为基点，向左右两边交错扩展排列座次。选择这种方法时

应注意人数。如果一个代表团或一个单位的成员人数为单数，排在第一位的成员应居中；如果一个代表团或一个单位的成员人数是双数，那么排在第一、第二位的成员应居中，以保持两边人数的均衡。

三、会间组织服务

会间秘书人员要直接面对与会者，这里的组织工作是整个会议工作中最具挑战性的工作。

（一）接站

秘书人员应在与会者报到之前预先了解好其所乘的飞机、火（汽）车、轮船的班次、车次，并在车站、机场设接待站，制作一块醒目的牌子或横幅，写明“×××会议接待处”等字样。待与会人员到来，尽快将客人送往会场或会议驻地。

（二）报到、签到与入场工作

1. 报到程序。报到程序包括：①查验证件；②登记信息；③接收材料；④发放文件；⑤安排住宿；⑥报告情况。

当与会人员来到会场或会址报到时，秘书人员应热情、礼貌地接待，应对与会者的到来表示欢迎，并将事先准备好的会议文件和用品，包括会议须知等材料以及住宿房间的号码、餐券等发给与会者，之后尽可能引导客人到其住宿的房间，稍作简单介绍后提醒客人稍事休息，以解除旅途的疲劳，并报告会议的议程、日程或程序。

2. 签到方式。①簿式签到。与会者在簿册上签名，以示到会。②卡片签到。与会者领取卡片，在上面签上自己的姓名，进入会场时交给签到人员。③电子签到。将电子签到卡预先发给与会者，进入会场时，只需插卡，计算机自动记录。④单式签到。即在准备好的表格上签名。

3. 引导入场。召开大中型会议时，为方便与会者尽快入座和保持会场秩序，需要采取适当方式引导座次，可以设立指示坐标或由会议秘书人员直接引导入座。

（三）会议记录

会议记录是会议实况的记载和反映，可以提供会议活动的原始信息，为形成会议正式文件打好基础，为总结会议和传达会议精神提供依据。会议记录要求准确、清楚、简洁。所以做记录的秘书要事先准备好记录用纸，做好会议记录。办公会议的会议记录主要内容包括会议名称，会议时间、地点，会议主持人（主席），会议出席、列席和缺席情况，以及会议议题、发言人及发言内容、会议决议，并注明散会时间。会议记录的方式有录音、录像、电脑录入、文字记录等。

（四）编写会议简报

会议简报是会议期间编印的用来反映会议动态、进程和主要内容的内部性简要报道，是会议的交流性和指导性文件，包括与会者在讨论中提出的意见、建议和会议决定等。

（五）会场服务

会场服务是保证会议顺利进行的重要工作，包括奉送茶水、传接电话、协助领导控制会议进程。

（六）会间文化活动安排

为调节会议气氛，丰富和活跃与会者的业余生活，提高会议的质量和效果，会期较长的会议应安排文化活动。活动的内容要健康，要为大多数人所喜爱，主要项目可以是参观旅游、舞会、观看演出等。

四、会后工作处理

会议结束，秘书人员的工作还未结束，还要有会后处理工作。一般会后工作包括以下几方面的内容。

（一）会后服务

会后服务包括安排与会者返程，及时调配车辆送别与会者；会场清理，退还设备等。

（二）整理会议资料

整理会议资料指收集文集，整理归档。

（三）拟发会议纪要

会议纪要是根据会议的主旨，用准确而精练的语言综合记述其要点的书面材料，是在会议记录的基础上分析、综合、提炼而成，用来概括反映会议精神和会议成果的文件。会议纪要有两个目的：一是让与会者带回去作为传达贯彻会议精神的依据；二是上报，使上级主管部门和有关单位了解会议的情况或予以转发。

（四）会务工作总结

为积累会议经验，会议结束后，应当进行总结，作为今后会议的借鉴。会务工作总结要以总结经验、激励会务工作人员为目的。要根据岗位责任制和工作任务书的内容，逐条对照检查，并在此基础上写出会务工作总结报告。还要采取座谈会、表彰会等方式，并且要安排在大家对会议还记忆犹新之时进行。

思考题

会务工作具体包括哪些工作？从会前、会间、会后工作方面分别加以说明。

案例分析

案例　秘书小刘与公司例会

某公司每周二下午召开公司经理办公例会，参加人员有经理层所有人员。这一周开会时间已到，总经理助理还没有到会，公司总经理包总查问原因，负责会议通知的秘书小刘解释说，昨天已通过电话通知的形式通知了所有应到会人员，只是与会者名单是新来的蔡副总经理确定的，里面没有总经理助理，并且今天的例会已被蔡副总经理取消。包总经理沉吟片刻，让小刘赶快电话通知助理，参加办公例会。接到电话，总经理助理不太情愿地来到会议室。大家都对蔡副总经理有了一点看法。

思考题

1. 针对这件事，负责会议通知的秘书小刘有没有责任？
2. 蔡副总经理的工作有没有问题？

提示：

1. 会议召开没有随意性。

2. 与会人员选择是一项严肃的工作。

实务操作

1. 2017 年度江苏省某民办高等教育研究会于 11 月 28 日在无锡市召开，由江南大学太湖学院承办。请代为拟定会议筹备方案，包括：安排会议的时间、地点；制定与会代表住宿、饮食方案，会场布置方案，分组讨论方案；拟写会议通知，会议议程、日程表，会议简报等相关的文字材料。

2. 某院欲设立人力资源管理专业指导委员会，并同时召开第一次会议，拟请《组织人事报》前主编担任会长，省人事厅有关处室领导及院内资深教授担任委员，院内人力资源管理专业学生 50 名列席。试拟出会议申报方案，详细列出会议程序、与会者名单、会议地点，制发会议通知，模拟准备办会物品，并模拟布置会场。

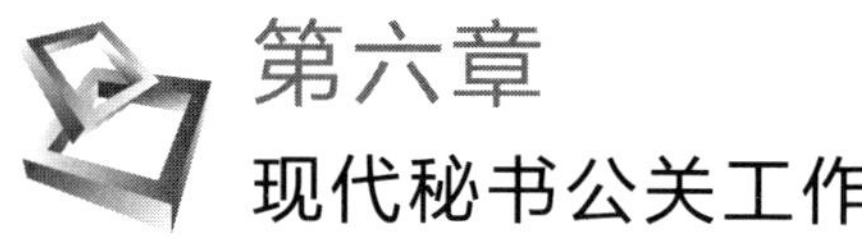

第六章 现代秘书公关工作

【本章学习要点及学习目的】

明确秘书公共关系工作的含义，了解秘书公关在语言上的要求，明白秘书如何通过自己语言的表达来组织和协调公共关系；了解组织各种大型公关活动时必须准备的内容及注意的事项，明白如何组织一次公关活动。对照自己，认真分析以上内容的实践性，并将其作为秘书必备的素养，及早提高自身的公关能力。

在现代企业策划中，越来越离不开公关手段的使用与配合，而公关也以提高企业形象和信誉为主要内容。秘书的公关作用在日常的工作和人际交往中发挥着越来越重要的作用，秘书的工作已经不仅仅是传统意义上的“写”“传”“送”等表面化的工作。在现代社会中，秘书是各种人际关系处理中最好的中介者，是树立本单位形象、联系外界业务的一个重要的中转者。所以说秘书的公关工作对于组织的发展至关重要。

第一节　秘书公关对象

一、秘书公关的含义

所谓的秘书公关，就是秘书必须树立公共关系意识，通过自身的言行、工作、态度和仪容取得尽可能多公众的信赖和好感，为本单位树立良好的形象和信誉，从而取得公众的关心和支持。秘书在公关方面必须具有以下意识。

（一）树立和保持组织良好形象的意识

秘书工作要取得成功，必须时刻注意树立和保持良好的形象和信誉，并贯彻从制定工作目标、方针到采取各种管理措施的全过程。秘书的良好形象包括两个标准：一方面是对外部公众而言，要使他们对组织留下长期值得依赖的形象，让他们感到组织对公众、社会是可靠的和负责任的；另一方面是内部公众对组织有好感，他们具有主人翁责任感，人人关心组织，珍视组织信誉，为组织努力工作。一旦组织形象、信誉受到损害，就必须及时消除破坏因素，通过公关活动设法改善形象，挽回信誉。良好形象能使组织获得公众广泛的信任、支持和爱戴。秘书必须在工作中注意树立和保持组织的良好形象，并像爱护自己的眼睛一样珍惜和维护组织的良好形象。

（二）具有较强的双向沟通的意识

所谓双向沟通，是指一个组织既要让公众“听到”自己的“声音”，又要了解广大公众的意见和要求。交流思想，才能建立理解和信任，保持和谐的关系。双向沟通是包含在秘书业务中的工作，它分为两类：一是领导部门和内部员工之间的信息交流；二是组织与外部公众之间的信息交流。秘书要协助领导将组织的真实情况，包括制订的政策和措施、制订的依据以及政策和措施对组织和公众双方的好处等情况坦诚、准确、及时地传播给公众，并进行解释、疏通，让公众理解和接受；同时又要收集公众对已推行政策和实施措施的意见，并回馈给组织，以便发现问题，纠正偏差，修正和完善政策与措施。

（三）要有互惠互利的意识

公共关系的实质是一种利益关系，是一种组织与公众均得利益的关系。秘书在与各类公众的交往中，既要维护组织的利益，也要兼顾公众的利益。只顾组织的利益，势必违反和损害社会和公众的利益，使组织声名狼藉，难以在社会中立足。当然，也不能只顾公众利益而损害组织利益。所以，秘书必须具有使双方得益的意识，强调组织和公众利益的平衡协调，根据双方利益的共同点，建立平等互利的友好关系。

二、秘书公关的原则

秘书在公关活动中发挥着重要的作用，要建立组织内部和谐的人际关系，应遵循以下的原则。

（一）规范性原则

秘书工作具有高度的机密性和政策性。因此，现代秘书在人际交往中，要时刻注意规范自己的言行，严守企业的机密，严格执行各项政策法规，这是现代秘书正确处理人际关系的基本原则。不论与谁交往，都不能以个人情感代替工作关系，更不能丧失角色的准则。具体地说：一要遵纪守法，要将个人的情感交流约束在国家法律法规和党的现行政策范围之内；二要秉公办事，不能为达到个人目的而损害群众利益和整体利益，更不能打着组织和领导的招牌与他人搞不正当的权钱交易；三要对错误做法和无理要求不服从，不听之任之，不一味迁就，而要敢于劝阻和抵制，敢于进行说服、批评和教育。

（二）目标原则

当好助手和参谋是秘书工作的目标，现代秘书的一切工作都要服从这一目标。现代秘书的人际交往一般都具有目的性，即以实际工作目标为前提，协调服务对象之间的关系，形成感情上的共识，然后取得真诚的合作与支持。秘书一定要正确认识自己的角色地位，做到出力而不“越位”，准确认识自己的社会角色，摆正自己的社会位置。

（三）平等原则

平等原则是秘书在处理人际关系时应遵循的根本原则。秘书在人际交往中，不管自己服务的对象职位多高、权力多大，都不能以此作为自己的身价。在行使自己的职责与他人交往中，要找准角色定位，不能居高临下、盛气凌人，也不能指手画脚，强加于人。这样，才能消除对方的戒备心理，增强彼此间的亲近感，从而形成和谐融洽的朋友关系。

现代秘书在工作中的枢纽地位，决定了秘书复杂的、多层次、多角度的人际关系，这在工作中主要表现于以下几个方面：一是秘书人员与领导的关系；二是秘书人员与外部人员的关系；三是秘书人员与同事之间的关系。对于这些关系的处理，由于对象不同，处理的方式方法也有所不同，应遵照各自不同的原则进行处理。

三、秘书公关的对象

所谓的秘书公关对象，是指秘书在整个公关过程中所要面对的交往对象，主要包括对内的单位领导和同事、对外的客户及公众群体等。

（一）秘书与上级领导的关系

秘书是领导者的参谋与助手，是领导身边的辅助人员，其主要服务对象是领导者或领导班子，秘书与领导者的关系是人际交往中较为特殊的一种关系。

秘书与上级领导关系的特征有以下几点。

（1）政治上的平等关系。

（2）组织上的上下关系。

（3）工作上的主辅关系。

（4）生活上的诤友关系。

详细论述请参见第一章第二节。

（二）秘书与同事之间的关系

1. 秘书部门内的同级关系。秘书部门内秘书与秘书间的关系是一种横向的人际关系，其特点如下。

（1）直接性。在同一部门工作，秘书与秘书之间既要分工又要协作，要面对面地商讨、研究问题，交换意见和看法，相互间融洽和谐与否，往往是从这种直接性的、首要的工作关系中形成和体现出来的。

（2）频繁性。一个秘书接触最多的就是同一秘书部门内部的其他成员。朝夕相处，频繁接触，可使秘书间增进相互了解，求大同，存小异，共同努力实现既定的工作目标。同时，由于频繁的接触，秘书之间在一些问题上产生矛盾的机会也随之增多，如果处理不妥也容易产生隔阂，给工作带来困难。

（3）平等性。秘书之间的同级关系是平行关系，没有尊卑之分。

2. 同一组织内各部门人员间的同级关系。这主要是指秘书与企业内计划、生产、营销、劳资等部门人员之间的关系。这种同级关系与部门内的同级关系不同，这里的同级关系是分工合作的关系，是地位相同的平行关系，但彼此间又互相依赖，是一种非面对面的、不够密切的次级关系。这一类同级关系的特点主要如下。

（1）差异性。一个组织内虽有许多平行的单位或部门，但由于部门的职责范围和性质不同，在组织内作用的重要性是明显不同的。

（2）依存性。企业各部门的差异性是分工的结果，有分工就需要合作。为了完成既定的任务和达到统一的工作目标，秘书与各个部门在完成自己特定任务的过程中是互相联系和互相依赖的。

3. 秘书处理与同事关系的要求。秘书要处理好与一般同事的关系，必须掌握以下的原则与要求。

（1）真诚地关心别人。秘书必须认识到，工作要顺利进行并取得成果，上司的信赖固然重要，但同事的支持和合作也必不可少。秘书要取得同事的支持和合作，就应该主动地、真诚地关心同事。要想取得工作的顺利进展，更要付诸行动。首先要以谦虚、平等的态度对待同事，切不可以“二首长”的身份自居。代表上司向同事布置任务时，应尽量以商量的口气，不能颐指气使，发号施令。工作上应多体谅同事的难处，尽力给以帮助解决。现代秘书对同事也应树立服务的观念。现代秘书还应关心同事的生活和情绪，抽空多与同事接触，与他们谈心，以增加了解，消除隔阂，促进友好合作。

（2）坚持同等友好。秘书与同事之间应尽量做到同等友好，而不要对某些人特别亲密，对某些人疏远。即使秘书与某位同事特别情投意合，也应注意在公众场合不要表现出来，如经常同进同出、同桌吃饭、闲时聊天等，以免遭到其他同事的嫉妒或被上司怀疑搞小团体。

（3）积极维护团结。秘书作为主管上司与同事之间的中介与桥梁，应努力维护上下级之间的团结。秘书在传达上司不太有利于同事的指令时，应注意维护上司的威信与形象；同样，在向上司反映不太有利于同事的情况时，既不能隐瞒、掩饰，又要尽力保护同事的利益，尽量采取对事不对人的态度，使同事的缺点错误既得以纠正，又不至于使他们受到伤害。对于同事、员工间的矛盾，也应尽己所能加以协调、缓和。总之，维护同事间的团结，维护上下级之间的融洽关系，归根到底是为了维护整个组织的利益。

4. 同级关系的处理艺术。

（1）处理矛盾的艺术。要“治人”先“治己”。出了问题，先从自身找原因，这样才能产生强烈的“治人效应”，从而化解矛盾，解决问题。秘书同事中出现意见分歧，要能客观居中、不偏不倚地看待与处理。同事之间出现分歧，产生矛盾是正常现象，适时回避，能起到釜底抽薪的作用，使对方头脑冷静，便于问题的解决。一个秘书应胸怀坦荡，有君子之心，即使别人做了对不起自己的事，亦应以德怀之、以情感之，这是征服人心之上策。

（2）增进同级间感情的艺术。应主动沟通；善于选择沟通交谈的时机、场合和对方感兴趣的话题；态度谦虚诚恳；善于体察对方心理，因势利导，循循善诱地深入；讲究语言艺术；相逢开口笑；善于“制怒”；关键时刻送温暖；求同存异。

秘书与一般同事纯粹是工作上的合作关系、相对稳固的业务关系。但是由于秘书的特殊地位——处于领导与基层员工之间，所以接近领导而比较疏远员工，就容易受到妒忌或猜疑，很难与基层员工打成一片；而秘书工作的性质又要求他们在领导与员工之间传达指令、反映情况、沟通协调，员工往往视现代秘书为领导的替身，领导又会把秘书看作员工的代言人。如果上下关系融洽，秘书自然是左右逢源；如果上下关系紧张，秘书就成了矛盾的焦点。因此，秘书要处理好与一般员工和同事的关系，比之处理与领导的关系更为困难一些。这也是大多数秘书容易受到领导的信任、器重而缺乏群众基础的重要原因。

（三）秘书与外部人员的关系

外部人员主要是指秘书服务的外部对象。秘书必须处理好与外部人员的关系。

1. 秘书与外部人员关系的特征。秘书与外部客户的关系，是指秘书与和自己所在单位打交道的组织或单位之间在工作交往中所形成的关系。这种关系，从秘书部门所处的特殊位置看，是一种内外关系；从其职能看，是一种服务与被服务的关系。秘书正确处理好与外部人员的关系，既有利于推动工作，更有利于塑造单位和领导的形象。外部人员要接触、了解一个单位或这个单位的领导，大多是从与该单位的秘书人员打交道开始的。作为一个单位对外的窗口，秘书在某种程度上体现了这个单位的精神风貌，是这个单位总体形象的缩影。与外部人员的关系处理好了，就能提高单位和领导者的声誉。

2. 秘书与外部人员关系的相处原则。

（1）平等相处。不摆官架子，与人平等相处。官架子最容易使人产生反感情绪，造成人际交往之间的心理隔阂。秘书应注意与外部人员平等相处，以普通人的身份待人接物，而不能高高在上，颐指气使。

（2）努力获取外部人员的信任，关心、体谅他人。秘书应主动地接近外部人员，特别是与公司有来往的客户，这不仅是获得他们理解和信任的途径，也是获得信息、进行协调工作的基础。

3. 处理好组织外部的人际关系。组织是现代社会的基本经济单位，它的经营活动，既有相对的独立性，又是整个社会活动的有机组成部分。因而它与社会各界有着十分密切而复杂的联系，构成了组织外部广泛复杂的人际关系。如顾客关系、社会人际关系、新闻媒介关系、兄弟企业关系等，秘书公关工作就是要处理好这些人际关系。在处理与外部的人际关系时必须注意以下几点。

（1）正确有效地处理好本单位与公众的关系。这里的公众包括本单位外

的个人、群体、团体单位等。在当今社会里，任何组织都处于一定的社会关系网络之中，这个社会关系网络就是每个组织机构生存、发展的环境，必须同这个环境协调、和谐，以求得生存和发展。

（2）运用传播手段来协调与公众的关系，发展事业。公众关系旨在通过有计划、有目的的一系列活动来塑造自己的美好形象，向公众传递自己的信息，从而赢得公众的了解和关注、信任和好感、支持和合作，为自己的发展铺平道路。

（3）公共关系实质上是一种管理职能。有的单位有专门的公关部承担公共职能，有的是由办公部门自己承担。秘书公关工作的重要任务就是要尽可能及时和准确地向组织决策者提供关于公众的信息，及时提供咨询和建议；准确地向公众传递组织决策者的信息和意图，以避免和克服因决策的人格化和直觉判断而出现的错误。决策一旦做出，就进入了实施阶段，并对公众产生影响。这时秘书人员就必须做好信息沟通、解释和宣传工作，以使决策能有效实施且又能得到公众的理解和支持。

思考题

1. 秘书的公关原则是什么？
2. 秘书怎样才能创造一个和谐有利的同级人际关系？
3. 秘书应该如何处理外部的人际关系？

第二节　秘书公关语言

在公关活动中，说话是重要内容。会不会说话、说什么话，是修养，也是能力。作为思想交流的载体，掌握好语言运用技巧，是秘书人员必备的基本功。

一、秘书公关语言的基本要求

（一）言谈要有礼、有理、有利

秘书人员应将礼貌用语时时挂在嘴边，坚决不讲伤人自尊、伤人感情的话，不用粗鄙恶俗的词语。无论遇到什么情况，讲礼貌和用语文明应是秘书人员的习惯行为。

说话有理不仅指所说的话句句在理，符合有关法规和交际惯例，也指言语表达条理清晰，逻辑严密。说话要坦率诚恳，以增强言谈中表达的诚信之意，并使人准确无误地明白你的意思。说话有利，是从对话交谈的目的而言。一语不慎，可能使协作关系、贸易关系僵化、恶化，而巧妙地运用礼仪语言，使对方感受到你的诚意和热情，会使局面向更好的方向转化、发展。所以，说话讲究技巧是很重要的。如今的社会已不再认为“见什么人说什么话”是油滑的表现，社会交往需要人们善于运用恰当的语言来表达与交流。所以秘书人员应努力钻研说话技巧，将自己的意愿清晰地传达给对方，并用恰当的语言准确地表达出来。无论面对什么人，秘书人员都应用最恰当的语言与他沟通，使他信服。

（二）言谈时要注意口齿清晰、声音适宜

伶牙俐齿是秘书人员必须具备的基本素质之一。秘书人员不仅要逻辑严密、有理有据地讲道理，而且在口齿上要特别注重清晰明确，注意使自己的嗓音朴实自然；声音高低要适合说话场合的环境需要，节奏要不紧不慢，吐字清晰，没有诸如“咬着舌头学鸟语”的坏习惯；不能带有明显的个人发音特点而使读音怪异；不能装腔作势或粗声粗气，旁若无人地大声喧哗。尤其在接听电话时，对方唯有通过声音来接受你的信息，感受你的工作热忱，所以秘书人员在电话里就更要掌握好音量音速，更要吐字清晰。

（三）言谈时要注意交流

作为一名出色的秘书，不仅要会说话，同时也必须会听话。善于听话，才能帮你更好地说话。交谈时，只顾自己一吐为快，不顾对方的反应，是说话艺术不成熟的表现。善于听别人说，让别人在你面前陈述、倾诉，是一种作风修养。在交谈时要倾听，在听的过程中了解对方的感情和意图，才能使自己的答话更明确、更恰当。

二、秘书公关语言的具体要求

（一）介绍

无论是介绍别人、自我介绍，或是被介绍，语言都应亲切自然，简洁清

楚。交际场合中有第二者在场而不介绍是极不应该的。同时，在集体场合要掌握好介绍顺序：一般把身份低的介绍给身份高的，把年纪轻的介绍给年纪大的，把男士介绍给女士，把本公司同事介绍给外公司同行，或把本公司同事介绍给客户。

（二）寒暄

寒暄是正式谈话之前的开场白，是谈话进入正题的必要过渡。因此要注意掌握时间，不要没完没了地闲聊。同样，从寒暄切入正题，也应该自然，不能戛然而止、生硬了断。

（三）交谈

秘书人员谈话中要时时注意用语的委婉，说话要留有余地，以利于工作。我国著名外交家顾维钧先生曾经说过，在外交场合，一定要注意说话的委婉。如明知对方不会同意自己的观点，话却要说成："我相信你一定会同意我的看法吧！"这种说话方法可以避免矛盾的表面化，避免双方出现一触即发、剑拔弩张的状况。

三、秘书交往谈话时的称呼礼仪

（一）称呼太太、小姐

在各种正式场合，适当地将对方称呼为先生、太太、小姐、女士，是最常用的普通称呼，表示对别人的尊重。

称呼太太、小姐时，可以带上对方的姓，也可连名带姓，但不能单带名不带姓，如 Mr. John Smith，或者 Mr. Smith，但不能说 Mr. John。倘双方熟悉到可以只称呼其名而不带其姓，就可以称 John，而不必在前面冠以"先生"一词。倘若是史密斯夫妇，则可称史密斯先生和太太为 Mr. and Mrs. Smith。小姐的称呼一直可以称到上了年纪的单身女士，如不了解对方的婚姻情况，就对其一律称 Miss。但现在欧美流行对年纪稍长的女士称 Ms.，如称其为 Ms. Smith。

（二）称呼先生、夫人

Sir 和 Madam 是对年纪较大、地位较高的人士的尊称，使用时可以不带姓名。

（三）称呼阁下

对地位较高的西方人士可尊称 Excellency。主席、总统、总理、部长、大使等均应称阁下，即使是女性也如此。倘若当面称呼，如在演讲时可称 Excellency。但在某些国家并不如此，如美国就称为 Mr. President 和 Madam Secret，即总统先生、部长夫人。

（四）称呼陛下、殿下

Majesty Highness 是对王室及贵族的称谓。国王、王后称 Majesty，王子、公主、亲王称殿下。在美国，所有有爵位者及其继承人均可称公爵，但也可称先生。

（五）职衔

对于有学衔、军衔、技术职称的人，可称呼这些头衔，如教授、博士、将军、工程师等；对参议员、律师、医生、主教等，可在姓氏前冠以职衔，如克拉克参议员、布朗律师、格林医生、怀特主教。也有些头衔是终生适用的，如大使、将军、部长、议员、法官等，即使他已不在位，仍可以沿用原头衔。但外国人不用行政职务称呼人，如不称别人为“某某局长”“某某校长”“某某经理”，而只在介绍时加以说明。

思考题

1. 秘书公关语言礼仪的基本要求是什么？
2. 秘书如何具体地应用称呼原则？
3. 秘书第一次与人打交道时应该怎么称呼？

第三节　秘书公关活动

秘书除了必须具有公关意识和从事日常的公关工作以外，有时还需要筹办一些公关活动。通过这些公关活动，能够集中传播组织的信息，增进公众对组织的了解，扩大组织的知名度，维护组织的声誉，使组织能顺利地发展。

一、举办公关活动的时机

组织在面临如下情况时，秘书应当建议、参与筹办公关活动。

（1）当组织或组织的分支机构开设之际；

（2）当组织的声誉跟不上自身发展速度时；

（3）当新设施、新产品问世之时；

（4）当几个组织合并之时。

二、秘书公关活动的流程

筹办一次公关活动应遵循科学的流程，正规的公关活动应包括四道程序：公关调查、制订计划、实施计划、评价效果。其中，决定一次公关活动成功的关键是制订计划和实施计划这两个环节。

（一）公关调查

公关调查就是了解公众的观点、态度、反应和组织本身存在的问题，也就是收集组织公关状况的信息。

（二）制订计划

制订计划即进行决策，是组织根据公众的观点、态度和反应，规划出对双方都有利的发展方向。制订一次公关活动的计划，必须注意保持和以前的公关活动的连续性，以及与以后要进行的公关活动的衔接。

1. 选定主题。一次公关活动是由多个具体项目组成的，这就需要有一个串联所有项目的核心，由它来统率整个活动过程，这就是一次公关活动的主题。

2. 选择传播渠道。公共关系活动的目标、主题确定后，就得选择传播渠道，以使组织与公众建立起一种联系，从而最有效地传播、沟通信息。传播渠道有各自不同的长处和短处，选择的原则是以最少的人力、财力、物力获取最佳的效果。可供选择的传播渠道有人际传播、群体传播、大众传播等。

3. 时间安排。列出整个活动的日程表及每一项目中的细则安排。

4. 费用预算。这是指将每一项活动所需的费用估计出来，累计后算出整次公关活动的总费用。一次公关活动的费用包括人工费、组织活动费、印刷费、视听材料费、交通费、广告费等，再加上适当的机动费用。

（三）实施计划

将制订的计划付诸具体的公关活动，实际上是组织向公众进行信息传播。所以，实施计划就是策动传播。它运用各种传播手段争取组织与公众在某一问题上相互了解、相互适应。

在策动传播的过程中，秘书必须注意如下问题。

第一，在印制宣传数据时应注意使用的语言、文字要明白、准确，避免引起歧义。

第二，在宣传的时候要注意公众的文化层次和接受能力，据此选用不同的传播方式。

第三，还应注意到宣传要适应不同的民俗习惯。

（四）评价效果

评价效果就是对一次公关活动的结果做出评估。当然，最佳的效果是能提高公司知名度，扩大公司的影响。具体评价效果的操作方法如下。

第一，重温目标，就是重新回顾制定的公关目标，以此作为评价这次公关活动的尺度。

第二，收集和分析资料，即运用调查研究的方法，收集公众对这次公关活动的反应，包括有多大范围、多少公众参与、了解了这次公关活动，有多少公众为此改变了态度、引发了行动等。然后，对这些资料进行归纳、统计，从数量、质量上分析、比较，看看哪些方面已经达到了预期目标，哪些方面尚未达到，各自的原因何在。

第三，写成书面报告，呈领导过目，让领导了解这次公关活动的成果或结局，以此作为制订政策的依据。

第四，报道结果。

三、公关活动的类别

公关活动根据其内容、形式和目的的不同，有不同的类别。

第一，提供信息类。这类公关活动着重于向新闻媒介提供新闻素材，如记者招待会，新闻发布会等。

第二，交流信息类，如洽谈会、研讨会、演讲会。

第三，促销类。这类公关活动是企业为促进产品、服务的销售而举办，

如新产品介绍会、展览会、展销会、时装表演会、指导使用新产品等。

第四，提高知名度类，如开业典礼、奠基典礼、落成典礼与仪式、就职仪式、参观组织设施等。

第五，提高美誉度类，如援助、资助社会福利、教育事业，赞助或举办体育比赛、文娱活动、影视剧的播映、文艺演出、评奖、智力竞赛、发奖仪式等。

第六，制造喜庆气氛，如举办周年庆祝会、联欢会、联谊会、招待会、宴会、舞会等。

四、重要公关活动的操作方法

（一）庆祝典礼

庆祝典礼是提高组织知名度、扩大社会影响的公关活动。秘书作为领导的助手及对外联系的代表，在这类活动中实际上承担着具体设计、组织和礼宾的职能，对活动的成败起着重要作用。

庆祝典礼也称庆典，它包括开幕式和节日庆典两种。开幕式用于组织开业、开工、新设施落成、奠基，各种展览会、展销会、文艺会演、电视节、运动会拉开序幕之际。它是第一次与公众见面、具有纪念意义的事件，是隆重而又热烈的公关活动。

节日庆典是在法定节日，如国庆、元旦、春节和组织本身的周年纪念日如校庆而举行的庆祝活动；也包括重要的地域、民族、宗教节日，如泼水节、开斋节等的庆祝活动，它着重于制造喜庆气氛，常以联欢会、团拜、文艺演出、舞会等形式举办。

开幕式的举办是庆祝典礼中最为重要也是最为常见的一种公关活动，也是秘书所应该具备的一项重要能力的体现。下面着重介绍开幕式的操作程序。

1. 准备工作。拟出邀请宾客的名单，包括政府公众（如本市、本区、本届党政领导人）、新闻媒介公众（如报社、电视台记者）、小区公众（如小区负责人、周围各单位的负责人）、消费者公众（如客户、业务往来单位的代表）、内部公众（如员工代表）等。名单经领导审定后，印制成精美的请柬，并提前两天左右寄送给宾客。

拟定开幕式的程序表，必要的话印制出来，程序表应选定致辞宾客的人选，并提前通知他们做好准备，说明致辞的要求。

为领导拟好开幕词、答词。

布置好场地，对要登上主席台或站在第一排的主、客方人员要放好姓名牌或做出醒目的指示。如开幕式是站立举行的，最好在主要来宾站立之处铺设红色地毯，以示尊敬和庄严；安排好音响、照明设备、排列好花篮，使场地显得隆重、热烈。

2. 开幕活动。宾客来临时，要有专人请他们签到，签到簿以红色封面、装饰美观的宣纸簿为宜。请宾客用毛笔签名，既示庄重，又便于作为档案或纪念物收藏；同时，如印制有程序表，即可分发来宾。

宾客签名毕，由接待人员引导至备有茶水、饮料的接待室，让他们稍为休息，相互结识。

由专人接待记者，为他们提供方便。如系大规模活动的开幕式，则最好设立新闻中心。

开幕式开始前约 5 分钟，秘书应引导主、宾进入场地，按事先确定的位置入座或站立。

开幕式开始，由主办方最高领导和来宾中地位最高者上前剪彩，这时，宜配以热烈的音乐。

由主方、客方先后致辞，无论开幕词、贺词、答词均应简单明了、热情庄重，忌长篇大论。

开幕式现场进行摄影、录像、录音，并由主方领导回答记者、来宾提出的问题。

3. 余兴节目。典礼完毕，敲锣打鼓、舞狮子、载歌载舞，并播放热烈、喜庆的音乐，允许的话可燃放礼花、礼炮，造成喜庆气氛。余兴节目最好由组织内部的员工来进行表演，这有助于增强他们的主人翁意识和自豪感。

引导来宾参观，如展览、展销、新商场、厂房、办公楼等，以便让来宾了解企业现状和新推出的产品；也可以设宴招待来宾。

最后，可利用留言簿、召开小型座谈会等形式，征求来宾对企业及新推出产品的意见，并加以整理，以有利于改进工作，鼓舞内部员工的士气。

从整个过程来看，开幕式并不复杂，时间也不是太长。然而，它却是组织或新事物的第一次亮相，是否成功，决定着公众对组织的第一印象，起着日后使他们和组织保持往来还是疏远的作用。所以，秘书应精心设计、组织，力求办得热烈轰动、丰富多彩，给人留下深刻而美好的印象。

（二）参观

参观是指邀请外部公众或内部公众参观本组织的工作现场、设施等，是近年来颇为流行的一种公关活动。其过程有以下几个方面。

1. 准备宣传小册子。这类小册子以简明扼要、深入浅出的语句，概括性地介绍参观的内容。要注意配有一定的图片，少涉及深奥的专业术语，要考虑到一般公众的文化水平和接受能力。这种小册子宜在参观一开始就分发给公众，使公众快速阅读后对参观内容有大致的了解。参观时还可边看实物边对照宣传册，这样能集中注意力观看，免去了记录的麻烦，并可供公众日后参考。

2. 放映视听材料。有些组织的结构复杂、技术尖端，为了帮助公众理解，观摩实物前可放映有关录像片、幻灯片或电视片，做简要介绍。

3. 观看模型。有的织织规模庞大，设施分布很广，公众不可能每处都到，每物必看，或有些设施不便于公众进入，为此可以事先制作模型让公众观看，如不少大学制作出校园全貌模型，公众观看后，只需选择几处认为重要的地方实地观看即可。

4. 引导观看实物。由专人引导公众沿着一定的路线参观，逐一观摩实物。在重要的实物前，引导员应做详细讲解，或配备专门的讲解员讲解。讲解时要抓住公众关心的问题、易理解的重点，避免长篇大论、滔滔不绝，以免给人以吹嘘之感而使人产生逆反心理。要让公众以目击为主、讲解为辅，不能本末倒置。

5. 中途休息。参观的时间不宜太长，以一天时间完成为好。在参观路线的中途，最好辟有休息室，备有茶水，供参观者中途小憩。

6. 分发纪念品。参观过程中可向公众分发一些小型纪念品，最好是本组织制造的，或刻印有本组织名称的纪念物，让公众一见到它就想起该组织，引起美好的回忆。

7. 征求意见。观摩实物结束，宜在出口处设置公众留言簿或意见簿。有条件的话，最好请参观者座谈观感、提出意见，以便于组织者改进工作。

参观除了平时可进行外，还可以结合一些特殊时机进行，如在开幕式、周年庆典之后组织来宾参观。

（三）展览会

展览会是运用实物、模型、文字、图表等介绍、展现组织的成果和成就的公关活动。其中以推销商品为主的又称为展销会，它是组织传播自身信息、扩大知名度、提高声誉、广交朋友的常用的公关活动，其传播范围表面上局限于一地一市，影响仅作用于现场观众，实际上通过观众的义务传播，尤其是通过新闻媒介的传播，其说服力、感染力往往比其他方式更强，传播面颇广。例如，中国进出口商品交易会（广交会）上的展品能让世界各国都知道。

展览会的种类繁多。就规模而论，有大型、中型、小型之分，大到世界博览会，小到一家企业的产品展销；就场所而论，有室内展览、室外展览（如汽车、建筑机械展览）；就方式而论，有固定展览、流动展览；就举办于何地域而论，有国内展览、国外展览；就举办单位而论，有单独展览、联合展览；就展品内容而论，则大体上可分为综合性展览和专题性展览。综合性展览全面介绍一个地区或一个单位的情况，专题性展览则围绕一项专业或某一专题举办。

无论哪一类展览会，都是一种多维、立体的传播媒介，需要精心设计。

对于负有公关任务的秘书而言，在举办展览会的过程中，会在以下三方面的工作中参与和发挥作用。

1. 准备阶段。协助组织确定展览会主题性基调。主题性基调是一次展览会的红线，它可以将所有展品、文字、图表有机地组合起来，以达到展览的目的，所以主题必须鲜明。

首先，秘书需要搜集实物和有关资料，选择精炼、具有代表性的展品，并据此撰写解说词、文字数据，完成脚本，然后物色设计师、美工师和解说员。

其次，要筹划展览会的开幕式。

最后，筹备就绪后举办预展，并征询各方面意见进行修改和完善，使之成熟。

2. 展览会举办期间。首先，接待、陪同重要来宾观看展览会，介绍情况。其次，收集各方面回馈信息，如参观人数、留言题词、各种意见和报界反应，便于测定展览会效果，并为撰写展览会结束后的总结报告做好准备。

3. 与记者保持联系。预展时应邀请记者采访，使他们对展览有所了解和准备。开幕式时也应邀请记者，并提供新闻通稿供他们参考，为他们提供采访所必需的数据、设备、交通工具等的方便；展览过程中，秘书要随时提供具有新闻价值的信息，如需要应及时举行记者招待会，统一发布信息。对规模大或影响大的展览会，秘书还应当代表组织事先与报社、电视台等新闻单

位联系，预订广告版面，争取在展览会开幕前几天刊出或播出。总之，展览会全过程中，秘书承担着和记者保持密切联系、提供方便的任务，应争取事先刊登广告，展览过程中发表若干篇新闻稿，展览结束时刊登出一篇总结性的新闻稿，以使展览会的影响尽可能地扩大，有助于组织知名度、美誉度的提高。

展览会是经常运用的一种公关活动形式，秘书在积累经验的基础上，可以协助领导进行创造性的设计，力求使展览具有新意，既有利于开拓业务，又有利于树立组织的良好形象。例如，美国通用汽车公司举办过一次流动的汽车展览会，主题为“历代汽车进步大游行”，该公司将自最原始的、手摇发动的汽车开始的一代代更新的汽车依次排列，最后是该公司生产的最新颖的汽车，在大街上组成蔚为壮观的车队，缓缓行进，使公众直观地了解到了该公司历史之久远、技术之精良，以及为人类汽车业所做出的杰出贡献并领导了世界汽车业新潮流的地位，其公关效果十分显著。

（四）宴请

宴请是指盛情邀请宾客宴饮的公关活动。组织在开幕式、纪念活动、庆功会后，或为了答谢协作者的支持等常举办宴请，招待宾客。秘书常受命代表组织筹备、组织宴请，所以应当了解其种类、要求等情况。

宴请有如下几个种类。

1. 宴会。正规、庄重的宴请活动，它规格较高，菜肴较丰盛，主客就座进食，由服务员依次上菜。席间，主宾相互致辞、祝酒。它有国宴、正式宴会、非正式的便宴三种形式，一般社会组织举行的以正式宴会为多。

2. 冷餐会，也称自助餐。它不排席位，以冷食、熟食为主，配以各式中西点心，如三明治、汉堡包、蛋糕、肉包、虾饺，加上咖啡、牛奶等饮料，全部陈列于长条餐桌上，供客人自行选择取用。这种形式适合人数众多的大型活动，方式便捷，轻松自由，气氛热烈，主客可以自由走动、交谈。冷餐会过程中，主客可以以水代酒，讲上几句祝贺、致意的话，放上几段轻松的音乐，或安排些小型的文娱节目，以活跃气氛。

3. 酒会。以酒类、饮料为主，辅以些许小吃的宴请活动。它适合一般的社交联谊活动，大多不设席位，主客可随意走动，自由结合、交谈。

宴请是联络感情、增进友谊、提高组织知名度和美誉度的公关活动，要使它达到预定的效果，秘书在筹办时要掌握如下操作方法。

第一，确定邀请对象。即根据宴请的目的邀请有关对象参加，如为了感谢兄弟单位的协作、支持而举行，就应将这些兄弟单位的领导和为本单位出过力的人员都请来，遗漏了会引起对方的不快；硬拉人数、滥竽充数也会使理应被邀请的对象感到不快。一般来说，正式、规格高、人数少的可采用宴会，人数多、规格低的则可采用冷餐会或酒会。

第二，选定合适的时间、地点。宴请的时间应征求客人的意见，选择在主、客都方便的日子里；宴请的场所应根据规格的高低、环境格调、供应特色来选定，如是宴会，则宜选择环境优雅、设备齐全、大家都熟悉并易找到的宴会厅举行。

第三，适当的口味和席位。举办宴会，菜肴以适应来宾尤其是主要来宾为主，要考虑到对方的年龄、习惯、健康状况和民族习惯等因素。宴会如有多桌的话，应设置一主桌，安排主要来宾和主方领导就座，其余各桌也有主方人员陪同。主方要考虑邻座的来宾是否相识，如不认识，主方应为他们介绍相识；如宾客中有人要求和某一宾客坐在一起，主方应尽量满足其要求；如桌数众多，宜写明座位牌，让客人及时对号入座。

第四，桌次、席次的排法。桌数众多的宴会，桌次的排列要遵循离主桌越近地位越高、右高左低的两条原则。如下两例排列法，第 1 桌为主桌，见图 6-1、图 6-2。

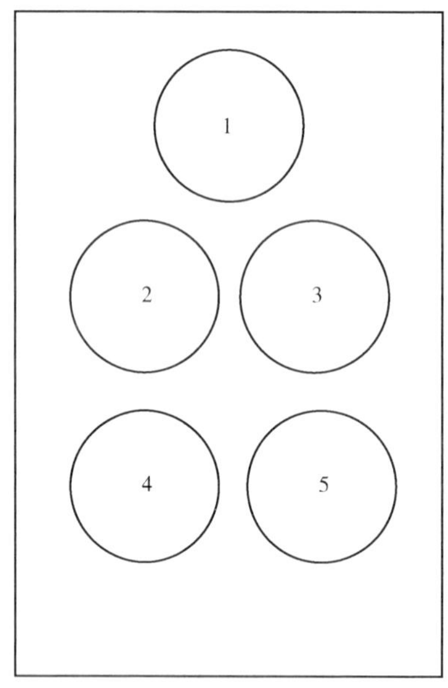

图 6-1　宴会中的桌次排列（1）

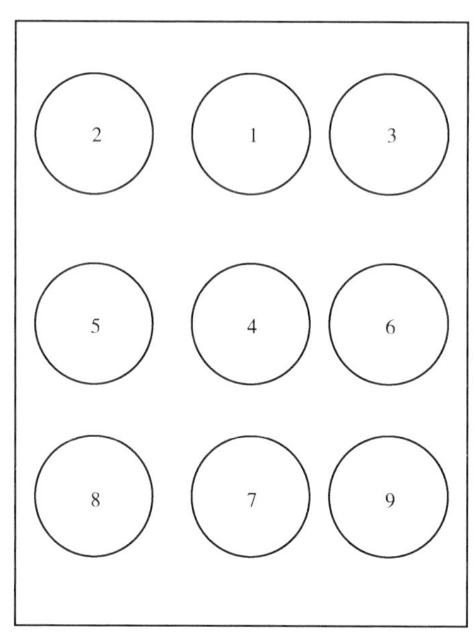

图 6-2　宴会中的桌次排列（2）

如宴会采用长桌，其排列法也依据上述两条原则，如图 6-3、图 6-4 所示。

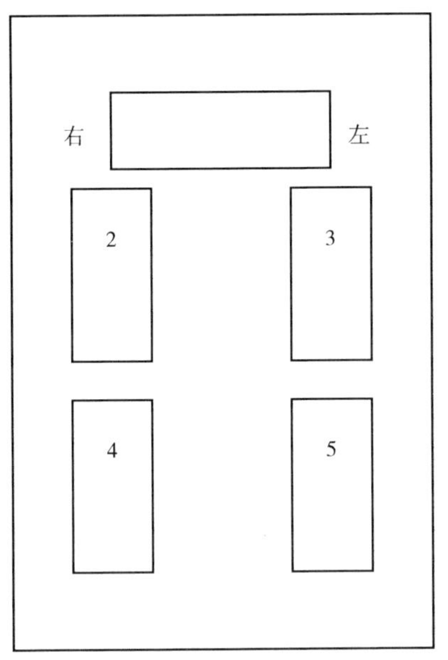

图 6-3　宴会中的桌次排列（3）

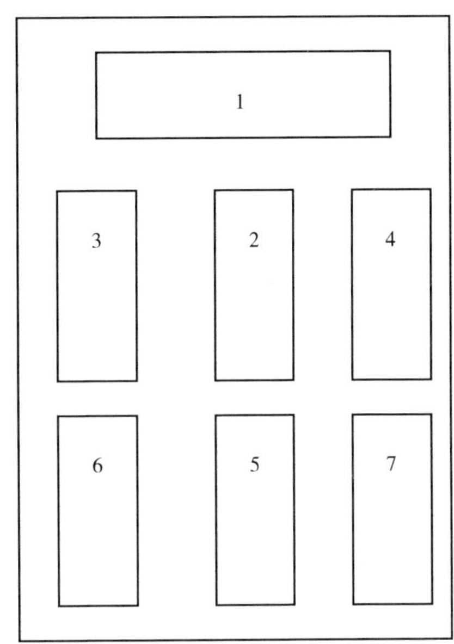

图 6-4　宴会中的桌次排列（4）

至于席次的安排，则遵循右高左低的原则，如采用圆桌，则将主要来宾安排在主人的右边，第二位客人安排在主人左边，以此类推（见图 6-5）；如采用长桌，则将主要来宾安排在主人对方（见图 6-6）。

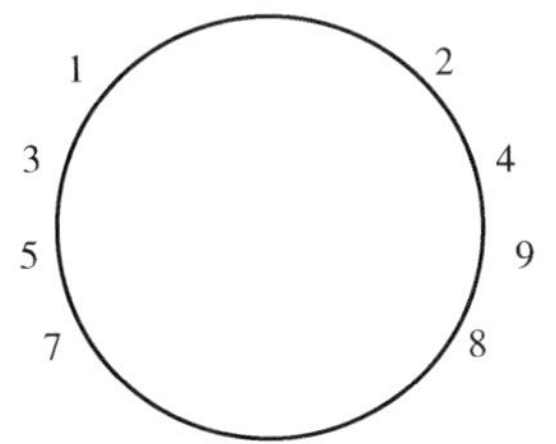

图 6-5　宴会中的席次排列（1）

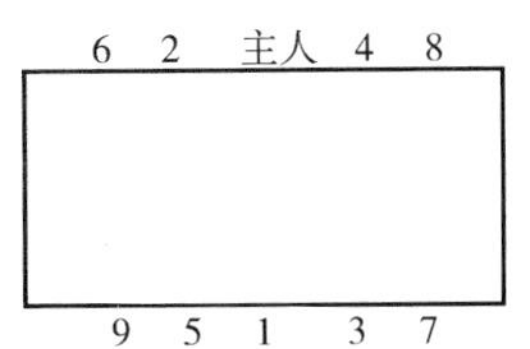

图 6-6　宴会中的席次排列（2）

如桌上有两位主人作陪，则将第一位客人安排在第一主人的右边，第二位客人安排在第二主人的右边，其余客人依其地位高低类推，如图 6-7、图 6-8所示。

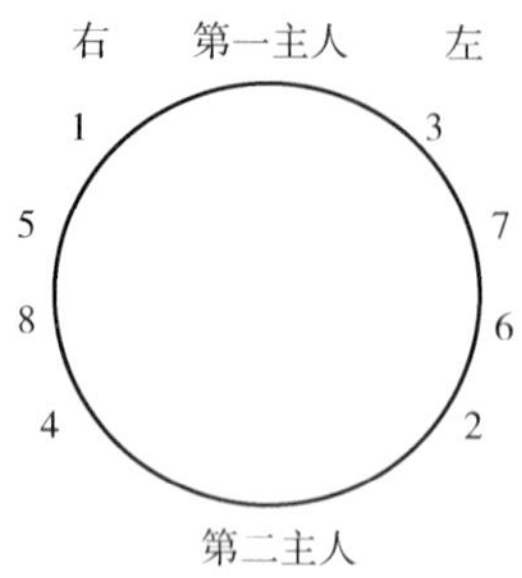

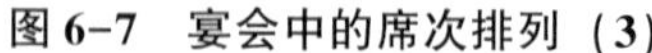
图 6-7　宴会中的席次排列（3）

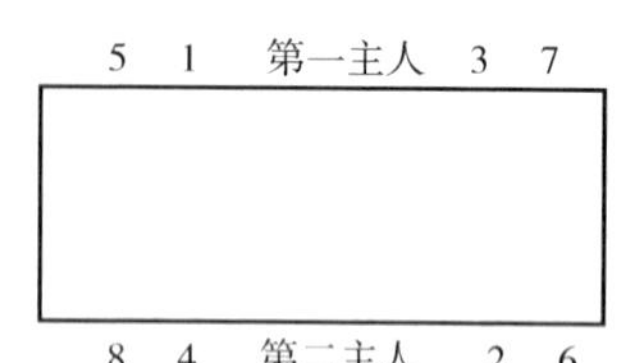

图 6-8　宴会中的席次排列（4）

在宴请进行过程中，为了使气氛亲切、活跃、热烈，秘书应当充分发挥自己的公共关系技巧，有如下方法可供参考使用。

第一，要不时提一些客人们共同感兴趣的话题，如气候、社会新闻、文体活动消息、烹调知识等，使大家参与议论。

第二，要关注少说话或未说过话的客人，根据你对他背景的了解，提一些他们所内行的、感兴趣的问题，向他们请教，使他们加入到交谈中来。

第三，敬酒能有效地活跃气氛，主方应以重要来宾和年长者为主要对象，频频向他们敬酒。如果发现有酒量好的宾客，可以鼓励他们对饮；如了解某些来宾有说唱的文艺才能，也可鼓励他们来上几句，唱上一曲，使宴请的气氛始终充满欢声笑语。

宴请结束后，主方人员应将来宾送到门口，热情友好地话别。

秘书除了为组织筹办宴请外，自己也常被作为组织的代表，单独或伴随领导应邀出席其他组织的宴请活动。因此，他还必须懂得其中的赴宴礼节，以维护组织和个人的良好形象。

当秘书接到赴宴邀请时，应立即答复对方，以礼貌的公关语言表明答应邀请或致歉无法赴约，以使对方早做安排。

赴宴前要修饰外貌，使自己衣衫整洁、精神愉快地前去，这样既给宴请活动带来了隆重的气氛，也使主人感觉受到了尊重。

赴宴的时间最好在宴请活动开始前几分钟，过早到达自然不太适合，迟到也是一种失礼。到达后应向主人问候致意。

进入宴会厅后，根据主方的安排找到自己的座位，请邻座的客人，尤其是年长者、地位高者和女性先入座；然后，自己以右手拉开椅子，从椅子的左边入座。

入座后，宜和相邻的客人相互认识、交谈。宴请活动是认识新朋友的一个好机会，切勿傻傻地坐在那里。

宴请开始，即停止交谈，听主人致辞，以示礼貌。

进餐开始，将餐巾对折，折向外，并铺在双腿上。

进餐时要举止文雅。当服务员送上第一道湿毛巾时，是让你擦手，别用它来抹脸、擦脑袋；吃东西时声音不能太响，鱼刺、骨头不要直接外吐，可用餐巾掩嘴，用筷子取出；不能当众解衣扣、脱衣服或松裤带，这些动作可去洗手间完成；当碰翻酒杯或菜汤，溅在了邻座客人身上时，除道歉外，应递上餐巾纸或手帕。如果你有事要早退席，不要大声招呼、道别，以免影响别人的情绪和整个气氛。

宴请结束后，要向主人道谢、告别。

（五）记者招待会

记者招待会也称新闻发布会，它是组织向记者集中公布、解释组织的重大新闻，争取新闻界做客观报道以扩大信息传播面的公关活动。

当组织开业、合并、周年庆典、新产品面世、产品展销、政策作重大改变或受到社会误解、批评时，可举行记者招待会。因此，它有明确的主题。

筹办记者招待会是秘书的职责，操作程序包括如下环节。

第一，确定被邀请记者的范围。需要邀请哪些记者，应根据公布事件发生的范围、影响来决定。如事件涉及全国，则要邀请全国性新闻单位的记者出席；如事件的影响只限于本地，则要邀请当地新闻单位的记者；如事件涉及专门业务，则邀请专业性新闻单位的记者即可。范围确定后，应提早几天将请柬寄送记者，便于他们安排时间。

第二，确定场地。记者招待会在何处举行，也得根据会议的主题来确定。如果是一般情况，应在组织的会议室、接待室举行，或租用宾馆、招待所或赴外地举行；如果希望造成全国性的影响，则可以赴首都或大都市租用场地举行。

第三，确定日期。确定记者招待会的日期，一是应及时。当新产品、新政策出台前夕及时举行，或组织受到指责、误解时及时举行，以便澄清真相，挽回影响；二是日期应当避开重大会议和社会活动，如全国人民代表大会会议期间、奥运会期间，新闻界和公众的注意力都集中于它们，作为一个一般性的社会组织，内部再大的事件与之相比也要退居次要地位，不易被公众注意。

第四，确定主持人和发言人。一般组织举行的记者招待会由公关部负责人或办公室主任、秘书长等主持。主持人负责介绍主题及基本情况，要求措辞典雅而有力，风趣而庄重。发言人应由熟悉组织全面情况、头脑机敏、语言表达能力强的人担任，以组织首脑为宜。如安排几位发言人，事先应讨论成熟，在重大问题上保持口径一致。

第五，准备好书面材料。秘书要拟定好发言提纲、会议程序表及准备好有关数据、图片、统计数据，打印好，以便会前分发给记者，供他们提问、写新闻稿时参考。

第六，布置会场。会场要选择交通便利、安静而无噪声，有电话等通信设备的地方。会议桌可以围成圆形，使气氛显得和谐。如是大中型的记者招待会，可使用长方形桌子，并分别标明“记者席”“嘉宾席”“工作人员席”；主持人和工作人员应配有写明姓名的胸牌，主持人、发言人还应设置标明职务的姓名牌，以便记者识别。如邀请的记者颇多，还可排定座次顺序，分清主次，注意照顾有代表性的新闻单位的记者，避免出现混乱和不愉快。准备好录音、录像设备、工具用品、饮料茶水等。

第七，主持会议。秘书部门的负责人如担任记者招待会的主持人，其职责是把握会议的主题，勿让大家离题太远。发言人讲完后，主持人要引导记者踊跃提问。遇到冷场时，可用轻松、幽默的语言活跃气氛，提高记者们提问的兴趣和勇气；遇到记者竞相提问时，应控制提问时间，避免提重复的问题，以提高会议效率。记者招待会的时间一般在两小时之内，如在此时间内记者们尚有不少问题要问，主持人应在散会前宣布下次会议的时间和地点。

如有条件，记者招待会结束后还可组织与会记者参观实物、成果展览、模型、图片等。

第八，收集有关新闻报道。记者招待会举行后的一段日子里，秘书要注意搜集到会记者采写、刊登的各类新闻稿件，分门别类地登记、分析，以便检验会议的效果。对参加会议而未发布新闻的记者，也应礼貌地询问原因，便于组织日后改进工作。

思考题

1. 举办公关活动的时机有哪些？
2. 举办公关活动的流程是怎样的？
3. 结合实际情况，安排公关活动时应该注意哪些问题？

案例分析

案例一　IBM的“金环庆典”

美国IBM公司每年都要举行一次规模隆重的庆功会，对那些在一年中做出突出贡献的销售人员进行表彰，这种表彰活动被称作“金环庆典”。这种活动常常是在风光旖旎的地方，如百慕大或马霍卡岛等地举办。在庆典中，IBM公司的高层管理人员始终在场，并主持盛大、庄重的颁奖酒会，然后放映由公司自己制作的表现那些做出了突出贡献的销售人员的工作情况、家庭生活乃至业余爱好的影片。在被邀请参加庆典的人员中，不仅有股东代表、工人代表、社会名流，还有那些做出了突出贡献的销售人员的家属和亲友。

在庆典活动中，公司主管与那些常年忙碌、难得一见的销售人员聚集在一起，彼此无拘无束地谈天说地。在这种交流中，无形中加深了彼此心灵的沟通，增强了销售人员对企业的“亲密感”和责任感。IBM公司的“金环庆典”活动属于企业内部的公共关系活动，它对企业公共关系的发展有着极其重要的现实意义。

思考题

这个故事对你有什么启发?

提示：

通过分析我们不难得出结论，IBM公司的“金环庆典”活动属于企业内部的公共关系活动，它对企业公共关系的发展有着极其重要的现实意义。

第一，它可以增强企业内部的凝聚力与向心力，显现优秀的企业文化。通过庆典活动，让对企业有功的人员亲身感受到企业高层主管对他们工作、学习、家庭及个人发展的关心，感受到企业大家庭的温暖。IBM公司每年一度的“金环庆典”活动，一方面是为了表彰有功人员，另一方面也是同企业职工联络感情、增进友情的一种手段。这是一种企业文化的氛围，是企业发展的基石。它可以使公司内部员工更多地联络感情、增进友情，协调企业内部的人际关系。

第二，它可以使员工家庭和睦。为企业做出突出贡献的销售人员的家属和亲友也被邀请参加庆典活动，这会使这些受表彰者的家属更多地了解自己的亲人在工作中的表现，使其家属在以后的工作中更多地支持亲人们的工作，对他们多一分理解与关爱，从而保证这些家庭的和谐气氛。

第三，它可以使企业员工的工作积极性更高，使企业形象更好。在这样的庆典活动中，接受表扬者会产生一种继续奋发向上、为企业多做贡献的决心，同时也会鼓励更多的员工努力工作。在这种企业氛围中，员工们会处处为企业着想，在工作中表现出良好的员工形象，进而展示出企业的良好风范。

第四，它可以使企业的社会效益和经济效益得到同步增长。企业员工热爱自己的企业，以企业为荣，会自觉地为企业树立良好的形象，这样会使企业在社会公众心目中拥有良好的形象，如人们会认为IBM公司是一个有文化的公司、关爱社会的公司等。而社会效益的提高会最终转化为企业经济效益的提高。人们认为，拥有良好形象的企业，一定会生产出优质的产品和提供优质的服务，进而愿意购买这样企业的产品。

其他企业应借鉴IBM的这种做法，更多地开展企业内部的公共关系活动，以增强企业职工与领导、职工与职工之间的感情联系，创造出良好的内部公共关系氛围。联络感情、增进友情，除了可以举办像IBM公司这样的庆典活动之外，还可以采用诸如组织全体职工开展文体活动，利用各种有意义的事件（如厂庆日、新产品投产和新设施剪彩等）和有意义的节目（如新年、元旦、国庆节、五一节以及职工的生日等）举办各种形式的工作聚餐会、周末文化沙龙、知识竞赛以及其他联谊活动。

案例分析

案例二

某分公司要举办一次重要会议，请来了总公司总经理和董事会的部分董事，并邀请当地政府要员和同行业的重要人士出席。由于出席的重要人物较多，领导决定用U字形的桌子来布置会议桌。分公司领导坐在位于长U字横头处的下首，其他参加会议者坐在U形桌的两侧。当天开会时，贵宾们进入了会场，按安排好的座签找到了自己的座位就座。当会议正式开始时，坐在横头桌子上的分公司领导宣布会议开始，这时忽然发现会议气氛有些不对劲，有些贵宾相互低语后借口有事站起来要走。分公司领导人不知道发生了什么事，出了什么差错，非常尴尬。

思考题

1. 为什么有贵宾相互低语后借口有事站起来要走？

2. 从秘书的角度看，分公司的领导人为什么非常尴尬？失礼在何处？

提示：这是因为座次的安排上没有注意到尊卑次序问题。应该是以前为上、后为下。在会议的安排上，对于上级单位或同级单位的来宾，其实际职务略低于主人一方领导的，可安排在单位的领导中间就座，这样既是对客人的尊重，又可以融洽主客之间的关系，而不至于像上面那样把客人给冷落了。

实务操作

1. 你是某公司的一名秘书，你的上司已经在今天上午9：30约了客户甲，在10：30约了客户乙（是带订单来的）。但是因为客户甲的问题比较棘手，在约定的时间内没有及时结束会面，而这时候客户乙已经按时前来赴约，你应该怎么来安排客户乙？

提示：在安排客户乙时，首先要及时接待，安排好他暂时的休息场所，并代表上司表

示欢迎；其次要说明原因。这就是一个谈话艺术的问题。不能直接表示上司正在接见一个重要的客户，而应该说明自己的上司有点事情，稍微耽误一点时间。

2. 秘书组织公司公关会议的模拟现场。

公司名称：×××科技企业集团公司

会议性质：召开新产品的发布会

作为秘书人员，你应该怎么来安排这次会议的次序、主席台的座次以及联欢活动？怎样才能充分安排好本单位领导的活动？

提示：内容都在本章涉及了。具体细节可以参考公关的流程、语言运用技巧以及公关中人际关系的处理问题。

第七章 现代秘书礼仪

【本章学习要点及学习目的】

通过本章的学习，明确秘书礼仪的含义，掌握秘书在仪表和仪式礼仪方面的具体要求。提高自身的礼仪修养，不仅在内在的修养上，也要在外在的仪表上注意自己的形象；在仪式礼仪上，掌握参加仪式时所应该注意的基本礼仪问题和具体的礼仪形式，以提升自己的专业要求。

礼仪是社会文化的一种表现，是沟通人与人之间关系的重要手段之一。那么现代秘书的礼仪工作，与社会一般礼仪活动、礼仪要求有什么区别？它在秘书工作诸多事务中的地位如何？它与秘书工作的其他内容有什么关系？本章将讨论的就是现代秘书在礼仪方面的要求。

第一节　秘书礼仪的含义

一、秘书礼仪的含义

所谓礼仪，是指在社会交往中形成的、以建立和协调人际关系为目的、为人们所认同和遵守的行为规范或准则。简而言之，礼仪就是调整人际交往中人与人之间关系的一种行为方式。在社会的人际交往中礼仪发挥着重要的调节作用，而且其作用是我们所不能忽视的。

同样，秘书礼仪则是秘书人员在履行公务、进行社会交往的过程中应该遵守的礼仪规范或准则，它是秘书修养的一项重要内容，也是秘书应具备的基本素质。总的来说，礼仪工作是沟通交流的重要手段之一，但秘书人员因其岗位特殊，工作性质特殊，所以有着区别于一般礼仪工作的要求，秘书工作的礼仪内容有其独具的特点。

二、秘书礼仪的特点

（一）日常礼仪与专项礼仪的统一

当今社会，许多地方都需专职的礼仪人员，如举办社会重大文化活动、节庆仪式、公关场合、单位内部活动等。在这些活动中，礼仪人员有些是临时的，如某企业要举行某项比赛活动，从单位内部各部门抽调几位员工，在活动期间负责礼宾工作或对某活动进行最后的评选颁奖，由几位年轻女性充任领导、嘉宾颁奖时的奖品递交者和场地引导者。而有些礼仪人员是专职的，如宾馆门口的导入者、饭店门口的迎送者。这些临时或专职的礼仪人员，其共同特点是单纯性。临时礼仪人员只需在具体活动中担当一些礼宾工作或具体事务，该项活动结束的时候，其礼仪工作也随之结束，工作人员均回到各自原先的工作岗位。至于那些专门引导、迎送或站立于大门旁的礼仪人员，虽是长期性的专项礼仪工作，但其工作内容十分单一，几乎是机械性的操作行为。

与他们相比，秘书人员的礼仪工作就大不一样了。秘书人员既要在各种专项活动中表现礼仪行为，又要在日常工作中从事礼仪活动，与其他人员礼仪工作的单一性相比，秘书人员的礼仪工作是日常与专项的统一。

秘书礼仪的日常性是与其工作内容紧密相关的。办文、办会、办事是秘书人员的常务工作，无论“文”“会”“事”，都必然与礼仪相关。在办文时，形式、内容、语言都要讲究合乎规范要求，情感把握要准确；在办会时，会场的布置、会议的接待、会务的安排，这些礼仪内容又是会议组成的重要元素；至于办事，则更多体现出礼仪在日常工作中的重要性。秘书部是处理各种关系、与各种人打交道的地方，从它的直接服务对象——领导，到各种事务牵连到的有关人员、外面的来访者、单位内部的员工、对外业务往来、外事交际活动，无不涉及人际关系，因此也就必然有礼仪的要求。妥善处理好各种关系，明确把握各种不同场合的礼仪尺度，是秘书人员的日常工作内容，也是秘书人员工作能力的体现。

秘书礼仪的专项性，是指除日常工作所涉及的有关礼仪外，秘书人员还要经常直接参加或操办各种礼仪性的活动，成为这个礼仪行为的策划者或行为人。在陪同领导参加重大活动时，秘书人员虽可直接接触实质性问题，但并无权“拍板”。当领导需要秘书人员代自己拜访、探望、结交某些人士时，这种专项的礼仪形式需通过秘书人员的恰当行为来传达领导的意图和情感。

组织在会议、重大活动的筹备中，秘书人员除做好全部统筹工作外，对礼仪的细节更应事事过问，处处把关，具体到有几项礼仪安排、前后顺序、礼品规格、致辞撰稿、环境布置等一整套礼仪内容，以保证会议或活动的正常进行，并通过良好的礼仪使本单位的公关形象在社会上、行业内占据一定的分量。此外，能否在一般会议或活动中设计一两项礼仪性的助兴节目，以增强气氛、融洽感情，也是秘书人员的分内之事。综上所述，秘书人员的礼仪工作，既体现在日常事务中，又有专门的工作内容，是日常礼仪和专项礼仪的统一。

社会中的窗口行业，单位中的窗口岗位，工作人员需统一着装，规定用语，制定行为规范，这是一种公务礼仪的表现。这些工作人员下班后，就不必以工作时的装束和语言动作来待人了。秘书人员则不然，他在上班时未必统一着装，工作中也没有什么操作规定和动作的要求，但却须将公务礼仪与私人礼仪结合起来，在具体场景中有机地灵活使用礼仪规范。

一方面，秘书的工作场所是多样的。办公室、会议室、洽谈室，活动现场、操作现场、事故现场，宴会、游乐、出行以及诸如此类一系列的场合，都可以成为秘书人员的工作场所，都要求秘书适时地开展礼仪工作或做出礼仪举动。另一方面，秘书人员的角色也较独特，在辅助领导的前提下，秘书实际的角色是随工作内容而转换的：有时，秘书是单位的全权代表；有时，秘书是管理层的辅助人员；有时，秘书是公勤服务人员；有时，秘书是通信联络文员；还有时，秘书以私人身份出现在某单位的公务场合。由于工作场景的多样性，秘书的角色也是多样性的。而角色转换了，所适用的礼仪必须随之转换。因此，刻板地以公务活动或私人活动来选择礼仪场合是不妥的。

（二）外在能力与内在修养的统一

秘书人员学习礼仪、运用礼仪，是秘书工作内容及岗位特性所决定的。礼仪当然包含技能成分，其与行为者的礼仪知识、外在形象、工作能力紧密相关。礼仪是文化的表现，礼仪的支撑物是知识和道德。形式外的礼仪活动能力只有与行为者的内在修养结合在一起，才是真实的，也才是美好的、有意义的。“礼仪知识是正派举止的核心，就像衣着是正派明朗的核心一样。穿着正派的人并不会有意去注意自己是不是穿了鞋，也许还得戴上手套。同样，知书达理的人也不会有意地遵守什么礼仪之规，因为礼仪的概念已经在他们脑子里深深扎根，成了一种天性，而不必去刻意遵守。”美国著名礼仪学家波斯特的这段话说明了礼仪的外在表现以人的内在修养为基础的道理。只有知书达礼，有高尚的道德修养，礼仪才能“发于内”，成为一种素质，而不是仅

仅作为富于表现力的技能。秘书工作是综合性的，对秘书人员礼仪质量的要求远高于其他窗口行业和岗位，秘书礼仪与其说重外在表现，毋宁说更强调内在修养。其对秘书人员的要求体现在以下三个方面。

第一，要求秘书人员努力提高自身的文化素养。不具备相当的文化知识就不可能根据来自不同文化背景的工作对象来调整自身的礼仪行为。礼仪在现代社会，随经济发展和技术进步而不断变化，也因此要求秘书人员必然要掌握这些全新发展的知识，了解各国、各地、各民族的不同传统和各自的历史，并熟悉现代科学技术的进步。文化素养提高了，反映在礼仪上必然也就文明、规范，富有时代气息。

第二，要求秘书人员思想情操高尚，行为与思想深度密切关联。没有思想，礼仪行为就不是情操的反映，而只是机械的模仿。一时一事也许尚可应付，长此以往必流于庸俗虚伪。诚然，通过礼仪实践本身也可逐步陶冶行为者的思想情操，但那不是一蹴而就的，而是需要一个长期渐进的过程，因此不能指望在实践中立刻就能将礼仪行为外化为高尚的情操和品质。面带温馨微笑的礼仪小姐倘没有发自内心的真诚，就只能是刻板的职业表现，也达不到好的效果。秘书人员因角色特殊，工作内容、工作对象较为广泛，自然更忌虚假，更要求知识文化和思想情操综合素质上一个台阶。

第三，还必须注意秘书人员心理素质的提高。诚恳谦逊、从善如流、豁达大度、不计恩怨的性格气度和坚强勇毅、追求真理的精神气质是秘书人员努力的方向，也是礼仪实践中必备的心理特征。在礼仪表现上，大国沙文主义或崇洋媚外的心理、名大自居或刻意巴结的心理、骄横狂妄或自抑卑下的心理，都与现代礼仪思想格格不入。此外，秘书人员自身的心理学知识也应提高，要了解掌握礼仪场合的一般心理表现和心理特征，这会给自己的工作带来裨益。比如，了解了“第一印象”的心理效应，既可注意自己给他人的第一印象，又可在别人给自己留下的第一印象中剔除虚假的成分。

礼仪场合的种种规矩、种种行为规范，确实需要专门学习掌握。我们强调“发于内”，并不否定“形于外”的重要性，不能设想每一个有高尚修养和良好心理素质的人就会直接掌握各种礼仪要求和具体做法，他一定也需要礼仪实践规范的学习。只有把握了礼仪技能之后，才能发挥礼仪的最大功能，将礼仪体现在公务活动中，促使公务活动顺利健康地进行，从而也为社会的文明建设做出贡献。

总之，秘书人员的礼仪工作既有一般礼仪工作的常规特点，又有因秘书工作本身的性质而带来的特殊性。充分认识秘书礼仪的特殊性，把握好秘书礼仪工作的规矩和分寸，才能在工作中进退自如，既不对人失礼，又不降抑自身，从而促进工作的顺利展开。

三、秘书礼仪工作的意义

（一）礼仪工作是秘书工作与生俱来的职能之一

从秘书工作产生那天起，礼仪便是秘书工作的重要职能。随着社会历史的发展，礼仪的内容和方式发生了巨大的变化，秘书人员礼仪素质和操办礼仪活动的能力要求也有了相应变化。但无论这种变化多么广泛、多么深刻，礼仪工作从来不会离秘书工作而去。

（二）礼仪工作是秘书公关的辅助手段

利用宣传和传播的手段促进一个社会组织和它的公众相互了解和适应，是公共关系的任务。一个组织要取得并增进自己内部和外部社会公众的信任与支持，为发展自己的事业而创造最佳社会关系环境，就必须采取一系列行动，树立自身组织的良好形象。秘书工作起着信息的汇总与传播的作用，建立良好的相互了解和信任关系，树立组织及秘书本人在各界公众中的良好形象和信誉，是秘书公关的主要内容，而礼仪则是秘书公关的辅助手段。

（三）礼仪工作是现代社会文明发展的要求

在21世纪的今天，人们在寻求一种和睦亲切的人文环境，而礼仪工作的目的，就是创造一种更宽松、更自如、人与人之间关系更和谐的文明社会环境。

礼仪作为一种规范和程序，一方面对秘书人际关系模式起着规范、约束和及时调整的作用，另一方面往往又可通过某些礼仪形式、礼仪活动完成化解矛盾、建立新关系模式的任务。此外，礼仪还可促进工作绩效。秘书人员一个动人的微笑，一句暖心的话语，都有可能对对方产生重要的心理影响，有利于建立良好的人际关系，促进相互间的交流与合作，从而提高秘书工作绩效。

思考题

1. 为什么说秘书礼仪是日常礼仪与专项礼仪的统一？
2. 秘书礼仪工作有何意义？

第二节　秘书仪表礼仪

“仪表堂堂，风度翩翩”总是会被人们羡慕的。仪表既有天生的不可选择、不可改变的一面，也有后天的可以选择、可以补充完善的一面。学习秘书的仪表礼仪，就是让我们了解，应当怎样正确地认识仪表，正确地修饰、完善自己的仪表，并让它在人际交往中发挥出形象魅力，帮助自己取得主动权和有利地位。一名出色的秘书，要从形象设计、服装规范、举止规范三个方面来提升自己的仪表。

秘书的仪表是一种无声的语言，它反映了秘书人员的修养、性格等内在特征，会在最初交往时给人留下美好的印象。比如秘书的服饰，其基本要求是整洁大方、整体和谐、展示个性。秘书的仪表主要体现在以下几个方面。

一、仪容的基本要求

（一）健康自然

对于仪容的理解不仅仅是穿什么合适，应首先认识到一种健康自然的精神面貌是最好的仪容状态。我们不能设想一个人毫无生气的人却在浓施粉黛后变得可亲可爱，倒是可以认为一个活泼健康的人，素面朝天时仍不失魅力。外国记者曾在描绘 20 世纪 40 年代的延安时说：“延安人生活十分艰苦，打扮上不分男女，却歌声不断，朝气蓬勃，使人坚信中国的未来希望在延安。”所以，仪容的修饰只是治表，而反映本质的是精神。一定要使自己拥有健康的心态和良好的生活习惯，作息要规律，这样仪表才会美好。

人的长相是天生的，后天着力去改变长相，如垫高鼻梁、割双眼皮、染金头发等，虽也有一定的补救缺陷和提升美感的作用，但终究不是自然天成的东西。仪表美指的是仪表的和谐自然。追求仪表美是在对自然的补充上使之更加和谐。所以，不能人云亦云跟风跑，别人染黄发，我也染黄发；别人修细眉，我也修细眉。这种抹杀个性、违背自然的做法，正说明个人修养的缺乏。

（二）整洁卫生

整洁卫生是指个人仪容修饰要讲究整洁干净。秘书人员绝不能给人邋遢的感觉，蓬头垢面、萎靡不振、浓妆过度都不会给人留下良好的印象。头发、胡须修剪干净，眼睛鼻子之间无污垢，不留长指甲，这样才会给人愉悦的好感，让人们觉得你干干净净，是个认真负责的人。仪表修饰要日常化，这既指必须天天注意、时时注意，也指仪表不能过分包装而应该以日常状态为主，太光亮的头发、太鲜艳的口红、太刺鼻的香水、太夸张的眼妆，都失去了它们作为日常修饰的意义，所以应该做的是勤洗勤修，但不能浓艳过度。

1. 发型。发型是人仪表的关键，发型适当了，人的精神面貌也会随之一振，并给人耳目一新的感觉。头发的发质各不相同，但不论男女，不论发质优劣，头发都应该是清洁、蓬松、无头屑，并稍有淡淡的香味。

青年男性秘书应梳理短发，一般多以二七分分头为主，不留鬓角，也不要擦油太多以显得太亮太滑。年纪稍大的男性秘书或文职人员可留背头，但也应勤剪勤洗，保持整洁。此外，各人身材气质不一样，发型也不一样。身高脸长者，不宜把头发做得又高又窄，而矮胖者又不宜做蓬大的发型。即长脸型的发式宜大，两侧蓬松，顶部不要高；圆脸型的发式宜窄，上额角和顶部应隆起，千万不能做成圆形；方脸形的发式宜用弧形轮廓；菱形脸两侧要厚，隆起呈椭圆形。

平时要注意保养头发，洗发用品要适合自己的发式和皮肤，并坚持按摩头皮发根，梳发时要顺着头发发丝的方向梳理。此外，饮食营养的合理和生活习惯也会对发质产生很大影响，要注意养成健康的生活规律和卫生习惯。

胡须是男性必须修剪的，一般每天早晨洗漱时就该清理一下，不能带着胡茬子出现在工作场合和社交活动中。如有必要的话，晚上出席社交活动前应再刮一下脸。男人的鼻毛也应注意及时修短，切不可露出鼻孔外。

女子的发型同样要注意与脸型、身材相配，并根据自身发质、肤质条件选好对应的洗发护肤用品，保证头发干净、黑亮。头发不宜多烫多吹风，这会损坏发质。还要注意定期修剪头发，即使留长发，发梢也要常修剪，以便既保持整齐又有利于头发健康生长。

对女子来说，除了要根据不同体型、身材选择发型外，不同场合也应注意调整改换发型，这样既适应环境气氛，又给人新鲜靓丽的感觉。一般来说，秘书日常工作时伏案较多，又常与人交际，披肩长发虽美，但在工作时最好扎一下或编起来，以显得精神、干练，不影响工作；参加交谊活动或出席宴会，则可精心盘成发髻显示高贵雅致；短发者可在不同场合做成不同式样，或者简单地将原来偏向这一侧的改为偏向另一侧，也可一起向前或向后梳理，这也会给人以新鲜感。但秘书发型不宜太披散，头发上饰物不宜多，一件（套）足够了。额发不能遮到眼睛，那会给人留下太幼稚、太散漫的感觉。

2. 面容。面容是仪表的根本，美容就是通过对面部的改善而达到美化的目的。对面部进行美容，首先要依据本人的脸相特点来确定怎样美容才能突出优点，掩盖缺点；另外还要考虑的是到什么场合，干什么事情，使面容与环境相吻合。

美容与美发一样，首先也是清洁，一个人首先要给人清爽干净的感觉：眼角不能有眼屎，鼻腔要干净，耳朵的凹槽里也不该有积垢；牙齿应该洁白光亮，不能有口臭，工作时不该吃葱蒜辛腥食品；指甲不宜留长，甲缝更不能有积垢。干净的人才能给人容光焕发的感觉。

根据不同的场合，可适当化妆修饰面容。但化妆时，对各种化妆品的使用一定要适合自己的肤质、肤色、气质和工作环境。

(1) 男士化妆步骤。

刮脸：先用热毛巾敷一下，涂上刮须膏，用剃须刷蘸温水在胡须处来回稍润几下使之产生泡沫，然后用剃须刀刮除胡须。刮完后，用温水热毛巾把泡沫擦净。如不再化妆，则涂护肤霜润面即可洁面；或以清洁霜均匀涂于面部并按摩，再取药棉或软巾纸轻轻向两边擦去。

收敛：用爽肤水或滋养蜜涂于药棉或手掌中，轻轻拍打于面部。

打底：取棕色基调粉底霜涂于面部以调正肤色，注意必须薄而匀且于颈部不可敷之过度，以免造成“假面”状。

双颊：以棕红色胭脂增加血色，但必须淡，气色良好者可不用。

眉：男性眉毛宜粗浓些，以体现阳刚之气。一般以整理为主，按原形稍加修饰，起到调整作用。

唇：一般只用润唇膏，唇色苍白者或嘴形太小则以唇妆弥补，可用棕色或肤色唇膏。

耳：以粉底或略深于粉底的粉稍擦。

胡茬：胡茬浓者，可用淡黄色轻敷，以中和深色胡茬；若不能掩盖，也可索性用眉笔将胡茬勾出，再用手将胡须抹匀，显示出小胡子，但形状色调一定要自然。

(2) 女士化妆步骤。

洗手：彻底清洗手部，然后搓手。

修眉：眉毛杂乱无型者，依脸型修拔。

固发：将头发和刘海儿用发夹夹上去，再用头巾固定之。

洁面：用适合自己皮肤的冷霜或洗面奶彻底清除脸部污物、油垢。

收敛：将爽肤水或化妆水轻轻拍于面部，给皮肤补充水分，软化角质，使细小皱纹收敛，并防止化妆脱落。

润肤：按不同皮肤选用霜、乳、水滋润皮肤，防止皮肤化妆后干燥，但用量宜少，让皮肤透气。

打底：挑少许粉底霜点在额、鼻、双颊、下巴处，再均匀涂抹，鼻翼两侧和下眼睑睫毛处、发际处、嘴角处、颈际处要抹匀晕染，调正肤色。

定妆：轻扑香粉于脸上，但一定要薄，似有似无。

眼影：在上下睫毛底部用眼线笔画出细长线，上眼线尽量贴近睫毛部，从眼角至眼尾处引勾；下眼线贴近睫毛部，从眼尾至眼角内侧先点上三点，然后用指尖把点延抹相连成美丽眼线。

眉：面孔向下而眼睛朝上看时，额和眼睛中间处挤入部分称“表情线”，是为眉造型最传神的部分。由鼻翼的最下端分别向上做一垂线，并对准眼角做一直线，向上延长，将眉毛原形延长线交于此点，此点即为眉毛所应取的终止点。眉在延长时应与眉形融合，确保自然。眉的化妆应与眼睛、前额相吻合，不可粗浓而失温柔，不可细疏而不入时。大眼睛不可将眉修得过细，小眼睛则要将眉毛画得略粗浓些。

唇：先画唇线外轮廓，再用选定唇色的口红向内涂匀，唇线笔与口红的颜色以相差一号为佳。

颊：用小毛刷蘸胭脂少许，由颊部向内向下晕染，要均匀自然，边界要汇成一体。

睫毛：上睫毛要眼睛朝下涂睫毛膏，先将睫毛往下拉，再托起眼皮朝上拉，睫毛不能被粘住；下睫毛应从睫毛根部开始涂睫毛膏，轻轻向外至尽头。

指甲：摇匀指甲油，先涂一些在指甲前端，接着向四边抹匀，最后竖着填补中央部分。

定妆：发际、衣领反面及耳背洒几滴香水。

二、服饰的基本要求

服饰包括服装、饰品、领带、围巾、帽子、手表、包袋、眼镜等，它们构成了外部的全部装饰。其基本要求为以下几个方面。

（一）呈现个性

人要衣装佛要金装，衣饰是人的第二皮肤，不可忽视。但如果不顾个人的特点和自我的条件，是穿不出好气质、好样子的，甚至还会贻笑大方。《安

娜·卡列尼娜》中他人建议安娜穿紫色裙子出席社交活动，安娜却穿了一袭黑色的裙子，让渥伦斯基再次为安娜的气质所打动，这就是服饰展现了自己的个性而取得的良好效果。所以服装不能不顾自己的年龄身份而一味以时尚为趋。当然，服装应该入时、求新，但这个“新”“时”必须为展现个人的风采服务，而不是倒过来，由人去迎合时尚新潮。流行的不一定是适合你的。“楚王好细腰，宫中多饿死”是本末倒置的教训，应该记取。人的个体特征从服饰的选配上体现出来，应依据自己的性格爱好选配服饰来适应时尚，而不应以时尚来左右自己，这是审美修养的表现。

（二）扬长避短

选配服饰在结合个性风采的同时，一定要扬长避短，展现自己的优点，掩饰自己的缺陷。如胖人就不要穿横条衫、肤色黄的人不宜穿绿衣服，都是依据扬长避短的原则得出的结论。秘书人员应仔细设计自己的形象，分析一下自己身材、肤色的优缺点，确定自己的服饰风格，力避可能破坏自己形象的颜色和样式，使自己总是自然得体地出现在各种场合。有些服装专业的教师说：“我不是穿什么都好看，而是什么适合我，我才穿。这样的服饰选配标准当然是穿什么都好看了。”这句话很值得秘书人员回味。一味地模仿别人的穿着，往往会弄巧成拙。

（三）民族特色

秘书人员可能经常接触外宾，在有些涉外交往中，与其穿西式服装，不如穿本国民族特色的服装更有意义，也使你更具风采。如改连衣裙为旗袍，可能效果会大不一样；将披肩长发盘成髻，再插一花夹，也别有情致。每年举行的亚太经合组织领导人非正式会议的主办方，都会为与会领导人提供特别制作的当地传统服装，这也说明民族特点是受人欢迎和尊重的。有些人爱染淡色头发，戴外国图腾的饰品，结果并没有取得预想的效果，就是因为民族风格不对，显得不伦不类，既学不像别人，又丢失了自己。所以越是民族的，才越是世界的。只要体现自己民族的文化特色，表现自己民族特有的审美情趣，就能被人所敬重。

（四）简洁为美

衣服饰品要追求简洁，越简洁越流畅，美学效果就越好。一件衣服上的装饰满是花样，缝纫师好像故意展示手艺似的在衣服上又是裁又是剪，做出来的服装未必就是美款；首饰又粗又大还缀满了零碎，就不适宜再戴在身上，那会使人觉得太笨重；一身衣服由各种颜色汇成，好像打翻了漆罐子，让人感觉没法穿它；个人的手上又是手镯又是手表，又是几个戒指，还有什么美可言呢？所以服饰应力求简洁，要点到为止。给人留下进行充分想象的空间，这样效果会更好。另外，秘书人员的工作比较繁重，衣饰太烦琐了，拖拖拉拉，钉钉挂挂的，非但不利于工作的有效进行，还易招来他人的闲话。作为一个单位的对外窗口，应本着以工作为重的精神努力工作，整天收拾满身的服装与各种配饰会让人觉得心有旁骛，不安心工作。

秘书人员如果有涉外活动，就要了解各国的颜色偏好，以免出错，令外宾不愉快。一般来说，日本人不喜欢绿色，他们以白色为哀伤，而认为黄色、红色意味好运幸福。巴西人不将绿色、黄色配在一起，因为这是巴西国旗的颜色，日常不随便用；棕色为巴西人喜欢的颜色。美国人认为红色、黄色是雅致的颜色。埃塞俄比亚人认为黄色表哀悼，只有哀悼活动时的人才穿黄衣。乌拉圭人忌讳青色，认为青色是黑暗的代表。拉美人以紫色为死亡之色，特别忌讳紫色。比利时人只在不吉利的场合才穿蓝色衣服。欧美人以白色表示纯洁，婚礼用白色；以黑色表示庄重，悼念或庄重肃穆的场合才用黑色来渲染，着黑服系黑领带是参加葬礼时的打扮。西班牙人以黑为最美颜色。由于犹大穿着黄色的衣服出卖了耶稣，全世界基督徒都不喜欢黄色。

（五）穿衣要求

1. 男装。正式场合，服装为深色西服，白衬衣，黑领结，黑皮鞋。全身上下服装的颜色不宜超过两种。衬衣的领子、袖口要干净，衬衫袖较西装袖稍长 1~2cm。衬衣下摆塞在裤内。单排扣西服可不扣，也可扣上边一个或中间一个，坐下时则应解开扣子。站立时，双排扣两边应扣好。倘穿两装套服，要穿好背心，扣好背心纽扣，注意不能让领带下摆从背心纽扣下伸出来。单穿衬衫时，仍可系领带；穿夹克等翻领服时，只要将衬衫的领子袖口纽好，都可系领带；但因天热解开衬衫领扣，挽起衬衫袖子时，不该再系领带。无论是领带还是领结，都要挺括、周正，不可软绵绵皱巴巴的。系领带还可配以领带夹，这是一个小巧的领带专用饰品，应选用细长、造型精致、线条流畅的领带夹。领带夹的质地一定要好，否则可能会弄坏领带。

夏季穿长袖衬衫系领带，衬衫下摆应塞入裤腰内。衬衫不可卷起袖子，必须扣好。穿短袖衬衫则不应将衬衫下摆塞入裤内。

男士的皮鞋必须与服装协调，黑衣黑鞋，棕衣棕鞋。以黑为最正式颜色。

西服袋内不可放大件东西，仅限一方手帕而已。

我国男士着装除正式场合外，一般无多大讲究，但总的要求是合身、平挺，不妨碍行动。如有些人穿夹克衫、休闲衫上班，只要无重大活动，也无可非议。夏天穿T恤上班，在我国也司空见惯，但一定要干净、无皱褶，裤子要有裤缝。夏天可穿凉鞋，其他季节也可穿胶底鞋。鞋子要时刻注意刷干净，不能穿鞋跟磨损过度的鞋。

2. 女装。正式场合，女士也应着套装，一般是长过膝盖的裙子，裤装不能作为秘书人员正式的服装。平时，秘书人员可穿职业套装，显得聪明、干练。一般场合中，女性着装的自由度比男子相对要大，夹克、牛仔服、毛衣、短装都可以，总的要求也是全身干净、不妨碍行动，如不妨碍下蹲、快走、上下楼梯、取东西等。我国女子骑自行车的人数众多，裙服不一定适宜，所以裙裤在我国也很有市场。这些都说明着装不可忽视国情民情。

女装配鞋各有区别。礼服长裙或长旗袍，当然应配高跟皮鞋，既衬托体态风仪，又合乎国际惯例。但穿中式套服时可穿软底鞋、布鞋，既花样自出，又有民族特色，只要不是特殊场合，可不强求。

3. 帽子。帽子在西方被认为是权力和地位的象征。从前男士都要戴一种叫作“波乐”的礼帽，在街上遇到熟人，抬一下帽子示意。把帽子摘下握手并站立，是英国白金汉宫每年游园会对男子的礼仪要求。女子则早在男士流行帽子前就已经将帽子视为流行服饰不可或缺的部分。我国传统服饰中，主要是男人戴各种不同时期流行的礼帽，而女子则不戴帽。无论男女，若戴帽，则帽子的式样、风格、质地，必须与所穿服装相吻合，也要与场合气氛相一致，不可在一个庄重严肃的场合歪戴着一顶俏皮的小帽。凡致礼时，男子一律须除帽；进入室内，也应将帽子与风衣、大衣留在衣帽寄存处。而女子的帽子倘作为衣服整体的一部分，则不必脱帽，不过秘书在办公室工作时，也应除去帽子，因为在自己的办公室内戴着帽子有些不伦不类。

4. 围巾手套。除了冬季用来御寒外，围巾手套的装饰性也不低于它的保暖性。男性宜选用质地优良的围巾，进入室内必须除去。女性则可选用五花八门的围巾来装饰自己，除厚大的冬季御寒围巾外，丝、纱质的小围巾即使在室内也无须除去。作为装饰，手套必须质地柔软，款式入时。手套也应与衣袖口相重合，在手套与衣袖口间露出一小节手腕是难看的，但应将手套口塞入衣袖口内，而不是通常人们以为的将手套口盖住衣袖口。男性入室应除去手套，与人握手时更不能戴手套。而女性的薄纱手套倘与服装是同一系列的，则即使在室内与人握手，都不必除去。

5. 袜子。袜子总以轻、薄为好，穿厚尼龙袜出现在正式场合有土气之嫌。袜子要与服装相谐调，总的要求是素雅为宜，花样或颜色太跳，给人感觉不成熟，因为小孩子才穿各种好玩的袜子。不能穿着抽丝破洞的袜子出现在公共场合，所以，尤其女秘书人员包里或办公室抽屉里应准备好备用袜子以防难堪。袜子的袜口不宜外露；男子要注意坐下时，裤脚下是否露出了袜口甚至一截腿，那是非常不雅观的。冬季将袜口包住毛裤的边口，再暴露在外裤脚处是很难看的。女子亦然，尤其着裙服、旗袍时，不能露出袜口，更不能在袜口和裙子的下摆间露出一截腿，那是十分不伦不类的。穿袜子还应与身材、腿型相配，粗矮之人袜色宜深，修长之人袜色宜浅。旧袜子松拧后，不应穿着上班活动。女士同样还要注意袜子与鞋搭配相宜，某双袜子在某双鞋里总往下滑，那就坚决不将二者放在一起穿着。

三、秘书的佩戴饰物

饰物，一般指人们佩带在身起装饰、点缀作用的小物品，如男子的领带、领结、胸章、戒指，女子的发饰、胸花、首饰等。秘书依据其工作性质和环境，对饰物的佩戴要讲究几个协调：与本人所穿着服装相协调；与包括年龄、体态、性格在内的个性相协调。具体要注意以下几项。

（一）领带

对于男性秘书来说，领带是西装的重要衬物与饰物。领带要选真丝和人造丝质地的，配庄重的西装。领带可以有多条与同一套西服相配，颜色要么与西服一致，只在深浅上有别；要么与西服成对比色，但要注意这只能是全身唯一的一个颜色反差。领带切忌随便地“挂”在脖子上或随时摘下来拎在手里。领结是在很正式的场合下才使用的。

（二）眼镜

眼镜可以弥补脸部的缺陷，也可作为人气质的补充。墨镜还可使人避免因阳光太强而不由自主地皱眉。眼镜的选配首先要与脸型相符，身高体大的人不宜选小镜，而纤细瘦小的人不要戴厚重的大边框眼镜。眼镜一定要调整好松紧，以免由于戴着不适而不住地伸手去扶眼镜、摆弄眼镜。在室内，应摘去有色太阳镜，倘眼疾患者不宜摘镜，应向别人说明并表示歉意。在室外照相，尤其是与多人合影时，不仅不宜戴太阳镜，也不宜戴变色镜，因为室外光线下，变色

镜总是深色的，照片上的你不仅貌似盲人，而且也破坏了整张照片的和谐感。

（三）提包

公务活动中，秘书人员总要携带各种文书材料或有关物品，因此，公务用包不宜太小，颜色以深色为佳。交际场合，提包或服装饰品则应多姿多彩，质地要优，做工要精良，并且要与服装协调，尤其与鞋子要一致，忌讳提白色包却穿一双黑色的鞋。提包应保持干净鲜亮，皱褶缝里不能嵌满灰尘，金属环扣应明亮。包袋的边、底角有磨损时，不应再在交际场合使用。

（四）首饰

首饰可衬托一个人的气度，也可以破坏一个人的品位。油头粉面，再珠光宝气也无美可言。男性秘书工作时不宜佩戴首饰，一块手表即可映衬你的风度了。有些青年男子以红线佩着一块玉在公众场合活动，显得孩子气，也显得小家子气，往往不伦不类。一般穿着礼服或工作服时，不该佩玉，至少不该将之暴露在人们可以发现的地方；休闲时偶尔佩之，体现个性，固然无可厚非。在正式的较隆重、严肃的场合，男子不该佩粗劣首饰；已婚者一枚戒指足矣，未婚者不戴任何首饰。对女秘书而言，首饰也以简洁为佳，以雅致为品。工作时不要戴太多首饰，也不要佩悬挂式耳环；手上有了手表就不要再加上手镯或手链，项链也不宜太粗。有人在戒指或项链的环扣处缀以红线防滑脱，用心良苦，却破坏了审美效果，不能将此法用于正式场合。一般来说，首饰的数量不要超过三件，太多就给人一种纷繁复杂的感觉。

四、秘书的谈吐

谈吐是人们在一定的语境中运用口头语言的交际活动，它应符合语言交际的礼仪规范，给人以美的感受。秘书的谈吐就是秘书通过尊重、友善、得体的信息传递，使交往双方取得理解、协调和适应，以有效实现秘书活动的目标。秘书的谈吐应遵循的基本原则是：晓之以理，动之以情，适合语境，运用得体，机动灵活，注重实效。

秘书的谈吐要求具体体现在两方面：一方面是秘书的礼貌用语。根据表达的语意不同，秘书人员要用好各种问候语、称谓语、请托语、致谢语、祝贺语和告别语等。另一方面是秘书的交谈语。交谈语是秘书社交中的主要言语形式，是传递信息、沟通情感、取得良好交际效果的关键环节。秘书与人交谈时应做到注意倾听、亲切自然、语调平和、互相交流，注意谈话禁忌。

五、秘书的体态

体态是在人际交往中各种身体姿势的总称。秘书的体态是秘书在交往活动中的一种非语言形式，具有表露、替代和辅佐功能。

秘书的体态要求主要体现在以下几个方面：第一，秘书的站姿。其基本要求是挺直、均衡、灵活。秘书人员在正式场合一定要避免不良的站姿，具备挺直如松的气度。第二，秘书的坐姿。秘书人员要有良好的坐姿，达到“坐如钟”的要求。第三，秘书的走姿。正确的走姿是：轻而稳，胸要挺，头抬起，两眼平视，步度和步位合乎标准。第四，秘书的手势。手势是一种动态无声的体态语言，能够传达丰富的感情，如招手致意、挥手告别、握手问好、摆手拒绝、拍手称赞、拱手答谢等。第五，秘书的目光。秘书与人交往要目光平和亲切，目光勿虚化，在交往中要注意凝视、斜视、瞟视、瞥视等不同方式的运用；在交往中要注意目光注视的时间与部位。第六，避免不雅的仪态。秘书在公共场合不要当众搔痒，要防止发自体内的各种声响，交谈中应避免不雅动作。

思考题

1. 仪表礼仪专指穿衣打扮吗？为什么？
2. 谈谈秘书谈吐有哪些礼仪要求？

第三节 仪式礼仪

所谓的仪式礼仪，就是指秘书组织、参加各种仪式时所要遵从的礼仪惯例。

一、仪式礼仪的基本要求

（一）周全考虑

所谓周全考虑，不仅指对仪式的各项议程的考虑，还包括对一切可能影

响仪式顺利举行的因素做充分的考虑，如天气状况，就是一个重要因素。天气的阴晴，气温的高低，对在室外举行的仪式影响当然十分重大：雨水可能将事先准备的会标、鲜花、旗帜冲坏；与会者也会因天气缘由而产生人数、纪律等方面的混乱；有雨的情况下有些节目的表演难以进行；扩音设备易出故障。或者气温骤升，烈日炎炎似火烧，观众抵挡招架不及，会出现多人中暑昏倒，会场秩序由此骚动混乱。即使是在室内举行的仪式，天气也是影响其正常进行的因素，太冷、太热、太闷都不利于仪式顺利召开；天气因素影响交通顺畅，与会者可能没法准时到会。所以，根据天气情况，充分考虑仪式期间可能发生的天气变化，是仪式礼仪的一个重要方面。把各种可能发生的情况充分考虑到了，才能对仪式期间的复杂状况应付自如。会议的场所定在哪里，也是周全考虑的一个方面。要适宜于开会，不受干扰，便于集中。但如果忘了交通的便利性，虽然目的地选得不错，但让与会者一路饱受颠簸之苦，这也是考虑不周的表现。外地参加仪式者鞍马劳顿，费时费力又费钱，所以仪式地点的选择是否恰当很重要，应远离交通拥堵的线路，或正在翻修、扩建的线路。秘书对此都应了然于心，以随时调整，方便与会者。

一个仪式的举办总有许多后勤方面的工作要做，这些是周全考虑的内容。但在仪式出席者的安排上，更要考虑周全。有些会议的仪式往往是一种政治待遇的体现，随意确定与会者不利于会议仪式的举行效果。有些会议仪式，倘考虑不全，邀请这一方面的人员，忘了另一方面的人员，或许只是偶然的疏忽，却会引起另一方面的不满和猜疑。

（二）周密安排

在周全考虑的前提下，做出周密安排，是秘书组织仪式活动的宗旨。周密安排首先体现在仪式时机的选择上，既要张弛结合，又要紧凑高效。仪式参加者一般多是放下手头的日常工作而来的，如果不考虑参加者的情况，只顾在仪式过程中过分穿插文艺活动、宴请活动，这种安排是不科学、不合理的。但报告连报告，讨论连讨论，又会使参加者感到疲劳，从而不易产生良好的仪式效果。会期太长，参加者可能因疲劳而退场；会期太短，来不及反映有关情况，信息得不到充分的交流与回馈。所有这些，都说明只有周密安排，才能保证仪式活动目的的实现，发挥出仪式的真正作用。

周密安排还体现在准备工作是否充分上。例如，参加者来了，秘书处却发现未给参加者准备足够的文件袋；会议临开场了，发现代表证未配好别针，无法佩戴；表决投票之后，计票结果迟迟未能公布，场内与会者闲坐空等，走也不是，留也不是；会议开始了，才发现档案袋内少了一份昨晚刚赶出来的材料，与会者只好闹哄哄地等着。一切安排的不周，都会影响仪式的气氛和与会者的情绪。

仪式参加者如何顺利入场和退场，怎样接送参加者，邀请来的嘉宾、领导怎么入座、怎么休息，也是仪式礼仪的重要方面。一些庄重的仪式性会议，其仪式所需要的各种用品、设备，事先都应做充分检查盘点，以防万一有疏漏。录音、录像等设备都应在正式使用之前先试放一下。面对重大活动，则应在事先做一下排演。

会议仪式的安排要周密，能使会议自始至终保持着一股精神状态，使会议真正起到团结凝聚的作用或澄清思想、明确方向的作用。有些会议场面不大却内容严肃，关系到对一些人士的罢免和批评，如果事先安排不保密，会使其严肃性大打折扣。某些参加人员在会议前后的身份大不一样，如果事先没有做周密安排，会出现场面的尴尬。而仪式性的会议更讲究在周密安排下的一气呵成，倘若中间发生些许细小的枝节闪失，都会造成整个仪式举行的失败或不完满。

（三）周到服务

礼仪工作与服务有着密切的关系，仪式礼仪的一个重要内涵就是仪式的服务工作。保证圆满完成各项程序，保证每个参加者精神振奋，并保证参加者的安全，是仪式礼仪服务工作的出发点和最终目的。

二、仪式礼仪的具体要求

秘书人员不仅组织仪式，也经常出席各种仪式，往往代表着领导，代表着单位，因此必须注重仪式礼仪。

（一）得体大方、合乎身份

秘书人员参加仪式有时以贵宾身份，有时以一般代表身份，因此其举止一定要合乎身份。以贵宾身份参加会议仪式，可能被邀至主席台就座，此时，不要过分谦让，应大大方方地根据主人的安排落座，这样更合乎礼仪。在主席台上，精神要饱满，倘被要求发言时，应紧扣主题，简明热情地发表自己的看法；倘代表领导出席会议，则可只表示对会议主席的感谢，或说几句客

气话，也可事先向主办方说明自己替代领导前来参加会议仪式，不做发言。在主席台一旦就座，不到散会就不能退席，并且必须始终聚精会神。以一般代表身份参会时，要按引导员引领的座位就座，不要尽量往后靠造成前排座位空虚，这样会显得对东道主不礼貌。以列席代表的身份与会，可以在讨论时发言，但没有表决权，不要贸然表决，以免给计票造成麻烦。另一方面，也不能因为自己是列席者，人到心不到，一副局外人模样。

（二）专心开会，不做私事

秘书参加会议仪式，就要把会议的精神带回去，利用开会之机只顾走亲访友、游山玩水，不是出席会议仪式应有的礼仪。开会时聊天、侃大山、看书报，做自己的私事，都是对会议主办方的不尊重，也有损自己的礼仪形象。作为仪式的参加者要尊重主办方的安排，在会议仪式进行中要积极配合会议安排的各种活动，而不要存在私心，仅仅为了私事而勉强应付、敷衍了事，这样就容易让对方对自己所代表的组织留下不好的印象，可能为以后活动和交流的开展造成不必要的麻烦。

在仪式开始时，要积极主动地参与并多加了解，支持仪式的进行。在仪式的进行中要时刻严格要求自己，按照会议仪式的安排进行交流，积极参加仪式所安排的各种活动。在仪式结束后，要准时返回。

（三）听从安排，随遇而安

外出参加仪式，要随遇而安，不应过分挑剔，要体谅主办方的不易。开会时要遵守会议纪律，按时到会，按时作息，有事要请假。倘主办方邀请参观旅游，更要遵守时间，不要让别人等你。照相留影要照顾别人，不该自己一人抢尽风头。

对于仪式的安排，可根据在仪式开始时主办方发给的项目安排来把握。不要脱离仪式的安排独自行动，因为秘书工作人员是一个组织或一个单位的代表者，其言谈举止和行动将代表组织的形象，而不单纯代表个人，所以作为仪式的参加者应该听从安排。

三、具体的仪式礼仪

（一）开业礼仪

开业仪式是指在单位创建、开业，项目完工、落成，某一建筑物正式启用，或是某项工程正式开始之际，为了表示庆贺或纪念而按照一定的程序隆重举行的专门的仪式。有时，开业仪式也称为开业典礼。

开业礼仪，一般指在开业仪式筹备与举行的具体过程中所应当遵从的礼仪惯例。开业礼仪是一个统称，在不同的使用场合往往会采用其他一些名称，如开幕仪式、开工仪式、奠基仪式、破土仪式、竣工仪式、下水仪式、通车仪式、通航仪式等。它们的共性，都是要以热烈而隆重的仪式，为本组织的发展创造一个良好的开端。在仪式的具体运作上，各种开业仪式须有所区别。

1. 开幕仪式。其主要程序有以下六项。

（1）宣布仪式开始，介绍来宾。

（2）揭幕或剪彩，全场目视彩幕，鼓掌并奏乐。

（3）主人引导与会者进入幕门。

（4）主人致答谢词。

（5）来宾代表发言祝贺。

（6）主人陪同来宾进行参观，对外营业或对外展览宣告开始。

2. 开工仪式。其常规仪式有以下四项。

（1）宣布仪式开始，介绍来宾，奏乐。

（2）司仪引导本单位主要负责人陪同来宾至开工现场。

（3）领导致辞，正式开工，全体人员鼓掌致贺并奏乐。

（4）职工就位，上岗操作。

3. 奠基仪式。其常规仪式有以下六项。

（1）仪式开始，介绍来宾，全体起立。

（2）奏国歌。

（3）主人介绍建筑物的功能及规划设计。

（4）来宾致辞道喜。

（5）正式进行奠基。鸣锣击鼓，演奏喜庆乐曲。

（6）奠基人双手握系红绸的新锹为奠基石培土，随后其他嘉宾依次培土，直至将奠基石淹没。

4. 破土仪式。其常规仪式有以下五项。

（1）仪式开始，介绍来宾，全体起立。

（2）奏国歌。

（3）主人致辞。

（4）来宾致辞祝贺。

（5）正式破土动工。破土者手持系有红绸的新锹垦土三次，全场鼓掌，

并奏乐或燃放鞭炮。

5. 竣工仪式。其常规仪式有以下七项。

（1）仪式开始，介绍来宾，全体起立。

（2）奏国歌。

（3）主人致辞。

（4）揭幕或剪彩。

（5）全体人员向竣工建筑物恭行注目礼。

（6）来宾致辞。

（7）进行参观。

6. 通车仪式。其常规仪式有以下六项。

（1）仪式开始，介绍来宾，全体起立。

（2）奏国歌。

（3）主人致辞。

（4）来宾致辞祝贺。

（5）正式剪彩。

（6）首次正式通行车辆。

（二）签字礼仪

商务活动中，人们在签署合同前，通常会做好准备工作。

1. 布置好签字厅。按照国内的习惯，在签字厅内设置一张长方形桌作为签字桌，桌面上覆盖深绿色的台绒，签字桌横放于室内。签署双边合同时，桌后放两把椅子，根据客右主左的规则，分别供客方、主方签字人员就座。签署多边合同时，可以仅放一张桌椅，供各方签字人轮流就座。签字人就座时，应当面对正门。座前桌上放好各方保存的文本，上端放好签字用的文具。签署涉外合同时，还需在桌上插放两方的袖珍国旗。

2. 安排好签字时的座位。签字时各方代表的座次由主办方预先排好。签署双边性合同时，客方签字人在签字桌右侧就座，主方签字人在签字桌左侧就座，双方助签人分别站立于签字人外侧，其他随员按照一定的顺序在己方签字人的正对面就座，也可以依次站立于己方签字人的身后。签署多边合同时，一般仅设一个签字椅，各方签字人依照事先同意的顺序依次上前，助签人依“右高左低”的规矩，站立于签字人的左侧。

3. 预备好待签的合同文本。待签的合同文本，以精美的白纸制成，按八大开的规格装订成册，并以真皮、金属、软木等作封面。

4. 规范签字人的服饰。出席签字仪式时，应当穿着具有礼服性质的深色西服、中山装或套裙，配以白色衬衫与深色皮鞋，男士须系上单色领带。

签字仪式开始，由双方签字，互换文本，相互握手，并送上香槟酒，共同举杯庆贺，最后全体人员合影留念。

（三）剪彩礼仪

在各式各样的开业仪式上，剪彩往往是附属于开业仪式的。目前通行的剪彩礼仪包括剪彩的准备、剪彩的人员、剪彩的程序、剪彩的做法等四个方面。

1. 剪彩的准备。剪彩准备具体包括场地的布置、环境的卫生、灯光与音响、媒体的邀请、人员的培训等。

2. 剪彩的人员。剪彩人员由剪彩者与助剪者组成。剪彩者是仪式上持剪刀剪彩之人，可以是一个人，也可以是几个人至多不超过五人。剪彩人员多由上级领导、合作伙伴、社会名流、员工代表或客户代表担任。助剪者是从旁为剪彩者提供服务的人员，一般由主办方的女职员担任，即礼仪小姐。她们可以分为迎宾者、引导者、服务者、拉彩者、捧花者、托盘者。

3. 剪彩的程序。剪彩通常包括以下六项程序。

（1）请来宾就位。

（2）宣布仪式正式开始。

（3）奏国歌。

（4）主、宾发言。

（5）进行剪彩。

（6）进行参观。

4. 剪彩的做法。礼仪小姐率先登场，排成一行，拉彩者处于两端拉直红色缎带，捧花者各捧一个花团，托盘者站立在拉彩者与捧花者身后1米左右。然后剪彩者登场，右手持剪刀，表情庄重地将缎带从中间一刀剪断，并向全体到场者致意，然后退场。

（四）交接礼仪

交接礼仪指在举行交接仪式时所需遵守的有关规范，包括交接仪式的准备、交接仪式的程序、交接仪式的参加。

1. 交接仪式的准备。包括来宾的邀请、现场的布置、物品的预备等。

2. 交接仪式的程序。大体有以下五项。

（1）主持人宣布仪式开始。

（2）奏国歌。

（3）正式交接有关项目或设备。

（4）各方代表发言。

（5）宣告仪式结束。

3. 交接仪式的参加。对主办方而言，要注意仪表整洁，保持风度，友好待人；对来宾而言，要致以祝贺，略备贺礼，预备贺词，并准点到场。

思考题

除了本节所涉及的仪式礼仪，秘书工作中还有哪些环节有专项礼仪？试举例说明。

案例分析

案　例

某公司的经理一清早就大发雷霆地命令秘书小李立刻向协作单位发出绝交信，以此作为对对方破坏协作行为的惩罚。秘书小李不动声色地写好，却没有遵从上司的意思立刻发出。下班时，秘书小李拿着那封写好的信问经理："您还签发吗？"经理上午的火已经被一整天的工作冲淡了，考虑到发出绝交信的后果，面对写好而未发出的信，经理暗自庆幸秘书幸亏没有发出。

思考题

1. 秘书小李写好信而不发，是否违反工作纪律？

2. 秘书小李是如何化解工作中可能出现的僵局的？试做详细分析。

提示：

秘书礼仪是应该灵活运用的。遵从领导指令，做好领导交办的事是公务纪律，也是公务礼仪，因而秘书必须立刻写好信而不可不写，更不能在领导大发雷霆的时候批评领导的做法有误。在整个事情中，秘书小李巧妙地运用了私人礼仪，心平气和地缓冲了紧张气氛，化解了可能出现的僵局。倘若这位秘书单纯以公事公办的原则去做，就可能让领导品尝到感情用事的苦涩后果。所以，秘书人员在协调关系时不一定一味单纯地“公事公办”，这就需要秘书人员必须做到公务礼仪和私人礼仪的统一。当然，不应将公务和私事混淆，更不能以私人关系代替公务原则，或将公务关系化作私人交易。如果这样的话，反倒有悖于礼仪原则了。此外，从礼仪的原理来分析，公务礼仪与私人礼仪并没有本质上的区别，也不是因为面对的对象不同而不可通融，它只不过是通过个人的礼仪行为来达到组织的目的。以公关学的理论来看，每个组织都有它特定的复杂的公众对象，公众在层次上具有组织、群体和个人三种形式。因而适应不同的公众对象，适应公众对象的不同特点，也是施行礼仪行为的基础。秘书礼仪虽然以私人礼仪的形式出现，它的实质还是组织行为的一部分，其行为的目的还是为公务服务。因此，秘书礼仪是公务礼仪与私人礼仪的统一。

第八章
现代秘书的信息工作

【本章学习要点及学习目的】

通过学习有关信息的含义、特点，了解秘书工作中信息的类型和工作程序，认识秘书信息工作的意义与基本工作要求，以利于秘书人员建立自己的信息观，有效做好信息工作，充分发挥助手作用。

第一节　秘书信息工作的特点与意义

信息化是当今社会的一大特点，各行各业的正常运转都离不开信息工作的支持。政府机关、企事业单位和民间团体要实现科学决策和有效管理，都必须依赖卓有成效的信息工作。有一句话已深入人心，即“知讯者生存”，这里的“讯”指的就是信息。

一、信息的含义

日常生活中，人们把消息、新闻、指令、情报、数据等统称为信息。《韦氏字典》对信息的解释为：在观察或研究过程中获得的数据、新闻和知识。一些秘书学科书籍中，称信息是动态、情况和问题。《牛津字典》这样解释：信息就是谈论的事情、新闻和知识。日语《广辞苑》做了这样的表述：信息是所观察事物的知识。

根据现今社会约定俗成的理解，信息既包括大自然中自发产生的自然信息，如风起云涌、四季交替，也包括人类社会有意发送的社会信息，如政治、经济、文化与科技等信息。归纳而言，我们认为，信息可以是事物运动状态及对事物运动状态的陈述。这个定义概括了消息、情报、数据等的所有含义。

二、信息的特点

身处信息社会，要能及时根据各方信息做出判断并为己所用，就必须了解信息，把握其特点，这样才能有效地开发和利用信息，做好秘书工作。信息具有以下六个特点。

（一）可加工性

既有事物的运动状态及人们对它的陈述，往往基于陈述者的视阈对信息做了加工。由于人们可以运用扩充、压缩、组合等方式加工信息，因此秘书人员传输信息时必须遵循客观原则，要重视喜忧双方面信息的含量，特别是不能压缩“忧”的信息，以避免“报喜不报忧”的行为。

（二）可转换性

信息的载体可以从一种形态转换成另一种形态。自然信息可以转换为语言、文字、图像或其他符号。因此，秘书人员在传递信息的过程中，要注重客观、准确地转换，以最贴切的语言或文字传递信息的真实样貌，作为领导者做出正确决策的依据。

（三）可传递性

信息可打破时空界限快速传递。从时间的角度看，信息可以通过文字书写、录音记录、录像留影、照片留影等方式固定下来，从而让有价值的信息跨越时间阻隔，代代相传，这就是我们今天可以看到古人的书、画等经典作品的原因。从空间的角度看，信息可以借助通信设备，如电话、电视、网络、邮递等形式传递，使相互阻隔地区间的信息得以交换，这就是我们把地球称作“地球村”的原因。

（四）可利用性

信息对全社会一视同仁，谁掌握了信息，谁就可以利用信息。一本书传载的知识可以为阅读者享用，一条新闻传递的信息可以为获知者使用。人们传递信息的目的就在于通过传递而利用信息，并在利用的基础上进行再创造。秘书人员要善于利用获取的信息调整工作。

（五）时效性

对于信息可利用价值大小的判断，最简便的方法是根据其形成的时间长短来判断：越是刚形成的信息，时效性越强，信息可利用的价值就越大。一般来说，过时的信息可利用的价值相当小，一旦超过其“生命周期”，信息的价值也即消失。

现代社会竞争激烈，谁能最先获取新信息，谁就可能成为竞争中的强手。秘书人员做信息工作，要注重时效性，善于抓取最新信息，并以最快速度传输给领导。

（六）可开发性

信息是一种资源，是人们加工后以物质形式提供出来的精神智慧，它能传递新知识，激发新创造，引导新思维。因此，信息资源必能产生巨大的动力，推动事物发展并将其转化为生产力。

三、秘书信息工作的意义

信息是无形的财富，它可以转化为有形的财富。人们常说，“信息是资源”“信息是资本”“信息是生命”“信息是发明”“信息是效率”。秘书工作实际上是接收、加工、传输信息的过程，其核心是辅助领导出谋划策。可以说，领导工作的成败，很大程度上取决于秘书信息工作的质量。正如王兆国同志在全国秘书长、办公厅主任座谈会上所说：“信息是决策的基础，领导决策的前、中、后过程都需要信息，全面、准确、及时的信息是做出切合实际、正确无误的决策的依据。①”

（一）秘书信息工作是辅助领导决策的依据

决策是领导者最重要的职责。决策的过程大致可分为三个阶段，而秘书的辅助决策贯穿于决策的全过程。

1. 准备阶段。秘书通过搜集信息，发现问题，经加工转换后提供给领导，辅助领导认识、判断和验证问题。

2. 形成阶段。秘书对信息进行分析研究，确定目标或设计方案，为领导

---

① 王兆国同志在全国秘书长、办公厅主任座谈会上的讲话［J］．秘书工作，1997（2）：19.

提供决策的意见和建议。

3. 落实和检验阶段。秘书通过评估选优、试点回馈追踪等方式搜集决策实施过程的回馈信息，以帮助领导了解决策的施行情况。

每个阶段都必须以准确、全面、及时的信息为基础。离开了信息，决策毫无科学性可言，领导者必然会犯主观主义的错误。

（二）秘书信息工作是做好自身其他工作的重要条件

从秘书工作的内容来看，除了辅助领导决策必须依靠信息外，完成其他工作也必须依靠信息。

1. 处理综合事务。要了解客观情况和办事原则，才能选择合适的工作方法处理综合性的事务。因此，掌握必要的信息是秘书人员处理事务的前提，比如调研、办会、信访协调等，秘书人员不仅要准确领会领导的意图，还要借鉴各种信息发挥个人才能，信息越多，耳目愈灵，就越能办好事。

2. 办理文书。文书是实际工作的客观反映。办理文书必须以客观事实为依据，反映客观情况，解决现实问题。因此，要对现实情况有充分的了解，充分收集和掌握相关信息，才能在文中言之有物，言之有方。

思考题

1. 信息与信息工作是不是一个概念？
2. 给信息工作下一定义。

第二节　秘书信息工作的类型与基本要求

一、信息的类型

从不同的角度划分，信息可分为不同的类型。

第一，按信息源性质划分，可分为自然信息和社会信息。前者是自然界自发产生的，如刮风下雨等；后者是人类有意发送的，如新闻传播等。

第二，按信息的表现形式划分，可分为语言信息和非语言符号信息。前者是借助语言为媒介传递的信息，可以是口语、书面语；后者是借助非语言

符号为媒介传递的信息，可以是体语（包括动作、面部表情、外表等）、类语言（利用语音特点来表达语意）、界域语言（信息传受者之间的空间距离）、无关人体的非语言符号（包括视觉性、听觉性、嗅觉性等非语言符号）。

第三，按信息在秘书工作中的作用划分，可分为预测信息、动态性信息和回馈信息。预测信息是实际工作发生前的信息，动态信息是事务发生过程中形成的信息，回馈信息是事务结束后产生的结果性信息。

第四，按信息源的方向划分，可分为上级信息、内部信息、下级信息。

二、信息工作的特点及基本要求

秘书工作不同于技术改造，它是直接为领导服务的综合性工作，其信息工作有自己的特点。

（一）针对性

秘书从事的信息工作，其主要目的是为领导决策服务的，这就决定了秘书人员必须根据领导的需要去收集、加工、传递信息，为完成工作目的而做，特别要注重方向性、政策性以及针对性。

（二）全面性

秘书工作紧紧围绕领导工作而展开，工作内容涉及社会政治、经济、文化、科技各方面，几乎涵盖社会生活的所有领域。因此，秘书获取的信息要覆盖面广，内容要广泛，同时还要对同一领域的信息进行跟踪了解，把握事物的发展走向，尽可能全面采集符合各方需求的信息，并保持重点需求信息的连续性和完整性，做到全面而系统。

（三）及时性

信息工作须讲究时效，秘书不能坐等信息上门，需主动抵达信息的前沿阵地，及时将突发性、倾向性、苗头性的信息提供给领导，这样才能把握解决问题的最好时机，把握工作的主动权。

（四）适用性

信息浩如烟海，秘书人员的信息工作一定要和实际工作紧密结合，讲求适用对路，注重实用性。不要漫无边际地包罗万象，要围绕领导工作的中心收集信息，抓重点、抓关键、抓特色，为解决实际问题而进行信息加工处理，以提供有较高参考价值的高质量的信息。

（五）保密性

信息有利用价值，可作为资源开发共享。因此，秘书的信息工作与新闻信息工作不一样，要认真做好保密工作，既要有保密意识，又要有防备意识，自己不泄密的同时还要防止信息被窃而泄露。

思考题

1. 信息有何特点？秘书的信息工作有何特点？
2. 信息工作的基本要求是什么？

第三节　秘书信息工作的程序

一、信息的收集

这是信息工作的起点。信息收集是指信息收集者为实际利用的需要，通过不同渠道和方式获取信息的过程。

（一）信息收集的内容

1. 内部信息。内部信息指单位所管辖和隶属机构内的信息，包括上级、本级机构的决策、贯彻情况，日常工作的安排和部署，工作进程情况，突发事件或倾向性问题，重大事故或不可抗力灾害等。

2. 上级信息。上级信息指上级机关下达的信息，包括国家大政方针，上级下达的指令性、法规性文件及简报等。

3. 平级信息。平级信息指不相隶属机关单位的相关信息，包括单位之间的信函、抄送文件、互换数据、经验交流和建议要求等。

4. 社会信息。社会信息指社会空间内普遍共享的信息，包括社会各界呼声，热点、焦点话题，思想反映和社会动态。

5. 历史信息。历史信息指与本单位工作和主管业务有关的一切历史资料，

包括各种档案。

6. 国际信息。国际信息指来自国际社会的信息，包括政治、经济、文化、科技、军事等各方面的情况。

（二）信息收集的途径

信息收集的途径较多，大体有以下五种。

1. 网络收集，包括以秘书部门为中心的信息网络和计算机信息网络。前者有上下级之间的纵向网络和平级部门之间的横式网络，可以提供机构内部实时发生的动态信息；后者借助互联网，可以收集各类广泛的信息。

2. 会议收集，指从各类相关会议和会议材料中获取信息。

3. 调研收集，指通过有目的、有组织、有计划的调研活动，搜集各种专题信息。

4. 购买信息，指向相关机构有偿购买所需信息。

5. 传媒信息，指收集通过报纸、广播、电话、书籍等媒介传播的信息。

二、信息的整理

这是信息工作的核心。信息整理是对原始信息进行浓缩、加工，以便传递和利用的过程，主要包括筛选、加工和制作三个环节。

（一）信息的筛选

这是对信息的再选择，指对收集来的大量原始信息进行甄别、选择，剔除无用、失真、失效的信息，提取有价值的信息。筛选对提高信息的层次、质量、效益等起着关键作用。筛选中，对原始信息的选留一般有以下两种。

1. 实用选留，指有针对性地根据当前需要选留信息。

2. 入藏选留，指对有长期利用价值的信息的选留。

（二）信息的加工

这是对筛选出来的信息的再提炼。具体分为以下三个步骤。

1. 充实内容。这是指对零碎、杂乱的初步信息，进行充实、丰富，使之成为完整、深刻和系统的高层次的信息。

2. 综合分析。对选留的信息进行系统的归纳、分类，做出定量、定性分析，找出其本质与内在的联系，以发现带有规律性的变化和倾向性的问题，为领导掌握全局、指导工作、预测未来提出有价值的参考。

3. 提出意见。在综合分析的基础上，提出相应的处理意见。

（三）信息的制作

将信息结论落实到一定的载体上，以便传递。制作方法有以下三种。

1. 摘记剪贴。将书刊上有价值的信息记录下来，可以摘记要点，可以剪贴在信息簿上。

2. 录音录像。将有价值的信息分门别类，制作成不同的音像光盘，标识上相应的题目留存。

3. 整理成册。秘书人员将有价值的信息书写成相关材料。

三、信息的传递

这是对有价值信息应用的开始，是秘书人员将信息传递给领导者的过程。传递的方式主要有以下三种。

第一，口头传递，指以当面交谈的形式传递信息。

第二，书面传递，指以整理成册的文书传递信息。

第三，电讯传递，指以电话、电传、E-mail、手机短信、微信等形式传递信息。

信息传递要准确、迅速、保密，还要适度分流。信息流向也有三种传递方式。

其一，单向传递，指由发出者向需要者传递，满足接受者利用信息的需要。

其二，相向传递，指双方互相传递信息，起沟通交流作用。

其三，回馈传递，指信息使用者向发送者传递信息的使用情况。

没有传递，就不能发挥信息的作用。将不同信息发向不同的方向，有利于相关信息的利用。

四、信息的存储

秘书对信息的存储往往采用以下两种方式。

第一，案卷存储。建立信息档案，将各类信息分类、编排、制卡，以便

于检索查找。

第二，计算机存储。将数据输入计算机存储起来，以便随时调阅。

信息的存储可以建立信息库，形成信息的存储系统。

五、信息的利用

这是信息工作的最终目的。通过对信息的利用解决问题、制定政策、优化管理、促进发展。秘书应把信息工作的重点放在信息利用上，收集信息、启动信息、利用信息，为领导决策提供适用的信息。

思考题

1. 信息整理包括哪几个环节？
2. 信息工作的最终目的是什么？

案例分析

案　例

金秋十月，A大学B学院迎来了国家教育部教学质量评估检查组，外文系教学秘书小王接到通知，参加有关情况座谈会。会上，检查组要小王介绍本系师资情况，小王却只能数人头，报出教师姓名，具体情况说不清。情急之下，小王赶回系办公室，抱了一大堆资料送到检查组，检查组一看，全是教师的个人资料，有文凭、证书、论文等各种复印件。原来小王担任系秘书三年，把所有文件、资料一份不漏地收集在那儿，却从来没有进行整理归类。拿不出分门别类的案卷，当然也没有一份教师情况一览表，更无从做师资情况的统计和分析。这其中，有的教师早已调离，个人资料还在，而新进人员的资料却没来得及收取。如此混乱的管理，使该学院评估结果中多了个“D”。

思考题

1. 小王错在哪里？
2. 如果你是小王，你应该怎样处理系里的文件资料？

提示：信息工作最终的目的在于利用。正常的收集、整理和制作可以方便利用，信息筛选也应讲时效性。

实务操作

1. 通过多种信息收集途径，查找以下信息：

（1）国际秘书节是哪一天？

（2）报考秘书职业资格的程序。

（3）公务员考试方法。

（4）现有的较重大的国际秘书组织有哪些？

（5）普通话等级测试的相关要求有哪些？

2. 通过调研搜集当前大学生就业的种种观点，进行综合分析，写成文字材料，送交院就业指导中心。

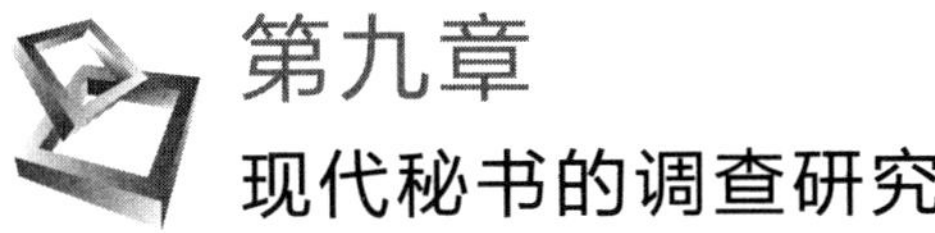

第九章 现代秘书的调查研究

【本章学习要点及学习目的】

了解调查研究在秘书各项工作中的作用，明确调查研究的内容和范围，掌握各种类型的调查研究方法和程序，以便提高秘书实务操作的能力，更好地辅助领导工作。

第一节　调查研究的含义和作用

一、调查研究的含义

调查研究是人们在实践中对客观情况进行调查了解和分析研究的活动或过程。调查和研究是两个相互渗透的活动。调查是运用各种方法、手段收集信息的行为过程；研究是在已收集信息的基础上分析信息，深入认识，以提出解决问题的方法和措施。在实际工作中，调查之中有研究，研究之中有调查，两者密不可分，是有机的统一体。

秘书人员的调查研究是为满足辅助领导决策和管理的需要而进行的有组织、有目的地获取信息，并通过分析信息获取理性认识的活动或过程。随着秘书人员在单位内部行政管理职能的日益加强，秘书人员的调查研究工作势必会不断深入。

二、调查研究的作用

调查研究是一项社会活动，它可以使人们“知己知彼”。在现代秘书行政工作中，调查研究是一个重要的工作环节，也是秘书人员的必备能力之一。秘书人员在调查研究活动中具有以下三个方面的作用。

（一）收集原始信息是做好秘书工作的基础

应该说，调查研究首先是领导者的工作。但由于领导者精力、时间等方面的限制，他们不可能事必躬亲，过多地承担调查研究工作，特别是具体而琐碎的信息收集工作。因而，必须要依靠秘书人员去进行。秘书工作的繁杂性大到研究政策、辅助决策，小到起草文稿、办理事务，都离不开调查研究。比如，办文时，只有对相关政策法规调查研究得一清二楚，才能合乎大政方针并保持政策的连续性；接待来访时，只有对来访者反映的情况进行切实地调查研究，才能弄清真相，妥善处理。秘书人员参与的各项工作，都只有通过调查研究才能了解事件、发现问题、采集经验，从而促动工作。因此，调查研究工作贯穿于秘书工作的各个环节，它不只是一项经常性的工作，而且是一切工作的基础。

（二）获取回馈信息是辅助领导决策的关键

领导决策是否正确，需要在执行过程中依靠调查研究来检验。基层的正确程度和执行效果，关键取决于实践，“实践是检验真理的唯一标准”。而调查是了解和掌握实际情况最可靠的途径，研究是分析判断决策成败的过程。秘书人员在深入实际的过程中，了解有关信息并及时向领导回馈，有利于领导及时修订决策或重新决策，其表现为以下几点。

1. 领导决策之前，需要了解实际情况。秘书人员要做好调查研究，迅速向领导提供信息和预案。

2. 领导决策之后，秘书人员仍然要做进一步的调查研究。因为任何一项决策都不可能完美无缺，在执行过程中可能会出现不利于推动工作向前发展的情况，秘书人员要及时把新信息回馈给领导，作为领导修订、完善决策的依据。

3. 领导的决策不只要立足现实，还要放眼未来，这就要求秘书人员担负起预测未来趋势的责任。而具有前瞻性、科学性、可行性的预测是建立在调查研究的基础上的。

如此看来，领导决策离不开秘书人员的调查研究，调查研究是辅助领导决策、当好参谋的关键环节。

（三）解决常规问题是提高秘书人员办事能力的重要途径

秘书人员各项能力的获得，除了须学习相应的基础知识与专业知识外，

一个重要的途径是多在实践中历练提高。调查研究活动能调动秘书人员各方面的能力素养。比如，可以加深对党和国家大政方针的理解，提高发现问题、分析问题、解决问题的能力；可增强与人沟通交流的公关能力；可提高观察现实、捕捉重要信息的能力，提升准确表达调研意向和调研结果的能力等。总之，秘书人员在处理日常工作时，调查研究可以提高其自身的各种能力。

思考题

1. 调查研究工作是否具有常规性？为什么？
2. 在处理特发性事件的过程中，调查研究能发挥什么作用？

第二节　调查研究的内容和原则

一、调查研究的内容

调查研究的范围十分广泛，秘书人员由于其工作的综合性特点，调查研究的工作内容更加丰富广泛，归纳起来，大体有以下五个方面。

（一）基本情况日常性调研

这是秘书人员为开展工作便利、熟悉情况而进行的调研。秘书人员根据领导工作需要，经常对所在机构或组织的基本情况进行系统的调查研究，以及时把握情况变化，以备日常管理之需或领导咨询之用。这种日常性调研可视为信息的积累过程，一个单位秘书必须对内部的行政机构、党团工妇组织、干部配备、岗位设置、人员情况、规章制度、劳动等情况了如指掌，这样才能在工作中掌握主动权。

（二）中心工作指导性调研

领导在不同时期的中心工作会不同，这就要求秘书人员调查研究的方向、内容、层次等也不一样。秘书人员要以领导的需求为中心开展调研，保证调研工作与领导需求的一致性。为保证工作重点和主要问题得以落实解决，秘书人员需协助领导对下级的贯彻施行情况予以正确指导，做到点面结合，推动中心工作全面展开。

（三）重大决策执行性调研

这是检验领导决策正确与否的调研。政策和决定制定出来，最终要通过实践的检验才能了解其正确、合理的程度。秘书人员对重大决策问题的调研，应力求全面、周密，确保情况确凿，依据可靠，并将真实的结果回馈给领导，以便领导有效地控制和调整决策。具体讲，秘书要做好包括督促检查执行情况、执行机构是否全面执行、纠正不合理做法以及迅速回馈等工作。

（四）突发事件临时性调研

秘书人员经常要处理一些突发性事件，如劳动纠纷、工作事故、空难、沉船、意外爆炸、自然灾害等，这些事件的发生临时、迅速、无法预期，而处理解决起来往往有其独特性，要求快速、周全、不留后遗症。这时秘书人员只有通过调查，对事件的全貌做完整的把握，查清真相和原因，然后以良好的临场应变能力研究出合理的解决方法，最后提供给领导处理。对于重大政治事件和生产事故，秘书人员要能配合公安、保卫部门共同调查研究。

（五）临界边缘遗漏性调研

对于机构内处于几个部门临界点的问题，或几个部门都管但只管理其中一部分的边缘性问题，管理上容易形成死角，这类问题往往成为被遗漏的问题。秘书人员对这些处于“不管”或“半管”状态的问题，要通过认真的排查，做好调研工作，掌握情况，汇报给领导提请解决。

二、调查研究的原则

调查研究的原则是指人们对调查研究活动的规律性的主观认识。秘书人员开展调研工作，总体上要以唯物史观指导行动，具体要遵循以下原则。

（一）要联系地、全面地看问题，防止孤立地、片面地下结论

秘书人员在调研过程中，既要看到现状，也要看到过去和未来；既要看到局部，也要看到全体；既要看到内部特质，也要看到外部勾连；既要看到正面影响，也要看到负面影响。不要管中窥豹，以偏概全。

（二）坚持实事求是的态度，防止以主观意愿剪裁事实

秘书人员在调研中要深入实际，走出办公室，深入基层，深入事件发生的前沿阵地，亲眼看，亲耳听，亲口交谈，进而得出结论。切忌光听汇报，光看记录，光打电话，偏听偏信；也忌迎合领导者的主观意愿，带着条条框框去调查，却跃不出条条框框的限制而故意剪裁事实。要努力排除各方面的干扰，保持客观眼光，提高判断是非的水平，尊重事实，做出客观结论和有价值的思考。

（三）坚持没有调查就没有发言权的原则

秘书人员是对某件事或某个问题开展专门的调查研究，其目的性很强。但是调查目的不等于调查结论。一切调查结论应在调查研究之后产生。

（四）坚持严谨深入的态度，防止浅尝辄止

调查研究不同于参观和考察。调查研究工作既艰苦又细致，搞好调查绝非易事，它需要花费很多的时间和精力，有时要克服很多困难和阻碍，浅尝辄止或走马观花是得不到真实信息的；面对调查来的材料，只做简单的分析也是得不出深刻的结论的。

（五）坚持热切关注、坚持不懈的原则

调查研究是件苦差事，既麻烦又琐碎，工作量大，秘书人员没有满腔热情的主观愿望就唤不起工作兴趣，也就不能深入细致地搞好调查研究工作。因此，热切关注是搞好调查研究的内在动力。

调查研究是件不容易的事，需要被调查者的合作和支持。实际工作中，并不是所有相关人员都自觉自愿地予以配合的。秘书人员要以顽强毅力克服种种阻碍，设计种种有效方法，调查出情况真相。因此，坚持不懈是取得良好调查结果的保证。

思考题

1. 秘书人员在什么范围内开展调查研究工作？
2. 调查研究活动中应采取怎样的工作态度，避免哪些错误态度？

第三节　调查研究的类型和方法

秘书人员的调研类型和方法，可分为调查类型和方法、研究的方法两大类。

一、调查类型和方法

（一）调查的类型

根据调研的内容、性质、目的和要求的不同，调查大体可分为以下五种类型。

1. 普遍调查，简称普查。指对总体对象中的每个对象逐一进行调查。它适用于重要的、大范围基本情况的调查，如全国人口普查、国土资源调查等。

2. 典型调查。指从总体对象中选择具有代表性的对象进行调查。它适用于典型突出、范围相对较小的情况调查。其目的是通过选取样本的调查研究，找出规律性的东西，以指导和推动全面工作。如实践中常用的机关干部下乡“挂职”“蹲点”等。

3. 专家调查。指对某一行业或系统内具有专门研究或有权威影响的对象进行的行业调查。它适用于人们普遍了解甚少而利益关系甚大的专业情况调查。通过专家调查，可以展现行业令人信服的状况，达到认识上的一致性。如房地产行业、金融保险行业、汽车工业等方面的听证会等。

4. 个案调查。指对个别对象进行的调查。它适用于对社会中的独特个体或全新事物的调查。通过个案调查，可以了解其产生的社会背景和存在的状况。如民工中各具特色的生存状况个案调查、贪官自毁个案调查等。

5. 抽样调查。指从总体对象中随机抽取部分对象作为样本进行的调查。它适用于范围大、表现多样又情况复杂的事件调查。通过抽样调查，可以用结果推断总体。如从花名册中随机取号确定对象的调查等。

（二）调查的方法

具体的调查方法很多，总体上可分为以下两类。

1. 直接调查法，指调查者深入实地亲身搜集第一手资料的调查方法。具体可采用如下几种方法。

（1）观察法。这是指调查者通过直接观察而进行的调查。此方法侧重于调查对象的外观、形态或变化特征及变化过程。

（2）开会法。这是指调查者通过召集座谈会或主题会议进行的调查。这种方法是最常用的调查方法之一，它能让与会者相互启发和相互监督，在发言中提供真实的信息，获取信息的可靠性更强。

（3）访问法。这是指调查者通过与调查对象面对面地交流讨论而获取较深层次信息的方法。它要求调查者具有全面而娴熟的调查技能。访问时往往要考虑诸多因素，如赢得对方信任、发问技巧、关注采访对象心理、恰当记录、调动被访者情绪等，要想尽办法从当事人口中获取材料。

（4）问卷法。这是指调查者将需要了解的问题设计成书面问卷，由被调查者书面作答。它是进行广泛调查的好形式。这种形式具有调查面广、省时、方便等优点，是目前被普遍采用的调查方法之一。

进行问卷调查要注意以下问题：①科学地设计问卷，将确需了解的问题分门别类、全面周到地罗列出来。②周到地组织好问卷的回收工作。③认真地做好统计工作。

2. 间接调查法，指调查者带着某种目的对被调查对象通过查阅有关文字、音像、图片等方式进行的调查。

实际调查中，间接调查和直接调查总是结合着使用。一般而言，在直接调查之前先做间接调查，以便充分利用现成材料，对调查对象有一个整体或初步的了解，然后再开展直接调查。具体调查分为以下几个步骤。

（1）确定调查目的。

（2）广泛收集调查对象的相关信息。

（3）拟制调查提纲。

（4）确定调查的具体对象。

（5）选定调查的方式。

（6）实施调查。

（7）整理调查材料。

（8）补充调查。

调查是一项实践性很强的综合技能，调查的本领需要在实践中慢慢锻炼出来。秘书人员以系统的、科学的调查理论指导调查实践，将会较快地提高调查技巧。

二、研究的方法

对调查材料进行研究所采用的方法相当广泛，大体有以下几种。

（一）哲学的辩证分析

这是指以联系、发展、一分为二的观点研究材料。

（二）逻辑的演绎推理

这是指从一般理论或普遍原则出发，推导出一些具体的结论，再将它们应用于具体的现象和事物的研究方法。最常用的是演绎三段论，即由大前提、小前提推出结论。其形式如下：

所有 M 都是 P

所有 S 都是 M

所有 S 都是 P

（三）历史的前后对比法

这是指把两个以上的事物放在一起比较，或把一个事件前后两种状况放在一起比较，从而更深刻地认识其各自或各个阶段的特征的研究方法。它可以区分不同事物，找出异同。

（四）数学的统计方法

这是运用统计方法来描绘事物的状况和变化，以得到规律性认识的研究方法。它是一种定量分析的方法。通过定量分析可以使信息的陈述变得清晰、简洁，使研究结论准确、深刻。

（五）系统的归纳法

这是按照系统论的原则研究获得的调查材料，以便从材料的整体及相互关系中把握事物的规律性，即把调查材料当作反映客观情况的集合体来研究，分析其合理性，使其充实、全面。

（六）度量研究方法

这是定量研究与定性研究的综合。分析调查材料在反映调查对象的肯定方面与否定方面的占有程度，得出公正的结论。

（七）概率研究方法

这是运用概率统计方法进行的研究，以揭示调查对象变化的统计规律性。

即通过比较调查对象的肯定概率与否定概率的大小，做出较为精确的评价，可以避免出现以较小概率的可能否定全盘结论的错误。

研究的过程，主要包括以下四个方面的工作。

其一，思考材料。对调查材料进行认真的审查、核实，去粗存精。然后，将材料分类，再进行联系性思考，或归纳、比较，以形成初步看法。

其二，概括结论。对材料分析综合，通过理性思维概括理性认识，目的是为解决问题。

其三，提炼观点句。凭借秘书人员的理论修养，对材料做理性思考后，形成调查结论。这个结论用观点句的形式表达出来，一般用判断句式简短明确地表达出来。要求认真推敲和提炼，追求用词准确，句式简洁工整、明白晓畅。

其四，取舍汇报。对获取的调研结论，以书面汇报的形式提交给领导，即写成调查报告或情况报告。这个报告不是调查过程的流水账，也不是调查材料的原始报告，它是结论统帅下的报告。调查材料不一定全部写入报告，可根据结论的需要精选典型资料和事实材料，求真务实地汇报给领导。

研究和调查是密不可分的，是同步进行的。开始阶段可能多侧重于调查，最后阶段可能多侧重于研究，整个活动的成果应该是撰写的调研报告。秘书人员的调查研究不仅要出成果，而且要善于利用成果，善于事后总结，把辅助领导的工作与自身人才资源的开发结合起来。

思考题

1. 秘书调研工作的总体程序是怎样的？
2. 综合研究是一种艰苦的思想劳动，它具体包括哪些工作？

案例分析

案例一　关于农村生态文明建设基层调研报告

××市户籍人口数×××万人，约 2/3 的人口工作、生活在××个乡镇和××××个行政村。自××××年开始，随着××生态省和××生态市建设工作的不断推进，全市各乡镇已全面完成生态建设规划，并建成全国环境优美乡镇×个，省级生态乡镇××个，市级生态乡镇（街道）××个，分别占总乡镇数的×%、××%和××%；市级生态村×××个，占总行政村数的×%。根据国家和省有关文件精神和《××生态市建设规划》目标要求，乡镇生态建设工作还仅处于起步阶段，离全面建成省级和国家级生态市尚有很大的差距。因此，进一步加强乡镇生态建设成为各级各部门当前面临的历史性挑战。

一、进一步加强乡镇生态建设的必要性和紧迫性

一是全面建成国家级生态市的必要条件。

根据《××生态市建设规划》要求，××将于××××年前建成国家级生态市，而××%的乡镇达到全国环境优美乡镇验收要求是生态县（市、区）建设的前置条件。要真正达成生态市建设目标，基层创建工作是关键。开展乡镇生态建设创建工作能够丰富生态市建设内涵，提升生态市建设水平，是进一步推进和深化生态市建设工作的客观需要和必然基础。

二是推进农村环境基础设施建设的大好契机。

国务院在《关于推进社会主义新农村建设的若干意见》中明确提出，要把国家对基础设施建设投入的重点转向农村，而加强环境基础设施建设是乡镇生态建设的重要内容。环境基础设施是人们赖以生存和发展的重要基础条件，对一个区域的经济社会发展起着基础性和决定性的作用。要全面实现社会主义新农村建设的目标，必然要求乡镇调整发展思路，加大环境基础设施建设的力度，确保辖区内居民拥有良好的环境条件和发展空间。

三是提高区域综合竞争力的客观要求。

一个区域的综合竞争力是指该区域在一定区域范围内集散资源、提供产品和服务的能力，是区域经济、社会、科技、环境等综合发展能力的集中体现。各项生态建设创建工作中，用从公共设施的完善程度、污水处理、大气环境质量到空气环境质量等多项指标对乡镇进行考核，有力地促进了当地政府积极完善基础设施建设，改善当地环境质量，提升区域经济发展要素，从整体上改善了当地投资环境，从而提高了区域综合竞争力。

四是提升农村生态文明水平的重要载体。

生态文明是中国先进文化的重要组成部分，是人类历经几千年的农业文明和工业文明之后，在认真总结人与自然关系的经验与教训基础上，在实践中形成的一种崭新的文明观念，是可持续发展战略的道德伦理基础。生态文明强调“自然—经济—社会”的整体价值和生态经济价值，要求人类的一切活动都要适应“自然—经济—社会”复合系统的整体利益。没有广大农村地区的生态文明，就不可能实现全国的生态文明。乡镇生态建设创建工作的一个重要目的就是增强全民的生态环境意识，提升乡镇的整体生态文明水平。

二、当前乡镇生态建设存在的问题和难点

（一）部分乡镇领导思想认识还不到位

当前，政府对官员的政绩考核仍然以GDP的增长为依据，导致部分乡镇领导重经济发展、轻生态环境保护的意识难以转变，在区域经济社会发展上不能以科学发展观为统领，把“发展才是硬道理”错误地理解为“增长率才是硬道理”，片面地追求GDP的增长速度，忽视了生态环境保护的重要性和必要性，与可持续发展之路背道而驰。

（二）乡镇环境基础设施建设滞后

环境基础设施状况作为生产力的重要组成部分，直接制约着社会生产力的综合水平、

生产的发展程度和人们消费的现实程度，还直接反映着社会的文明程度。与××市经济发展速度相比，乡镇环境基础设施建设明显滞后主要表现在以下几个方面。

1. 规划问题。乡镇发展初期由于缺乏规划指引，导致建设无序开展，给当前发展带来诸多环境问题，如雨污分流、污水管网铺设难度大等。

2. 污水问题。截至××××年底，全市还没有一个乡镇建成真正意义上的生活污水处理厂；村庄生活污水处理几乎还是空白（××××个行政村仅有××个试点），大量的生活污水直接排放到农村的溪流河道里，成为农村生态环境最大的污染源之一。

3. 卫生厕所问题。卫生厕所改造过程中普遍存在“三格式化粪池”建设标准不够，导致废水渗排或不能进行合理处置，影响到地表水和地下水的环境质量。

4. 生活垃圾问题。农村生活垃圾“村收集—镇清运—县填埋（或焚烧）”的处理网络还存在覆盖面、配套设施及规范管理等方面的问题，致使垃圾直接向河道倾倒的现象还时有发生。

5. 工业污染问题。乡镇企业存在技术含量低、规模小、生产工艺落后、管理水平较低等具体问题，由此滋生了少数企业存在偷排、漏排等违法排污行为，给区域生态环境带来沉重压力。

（三）乡镇环保队伍亟待组建和完善

随着××市工业经济的快速发展以及大规模撤乡并镇之后，乡镇的环保监管和生态建设任务日益加重。而××市中到目前为止仅慈溪市设立了乡镇监察中队，绝大多数县（市）、区还没有成立乡镇环保队伍，更没有专职的环保工作人员，致使很多工作到县级以下就难以推动，生态建设工作明显滞后。同时，在乡镇环保队伍中，无论是专职的还是兼职的工作人员，还存在人员素质参差不齐、学历不高、缺乏专业人才等问题，因此，加强乡镇环保工作人员的素质培训、组织开展环保知识培训、配备相应的环保器材等工作也亟待完善。

（四）乡镇生态建设经费不足

开展生态建设工作是为了改善区域环境质量，促进经济和环境保护协调发展。生态建设涉及的内容以基础设施建设为核心，而基础设施具有基础性与共享性，以及初期投资巨大、回收期长等特征。近年来，××市各级政府对基础设施的财政性投资在绝对量上一直保持着增长的态势，但这一增长速度远远比不上基础设施建设总额的增长速度，由此导致财政资金难以满足生态建设的需要。

（五）乡镇生态建设宣传工作有待进一步加强

由于乡镇建设前期缺乏规划引导，部分基础设施没有按实际要求进行建设，如污水管网铺设、绿化带及卫生厕所建设等，此类环境基础设施建设属于还旧账性质，势必影响到部分居民的个人利益，这就要求乡镇政府宣传部门进一步加强生态建设的宣传力度，调动居民参与、支持乡镇生态建设的主动性与积极性，妥善处理建设过程中潜在的各类问题。此外，××市是个工业化程度较高的城市，外来务工人员众多，在文化素养、生活习惯等方面与××市民存在差异，势必要通过加强宣传，灌输人改变环境、环境改造人的理念，提高他们对生态建设的认识，使他们改变一些不良习惯，共同建设美好家园。

三、对策与建议

（一）加强干部教育，提高生态意识

领导干部重视是抓好各项工作的前提条件。要抓好生态建设工作，必须贯彻落实科学发展观，将干部生态教育和政绩考评结合起来，把如何开展生态建设工作纳入领导干部的专题教育培训内容，并将建设业绩作为领导班子和领导干部综合考评的重要内容，使广大干部充分认识到开展生态建设工作的重要性和紧迫性，做到思想上到位，认识上深刻，决策上有力，行动上迅速，形成一级抓一级、齐抓共管的局面，全面推进乡镇生态工作的顺利开展。

（二）加大建设力度，提升乡镇文化品位

要严格按照乡镇生态建设规划要求，加大基础设施建设力度，按照"一镇一品"的要求，突出自身特点和优势，坚持项目建设与环境改善、品位提升、经济发展相结合，不断完善城镇功能，增强城镇承载能力，彰显城镇文化内涵。在具体项目建设上体现美观、实用、紧凑，不搞形象工程，建筑要富有特色，并注重整体协调，体现文化品位。

（三）组建环保机构，加强素质培训

机构和队伍是管理和建设的主体，没有机构和人员就谈不上管理和建设。要尽快组建和完善乡镇环保管理网络，保障机构编制、人员配备和资金来源，使乡镇环保工作人员能够全身心投入到基层生态建设和环境保护工作中去。针对乡镇环保工作队伍还存在专业素质偏低、学历不高、缺乏专业人才等状况，要经常组织他们参加由各级环保部门举办的环保培训班，使他们在实践中学习，不断提高自身的业务技能。

（四）拓展投资途径，确保投入到位

采取政府产权管理、间接调控和市场运作相结合的方式，建立和健全以政府引导的、以企业为主体的、全社会、多元化、多渠道、多层次的环保基础设施建设格局。如各地污水处理管网建设经费由各级政府投资，而污水处理厂建设可采用×××投资模式，在不改变原来用途的前提下，有偿、有期限地转让基础设施经营权；乡镇污水管网建设费用由市政府补贴、污水处理费返还金、建设补偿金和乡镇投资构成；各类基础设施建设采用吸引民间资本投资的形式，从建设到运行全部由企业负责，政府则在保障方面提供政策支持和相应补贴，充分发挥政府投入的引导效用和对民间资本的带动作用，以政府杠杆资金吸引社会资金的广泛参与，确保乡镇生态建设资金投入到位。

（五）加强环境宣教，实施寓教于乐

要动员广大群众支持、参与乡镇生态建设，改变传统的生产和生活习惯，必须先从转变意识形态着手。各乡镇要积极引导全民参与，通过举办讲座、论坛和竞赛、中小学生宣传资料发放等多种形式开展环境教育和环保法律法规知识宣传。

（资料来源：http：//www.diyifanwen.com/fanwen/diaoyanbaogao/1451815042357877.htm）

案例分析

案例二　共享单车最后的结局是：我们做做好事，一人扛一辆回家？

共享单车自从进入大众视线开始，迅速成了全民焦点，围绕它的话题从解决最后一公里的便利性，到国民素质大批判，到几十亿押金的监管，再到如今的老大、老二之战，任何一个小新闻都能引起几十万网民的大讨论。虽然“共享单车已死”的言论每隔一段时间出现一次，但人家还是好好地活着，并且以资本宠儿的姿态活着。

但最近突然想到另外一个问题：我们需要共享单车，但我们真的需要这么多共享单车吗？如果按照如今的市场投放量，半年之后，我们是不再担心出门找不到共享单车了，但我们可能会担心找不到路！

目前，使用共享单车出现的问题有以下几点。

一、占道问题已经频发

共享单车霸占人行道，霸占半条路，霸占满整个公交站，围堵公交车，甚至堵在商场门前，让你连商场都进不去。甚至可以想象，若是在它出现在海边，还能把你挤到海里去。

二、名字和颜色都用尽了

共享单车虽然出现才不到两年的时间，但是市场上涌进来的企业可是把所有的名字和颜色都用尽了！

（一）名字

1. 小字辈：小蓝单车、小白单车、小强单车、小蜜单车、小鹿单车、小黄车（ofo）和小鸣单车。

2. 骑字辈：酷骑单车、享骑电单车、骑呗单车。

3. 动物系：熊猫单车、小鹿单车、小蜜单车、快兔单车、悟空单车。

4. Bike 系：Mobike，CCbike，DDbike，Obike，Qbike，Funbike，U-bicycle 和 Hello Bike（哈罗单车）。

（二）颜色

1. 绿色车：享骑电单车、易拜单车、酷骑单车、小强单车、云单车、小鹿单车、骑呗单车、优拜单车、熊猫单车、乐途单车、快兔出行。

2. 浅蓝色：1 步单车、智享单车、小蓝单车、由你单车、小鸣单车、途尔电单车。

3. 黑色：Qbike、黑鸟单车、米家骑行、曲奇单车、酷玩单车、北京出行。

4. 红色：龙城单车、西游电单、贝庆单车、闪骑电单车、哈罗单车、共佰单车。

5. 橙色：微笑单车、Funbike、摩拜单车、CCbike。

6. 白色：小白单车、芒果电动车、Obike、DDbike。

7. 银白色：7 号电动车、智慧单车。

8. 深蓝色：公共自行车。

9. 土豪金：酷骑单车。

10. 黄色：ofo 单车。

11. 【终结者】彩虹色：七彩单车。

三、资本烧钱速度前所未见

先来看一下如今市场上最受关注的两家共享单车。

摩拜截至目前累计融资额 11 亿美金，估值约为 20 亿美金。

这家单车进入市场时间不长，但是其烧钱的速度、资本站队的速度比当初的滴滴还要吓人。腾讯、愉悦、红杉、华平、携程高瓴等 22 家企业入资摩拜，而滴滴、金沙江创投、真格基金、经纬中国等 17 家公司入资 ofo；还有些两边都占，不管谁剩下来都不赔本，合并了更好！

整个资本界带着一种狂热的逐利心，逼着这个市场快速成熟，即使他们自己都还没搞清楚怎么赢利。当然，这是中国整个资本市场的心态，任何一个新兴行业都无法以创新和深耕开始，烧钱才是第一步。这是个怪圈，不怪创业者，也不怪投资人，事实上我也不知道该怪谁。

四、自行车生产厂家订单大爆发

自从共享单车火爆以来，各大自行车制造厂可是接订单接到头皮发麻。

泰丰永达自行车，开启了疯狂的加班模式，每天要加班到晚上八点半到九点左右。而该公司总经理刘德武直言：这是他从业 20 年来经历的第二次“疯狂”！第一次是生产滑板车。

深圳的雷克斯自行车公司一下子接到了惊人的 150 万辆超级大订单！而原来的订单是 1.5 万辆。整个公司短时间内增加了 500 名员工，流水线增加了 7 条 。

它的负责人很形象地描述道：“确实太突然了，好像洪水暴发一样，我做多少他们就要多少，哪怕你给他们一百万辆他们也会全要了。”

深圳市益钵通自行车公司总经理透露说：“富士康也在给我们谈，一个月要 20 万辆。摩拜一个月给我们 30 万辆，ofo 一个月要给我们 50 万辆。在目前的情况下，我们订单接得很手软。”

看起来这好像是个好事情，扩张人员，增加生产线，订单接到“手软”，但共享单车一旦开始清场了呢？不管最后留下的是谁，大部分总是留不下的，到时候扩建生产线、盲目招人投入的资金，又要向谁去要呢？

五、修车师傅突然成了抢手货

修了一辈子车的大爷，原本怎么也想不到，突然有一天自己会成为抢手货：六险一金，还有年终奖，一天修几十辆单车，月薪能拿到 7 000 元！在招聘网站上搜一搜，共享单车修车岗位基本都是 3 500 元起步，还有额外奖金，这让我们这些坐办公室的情何以堪啊，不如转行去修车吧！

六、仅摩拜和 ofo 的投放量已超过了全国单车需求的 1.5 倍

中国自行车协会调查数据显示：中国每年 8 000 万辆的单车产量，大部分用于出口，国内需求在 2 000 万辆左右。但是摩拜和 ofo 在 2017 年预计的自行车投放总量将出现“井喷”

式爆发，预计摩拜和ofo在今年的投放量可以达到3 000万辆。2017年摩拜和ofo的单车投放如下表所示。

2017年预计投放量			
摩拜		ofo	
厂商	产量（万辆）	厂商	产量（万辆）
天津爱玛	500	天津富士达	1 300
富士康	560	飞鸽	480
自产	50	合计	1 780
合计	1 560		

这么多共享单车放在哪里呢？

同时，少有人知的更大隐患是，据中国自行车协会官网报道，2016年，近20家共享单车品牌投放了约200万辆共享单车，而2017年预计投放总量可能接近3 000万辆。这些自行车报废之后，会产生近30万吨废金属垃圾，相当于5艘航空母舰结构钢的重量。

在五彩缤纷的外壳之下，一辆自行车由25个部件和150个零部件组成：坐垫、框架、车轮、链条、电子锁……进一步的，这些部件属于金属、橡胶、塑料……可全车最有回收价值的车架——钢铁或铝合金制品，被回收行业内人士吐槽因价格比纸还低而没人愿意回收。

七、运维成本比买新车还贵

打气、上油、清洁、维修……自由停放的共享单车也需要专人定期维护。

2017年3月23日，上海自行车行业协会制定了中国首个自行车行业团体标准《共享自行车服务规范》（以下简称《规范》），对共享单车的维保人员比例提出了要求：有桩公共自行车维保人员比例为1%，新兴的共享单车则是0.5%。

针对目前的维保人员数目，摩拜和ofo并未发布真实数据。但在一些摩拜维修点门口的墙上，则贴着醒目的千里达集团公司摩拜单车售后维修部招聘启事：“特殊情况晚上或周末需加班，月休4天，需轮休，包吃住。需出差到其他城市工作……试用期满后3 000~4 500元，超出业务量算提成。”

在共享单车出现之前，全国推行公共自行车的城市比比皆是，荒废在路边的自行车也有不少。这其中，运营了9年之久的杭州“小红车”在维保体系上已有先行经验。

“小红车的维保人员比例约为1.17%。”业内资深人士吴某说道。小红车的维保系统共约700人，其中维修师傅150人，自行车调运车38辆，搬运工和司机组成的调运班组100多名，另外还有400多名服务人员负责每日巡检、保养单车和客服等日常运维工作。每位服务人员每天都有保养指标，需要清洁车身、上油、为轮胎充气。

“现在杭州主城区有56 300辆自行车，维修保养每年都在100万辆次以上，相当于每辆车每年可以保养维修20次以上。”

和自由停放的共享单车不同，小红车需有桩停靠，可控性更强。但即使如此，小红车在维保方面也要投入不少精力。

据吴某介绍，杭州的公共自行车服务点有2 800多个，通过对距离的数据分析，选出了30个服务点作为维修站点。对于经常损坏的零件，每辆自行车都有自己的芯片，记录了保养的日期、零件更换的情况，运维人员可以通过手机的智能终端排查。

如此运作需要大量成本。据媒体对杭州公共自行车状况的分析报道，平摊到杭州市八万多辆公共自行车上，每辆自行车的运维成本约为1 000元——这甚至高于一辆新车的成本，杭州公共自行车的新车价约为740元。对于运维成本比新车还贵的现象，公共单车运营方应该优先考虑保养，以确保使用安全。

八、是共享经济还是过剩经济

近日有消息称：摩拜将收购由你单车。如果情况属实，这将是共享单车领域的第一桩收购案。

这个消息的来源主要是因为，由你单车此前曾获得过摩拜单车的500万元投资，并且以摩拜单车子品牌的身份进军校园市场。如果摩拜真的收购由你单车，就可以利用由你单车的轻小便利，配合免押金策略，阻击ofo。

如果真是这样，那就说明共享单车真的到了清场阶段了，巨头利刃出鞘，红白相向，资本也早已站好队，就等着一方倒戈投降，或者两方握手言和了。

但是，摩拜不久后却回应道：假的！

虽然也可能就是没有实锤之前再谦虚一下，但起码说明目前还没到那个阶段，然而这并不可喜。其实我更希望清场开始，我看好共享单车，但不看好如今被资本无限撑大的共享单车。

这是为什么？因为这造成了巨大的资源浪费。有人说，打呗，不打我们就没有补贴了。但我们忽略了，共享单车毕竟和滴滴不一样，滴滴和UBER是轻资产，拼的是运营，即使大肆烧钱最终还是以资源调配的方式服务于社会大众。但是摩拜和ofo可都是重资产，它们的共享也不是以调配为主，而是以投放为主，每个月有上百万辆的市场投放。如果再打一年，不但新车无处安放，迭代的旧车也将无处安置！

堆路边？堆天桥下？扔到荒草地？堆成“坟场”？

难道共享单车最后的结局真的是：我们做做好事，一人扛回家一辆？

思考题

1. 以上案例的调研内容分别是什么？
2. 调查问题是怎样设置的？
3. 调查采用了什么方法？

提示：本章所涉调研的五个范围可以相互交叉。

实务操作

1. 结合上面的案例分析，设计一种可行的调查方案。

2. 阅读下面的调研报告，分析它的结构、素材筛选以及内容整理等特点，并据此整理一篇摘要，说明摘编过程中应遵循的原则。

案例分析

案例三　在校大学生消费观调查

全国学生联合会、新生代市场监测机构和中国青年校园先锋文化有限公司联合公布了《2004中国大学生消费与生活形态研究报告》。诺基亚、联想、索尼、TOM、汇源、阿迪达斯等成为中国大学生心目中的首批先锋品牌。该报告是国内首个瞄准大学生群体消费的报告。

虽然除了家庭供给外，多数大学生都没有直接的收入来源，但新生代市场监测机构副总经理马旗戟说，不同于一般公众的认知，当代大学生具有较强的消费能力。他们每学期的平均收入为4 919元，支出为4 819元，而经常性负债消费的大学生比例超过10%。同时，国家统计局公布的数据显示，中国平均每人的年度可支配收入在8 000~9 000元。而将大学生在两个假期的支出计算在内，我国大学生每年的平均消费支出已经在一万元以上。

为此，不少高端消费品进入了大学生的消费图谱。其中，60%的人拥有手机，27%的人拥有电脑，20%的人拥有PDA，12%的人拥有MP3。

大学生已经具有明显的品牌偏好。调查显示，首位是“喜欢购买具有独特风格的产品（57.7%）”，其次就是“单纯追求流行、时髦与新奇的东西（30.4%）”。此次调查也清晰地反映出，在23类先锋品牌中，非内地品牌占了近一半。在电脑、手机、数码相机等消费上，基本都是外国品牌的天下。在休闲运动消费方面，阿迪达斯与耐克的魅力不减，而李宁与安踏也在大学生中赢得了一席之地。

本次调查覆盖中国34个重点城市的126所高校、近1万名大学生，研究结论可推及34个城市的约一千万名大学生。

时隔11年，由社会科学文献出版社出版的《大学生蓝皮书：中国大学生生活形态研究报告》在京发布。蓝皮书指出，68.5%的大学生曾在网上购买过商品，而平均每人每月网购频次达到1.7次。其中，服装服饰和书籍成为大学生网购的主要商品，分别有73.8%和65.8%的大学生在网上购买过这两种商品。随着网络金融安全的不断完善，网上购物有效解决了外出购物时间和精力上的花费问题，得到了年轻人的喜爱。

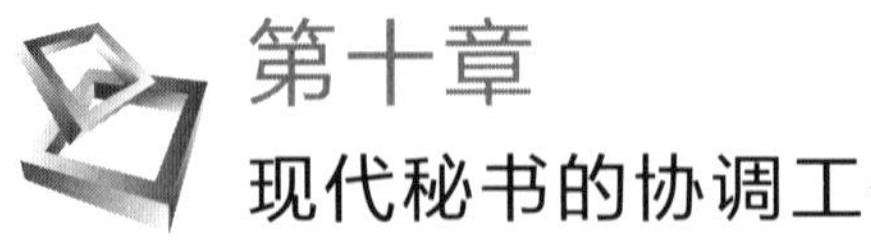

第十章 现代秘书的协调工作

【本章学习要点及学习目的】

明确沟通与协调在现代秘书工作中的重要性，了解沟通与协调的基本知识及在职业秘书工作中的关键性作用；学会与掌握沟通和协调的实际运用能力，提高现代秘书的管理水平和操作能力。

秘书作为领导的左膀右臂，其工作绝不应因与上司接触而凌驾于下属成员之上。一个好的秘书要辅助上级领导工作，出色地完成部门系统内上司和下属成员之间、组织系统之间、本系统与外系统之间的沟通与协调工作。协调，是管理的一大职能，是实现组织目标的重要方法；而沟通，则是协调的前提和手段。本章主要讲述秘书协调工作的概念与要素、协调的范围与内容、协调的原则与方法以及程序等内容。

第一节　协调的概念与要素

一、秘书协调的概念

协调，字面意思是指事物间配合适当。在哲学上，协调这一范畴用来概括和表达事物之间相互适应和形成有序关系的状态。同时，这一范畴还揭示和反映系统稳定状态中的协调机制。

秘书协调是指秘书人员在其职责范围内，或根据领导授权，调整和改善部门之间、工作之间、人与人之间的关系，使之以整齐步伐，达成共同使命。

秘书部门进行协调有着特殊的职能基础。作为综合部门，其工作涉及面关系到组织运转的方方面面，有着广阔的发挥协调作用的天地和调动各方面

积极因素进行协调的潜力；作为信息枢纽，秘书部门具有预测和发现失调现象、并依据信息渠道和准确分析失调原因寻求选择协调途径的能力；作为领导的办公机构，对组织目标、整体利益、工作计划、领导意图等能比较全面地了解，因而能比较准确地把握协调方面和有关方针政策，并把握协调分寸；作为领导人的近身助手，在领导信任和授权以及领导机关的权威性作用下，在具体的协调事务中，能发挥较大的影响力。

从协调的概念来看，协调工作应包含以下三层意思。

第一，协调必须是双方或多方的，一方无所谓协调。如一个人针对某项活动事前、事后产生不同的或者是相反的看法，这只是人的头脑思维过程，是人脑的自我调节。

第二，协调必须通过主客体之间的内力作用，必须是双方或多方发生关联。

第三，协调的目的是使双方或多方意见尽量达成统一。

由于秘书协调的政务、事务工作又属于领导管理科学的范畴，因此，它又包含有管理科学的方法和艺术。可以说，协调是公共关系和领导艺术相结合的具有独立特点的综合职能。

二、协调的基本要素

协调活动是一种复杂的管理过程，它由诸多相互联系、相互作用的要素构成，包括协调者、协调对象、协调意图、协调目标和协调环境。

（一）协调者

协调者即协调的主体。这里指秘书部门或秘书人员，这是协调是否有效及效果如何的关键因素，协调者的智力、能力、资历、经验都直接关系着协调的成功与否。

（二）协调对象

协调对象即协调的客体。它不仅影响着协调的难度，而且规定着协调的办法。协调对象都在两个以上。一般说来，组织的层次越高，协调的范围越广，协调的对象越多。协调对象可以是某些单位、个人，也可以是某些工作、活动。

（三）协调意图

协调意图即领导者对协调活动的指示、意见、要求、思路等，这是协调的依据。秘书人员的协调，就是要认真领会协调意图，并创造性地加以执行和实施。

（四）协调目标

协调目标即协调活动所要达到的目的与结果。协调作为一种有目的、有秩序的管理运动，必须要有明确、具体而又切实可行的目标。只有如此，协调活动才能获得导向与动力，才能促进协调的有效进行。

（五）协调环境

协调环境即制约协调活动的各种内、外部条件和背景。它既包括协调对象的组织气候等小环境，也包括协调赖以展开的社会、时代等大环境。协调务必要注意环境的变化，否则就会脱离实际，偏离方向，导致协调的失败。

三、影响协调工作的要素

协调工作在现代社会中是普遍存在的。不论行政机关还是企事业单位，不论系统之间还是系统内部各组织部门、组织成员之间的关系都需要协调工作来维系。而协调工作作为秘书工作的重要手段之一，更是贯穿于秘书处理日常事务、办理文书、联络各方以确保各项工作正常运行的各个环节之中。由此可见，协调工作作为系统组织内影响工作效率的基本手段，受多方面因素的影响。

（一）协调工作的实现取决于信息的沟通程度

协调工作就是运用各种协商、调节的手段整合组织内部各要素，统一认识、解决矛盾，最终提高功效的必要工作手段。由于每一个组织系统都处于一定的外部环境之中，为了实现沟通与交流，它需要营造一个有利于自己生存、发展的最佳环境，这就必须主动处理好与各类组织系统、成员之间的关系，以求得系统内的整合。由此，信息的沟通程度就成为各组织系统内成员间互相沟通、协调的决定性因素。

（二）秘书工作处于这一系统的中枢位置

从各职能部门的横向关系看，秘书处于各组织部门中的中介位置；从系统内的纵向组织关系看，秘书又是处于上级领导决策层与下级决策执行层的中介位置。因此，秘书在组织系统中的这种独特中枢位置决定了秘书工作的重要职能之一就是运用协调手段理顺各种关系。具体有以下两点。一是协调上级组织，全面客观地处理问题。协调工作本是上级组织领导的重要职责，但是在具体操作层面上，上级组织领导又总是通过直接为其服务的秘书来平衡各组织、各成员之间或纵向或横向的利益关系。二是协调平行下级各组织系统。督促组织系统内部顾全大局，相互间互惠互利，促使系统整体与部分、部分与部分、整体与环境、部分与要素之间上下左右和谐一致；促使整个组织系统正常运转，提高工作率，充分发挥整体的最大功效。

（三）协调工作方式、方法的选择是影响协调成败的重要因素

在具体工作实践中，实现各种关系群体间利益的统一是协调工作的根本要求。由于各利益群体具体情况不同，对自身利益的理解和关注存在差异，往往呈现的矛盾和分歧的性质、焦点、程度也不尽一致。所以，秘书人员在进入协调各关系矛盾的工作程序中时，应遵循事态发展的客观规律，注意把调查和研究联系起来，结合具体问题对比各种协调手段的优劣，有针对性地选择协调方式和方法。

当然，若协调的方式、方法不恰当，秘书人员即使花费很多的时间和精力也解决不了实际问题，甚至还会产生极为糟糕的结果。适当的方式、方法才能达到最佳的预期协调效果。具体协调的方式、方法分为：个别协调、集体协调；私下协调、面对面协调、电话协调等。若各方分歧较大，对立情绪严重，一般选择个别协调、私下协调方式；若各方矛盾较小，态度明确，一般选择集体协调、面对面协调方式；若协调者与被协调者距离较远，可选择电话协调方式。不论选择何种协调方式，都以是否促进协调的成功为衡量标准。而且，很多协调手段都是多种方式交替使用或结合运用的，这样才容易收到最佳效果。

此外，影响协调工作顺利展开的因素还包括：协调工作的目的和要求、对象和范围、时间和地点、步骤和进程、组织分工和注意事项以及协调工作的手段和经费等。

四、协调的特征

（一）协调工作的特点

1. 具有一定的行政约束力。办公室的协调是受领导的委托，代表领导机关行使职能的一种行为。比如，为了部署某一项突击性的工作任务，办公室受领导的委托召开有关部门或单位参加的协调会，交办工作任务。这类协调，不是协调哪个单位可以完成或者可以不完成的工作，而是很明确地要求在一定的时间内必须完成某项工作任务。

2. 具有严格的程序性要求。协调工作不能随心所欲、想当然地处理问题，而是应按照领导的意见与要求进行办理。协调处理问题必须有政策依据、法律依据、事实依据。

3. 具有较强的时效性特征。有些突发性事件的协调处理，时效性很强，协调人员不能拖沓推诿，延误时机。

（二）协调的基本特征

秘书活动中的协调，是指秘书人员在自己的职权范围内，自觉调整各类组织、各项工作、各个人员之间的关系，促使各项活动趋向同步化与和谐化，以实现组织目标的行为过程。

这种协调不同于领导协调和职能部门的协调，具有以下几个基本特征。

1. 从属性。从本质上说，协调应是领导者的职责范围，只是在领导的授权或授意之下，才由秘书人员依据领导意图展开辅助性的协调活动，而不可自行其是、甚至另搞一套。秘书没有法定的人、财、物方面的职能管理权，不能以领导者的身份命令有关方面采取协调行动。在进行具有非权力支配性的协调工作时，要合理运用领导机关的权力惯性，准确传达领导意图。不要超越领导授权的范围。

2. 广泛性。从哲学角度讲，矛盾是普遍存在的，用以缓和或解决矛盾的协调工作也具有普遍性。可以说，凡是有矛盾的地方就有协调。从现实来看，各级各类组织都有自己特定的目标、机构、人员、利益，乃至工作方法和工作习惯。而这些组织由于生存和发展的需要，又必须和其他组织交往、合作，或是交涉、竞争，其中重要的手段之一就是协调。组织内部之间为达到相互配合、保持平衡、统一行动，也离不开协调。因此，协调作为一种工作方法和管理职能，明显地具有广泛性。

3. 目的性。协调既是一种手段，也是一种目的。这有两层含义：第一层意思是协调作为一种手段、一种方法、一种行为过程，必须有目的地进行。也就是说，在工作、社交和生活等活动中发生了问题、困难、障碍，需用协调去解决、去克服，而不是盲目地去协调，为协调而协调。盲目的、无谓的协调不但劳而无功，甚至可能弄巧成拙，节外生枝，甚至制造、增加了矛盾。第二层意思是，协调本身就包含着目的性，是指达到一种和谐、统一的状态。

4. 灵活性。秘书协调，既要以方向、政策为指导，不能违反国家的法律法规，也不能死抠条文、一成不变。一成不变的原则和规定往往使协调不可能产生积极的结果，甚至越搞越僵。前文说过，大多数的协调是以一方让步或双方让步，即妥协为结果的，这就要求协调者——秘书能灵活地掌握原则，以灵活的方式、灵活的态度、灵活的语言打动或说服对方，甚至包括自己的领导、上司，使领导也能理解和接受自己的意见或方案。当然，这种打动或说服往往不是一两次就能轻易奏效的，需要秘书的智慧、机灵、韧性和耐心。

5. 相对性。协调的相对性也有两层意思：一是就联系的广泛性而言，无论什么隔阂、矛盾、争执，都可以协调，但并非什么事都能依靠协调来解决。协调毕竟不是万能的，协调以外还存在着行政手段、组织手段、经济手段，乃至法律手段。但是，协调常常是其他手段的前奏，通过协调至少可以摸清对象的状况、对象之间的矛盾焦点所在、对象的要求、对象所提的条件等，从而为用其他手段解决矛盾做好准备。所以说，协调即使不成功也并非没有意义、没有作用。第二层意思是，协调即使成功了，也可能只是局部的、暂时的。从理论上讲，矛盾的对立是绝对的，矛盾的统一是相对的。事实也往往如此，原有的矛盾解决了，又会出现新矛盾；大矛盾解决了，还存在小矛盾，此起彼伏，永无休止。总而言之，秘书做协调工作，思想上要有多次协调、反复协调的准备，要有协调失败再用其他方法解决问题的准备。

五、协调的作用

从原则层面来看，协调有以下几方面的作用。

首先，协调是保证认识统一、步调一致，政令畅通的需要。职场中各种新情况、新矛盾、新问题不断出现，社会各阶层和广大群众的思想空前活跃，社会分工越来越细，每个部门、每个单位所处位置和利益关系也不同，在理解和贯彻领导决策时，难免会出现一些认识上的分歧和行动上的不一致，这就需要通过协调来统一大家的思想，协调各方的行动，以保证决策的贯彻和政令的畅通。

比如城市创建活动，涉及城区的各个单位、各个行业、每个家庭和每一个人，对少数单位、少数个人来说，创建活动会直接影响其自身的利益。如禁止占道经营，拆除违章建筑等，就牵涉个人的切身利益。

其次，协调是使领导摆脱烦琐事务，集中精力谋大事、抓大事的需要。党政机关日常事务千头万绪，各方面的问题矛盾较多，如接待群众上访、筹办各类会议和组织各项活动等，如果都事无巨细地集中到领导那里去解决，既不可能，也没必要。

比如，一些涉法涉诉、涉军群体的上访问题，上访人员都要求与领导直接见面，这些上访人员到机关来了以后怎么办？作为办公室负责接访的人员，就要主动处理、主动协调。一方面，听取上访人员代表的意见与要求，耐心做好解释和劝阻工作；另一方面，通知信访等相关部门，并和单位派人共同处理，及时化解矛盾。

最后，协调是沟通感情、增强合力，密切党群、干群关系，改进机关工作作风的需要。各级机关办公室处于沟通上下、联系左右的枢纽地位，是保持机关正常运转的“桥梁”和“纽带”。通过各级机关办公室的有效协调可以促进各部门之间、上下之间的了解，建立一种和谐有序的关系，从而变分歧为共识，化消极为积极，增强党政组织的凝聚力和向心力，促进其整体功能的发挥。

具体说，秘书部门是为各级领导机关服务的，协调是领导活动的重要方面，因此协调是领导工作的延伸，是秘书部门第一位的职责，也是秘书人员的基本功。

（一）协调是领导工作的延伸

协调的目的就是要使系统内的各部分有机结合在一起，协同行动以达到整体的功效，这是系统论对“整体性”和“综合性”的要求，即实现整体大于部分之和的目的。作为领导机关，分工细、层次多、部门林立、工序复杂，在这种情况下，要使各个部门、各个环节、各个层次的工作很好地衔接、运转起来，真正收到“整体大于部分之和”的效果，加强协调与合作就显得特别重要。有些重点的工作、难办的事情，只有领导亲自出面协调，才能得到及时、妥善的处理。但在日常工作中，领导不可能对每件事、每个环节都亲自处理，大量的协调工作要靠机关，特别是有些经常性协调工作的担子就压到秘书部门身上。越是高层机关，秘书部门的协调任务越重。秘书人员只有

自觉站到协调的位置上，才能为领导分忧，为领导工作分流。

（二）协调是秘书部门的重要职责

秘书部门的职责很多，既要当参谋、搞协调，又要搞文字、做好服务工作。但相比之下，协调的职能更重要、更基础一些。因为秘书部门是综合性办事机构，是机关观察领导的“窗口”，是领导机关的交汇点，也是贯通上下、联络左右的纽带。

从一定意义上讲，秘书部门就是协调部门。协调工作是否有序直接关系到领导工作的成效，关系到整个机关这部庞大机器的运转是否高效。如果说机关的某些文字材料可以更好地发挥业务部门的作用，有些具体事务也可以委托别人去做的话，唯有日常性的协调工作任务任何人也代替不了。因为这些协调工作不及时不行，不到位不行，不周全也不行，稍有差错就可能给领导工作带来被动，有时甚至影响领导之间、领导与机关之间的默契。而且一旦出了问题，再努力也很难弥补，很难挽回。因此，秘书部门安排工作一定要把协调工作放在第一位，秘书人员时时事事首先要想到协调，各项工作都要围绕协调来展开。

（三）协调是秘书人员的基本素质和能力

综合部门最需要的是综合素质和综合协调能力。秘书部门的工作往往是承办会务、上传下达、收收发发、跑跑颠颠，“不显山、不露水”，极其琐碎。然而琐碎的事务要搞好也不易，琐碎的事务涉及方方面面，关系到各种各样的人，事务中有政务，从而也就使得协调中有政治。写作材料、抓好业务是一种能力，搞好协调、办好事务、做好实际工作同样是一种能力。要使一份重要的文书或电报及时传达，要理顺上上下下的各种关系，要承办好具体活动等这些工作，都需要有宏观把握的能力，有同各种人打交道的能力，有展开实际工作的能力。这些素质能力，在有些业务部门是学不到的，同时又是领导和机关工作所不可缺少的。许多干得好的秘书被选拔到领导岗位，原因是多方面的，但有一条重要的原因就是秘书职业特别是协调工作的实践，造就了他们的综合能力素质，使他们成长的路上多具备了一份实力。

（四）协调工作是秘书工作的基本职能

在秘书工作中，计划、组织、指挥、协调以及控制构成了整个秘书工作系统的全部内容。其中，协调工作又贯穿于整个计划、组织、指挥、控制工作的全过程，引导和制约着工作系统的整体，构成了秘书工作的基础。

1. 客观事务是不断发展变化的，秘书工作受各种因素的影响，也是不断发展变化的。为适应这种变化，各职能组织的工作计划也需要及时加以修改、调整，以便更好地指导工作实践。需要注意的是，由于工作计划的任何微小改动都会对相关部门甚至全局工作产生影响，所以协调工作就显得尤为重要。

2. 秘书的日常工作内容涉及面广。它包括从接待、信访、办文、办会，到安排领导活动、后勤管理和生活服务等各个方面。有的涉及全局大事，有的是日常琐碎小事。很多事务工作涉及时间、地点、人事、活动、财经、食宿、车辆、报道、外事等方面的具体组织工作，所以组织工作也是矛盾发生高频化的工作。因此，有章可循、有的放矢的协调工作是各项事务进行有效整合的重要保证。

3. 秘书与所属上级领导都处于一定的社会位置之中，有一定的行为标准。作为上级，依据法律规章赋予的特定职责和权限进行工作；作为秘书，则以所属上级组织领导为中心，围绕上级领导实现其工作目标。在这一系统内部，二者需各司其职，各守本分。然而在具体的决策、表态中，秘书常有越位擅权之嫌。因此，这就需要协调具体的工作内容。一般性问题在组织系统内部协调即可；比较重大且涉及面广的问题，就需要系统内各组织、各成员间共同协商解决；突发性却又无章可循的重大问题，则要请示领导加以解决。这样，就可以确保问题在较低层面上得到解决。

4. 协调工作实际上就是理顺人与人之间在工作中形成的种种关系。从这个意义上讲，工作系统内部需要协调的事情错综复杂，涉及面广。协调工作正是需要定期进行分析研究、做评估、做预案，并对各种关系的性质、特点、利益、交往频率、矛盾焦点等易出现的问题进行有效控制，从而保持系统内各司其职、拾遗补阙又协同工作的重要途径。

（五）协调工作是推动秘书工作向深度和广度发展的重要保障

现代秘书工作的重要任务是：辅助决策、督促查办、调查研究、提供信息、协调关系、处理文书、撰制公文、承办会务、接待来访、管理印章、安排日程、办理事务等工作。这些工作既有政务性的，又有事务性的。政务工作主要指向上级领导，服务于上级领导。事务工作是寓于政务之中的事务工作，所以辅助政务、管理事务是秘书工作的全部内容。但事实上，相对于所属上级领导的决策和宏观管理工作而言，秘书的政务、事务工作都是辅助性的，即为领导办文、办事、办会。作为上级领导层与下级执行层的中介，起

着上传下达、沟通左右、联系内外的中枢纽带作用。正是这一特殊的位置使它既属于领导中枢，参与一些重大的决策活动，同时它在这一工作系统中又不居主导地位，只是担负辅助、助手的责任。因此，传统视野中将秘书工作简单化为“中转”“收发”等单纯服务性工作的做法，容易造成协调工作在秘书工作中的价值、作用和重要性被大大忽略和弱化。近年来，随着我国经济体制改革的不断深化，政务工作制度化、程序化，决策工作科学化、民主化的进程迅猛冲击着秘书工作中诸多闭塞的思维方式和工作方式，在辅助决策、管理工作中大量的协调工作摆在秘书人员面前。这种情况下，一方面从中央到地方普遍重视秘书人才的高层次、高水平、专业性、科学性、系统性的培养；另一方面，协调工作本身又进一步促使秘书从业人员处理不断涌现的新问题、新情况，从而拓宽了视野，增加了阅历，推动了秘书工作向纵深发展。

思考题

1. 什么是协调？
2. 谈谈你对秘书协调工作所包含的诸要素在现代秘书工作中的作用和价值的认识。

第二节　协调的范围与内容

在具体的工作实际中，现代秘书所涉及的各级各类协调工作范围很广泛。根据协调对象的层次和内容划分，可将协调分为两大类：一类是关系协调，另一类是工作协调。

一、关系协调

关系协调是指在处理人与人、人与系统组织、组织与组织的各种矛盾关系中所进行的协调。这类协调以人为对象，但落脚点却是工作。即通过建立良性的人际关系网络，争取相关人员对自己工作的支持和帮助。这里，秘书的协调工作在具体操作过程中都是与实际生活中的个人打交道，做关于人的工作。由此，秘书与周围人群关系的好坏，将直接影响秘书工作的效率。所以，在进行关系协调中，依据对象不同又可将关系协调划分为横向关系协调和纵向关系协调两类。

（一）横向关系协调

横向关系协调是指秘书人员与本系统内各组织部门人员之间，秘书与上级组织领导之间及其与外系统人员之间的协调关系。其特点有直接性、频繁性、平等性等。横向关系协调能促进秘书与此关系中的各类人建立良好的工作关系，树立浓厚的协作精神，激发成员的工作热情，提高工作效率，进而造就良性的工作环境。横向关系协调是复杂的、多层次的，在这一协调关系中，作为对象的每个个体的性格、思维方式、价值观念、成长经历、兴趣爱好、社会关系和利益关系都各不相同，但是他们的人格是平等的。所以，秘书人员在处理这类关系时重要的是要做到平等待人、尊重对方。就横向关系协调所涉及的关系而论，主要包括以下几点。

1. 本系统与外系统之间关系的协调。社会是相互依存、相互制约发展而来的。按照系统论的观点，一个系统总应当存系于一个更大的系统之中。在这当中，它和其他系统之间发生各种相互间的密切联系。绝对封闭的系统是不存在的，尤其在经济、政治体制改革不断深化的当今社会，这种横向协调就更加重要。基于此，本系统与友邻的外系统的协调主要运用公共关系原理，其关系宗旨是“内求团结，外求发展”；其原则是平等互利，取长补短，共同发展。

2. 系统内部关系的协调。系统内部关系的协调包含两个含义：一是指本部门组织本身的工作关系协调，二是系统内部各组织部门之间各种关系的协调。在本部门组织内部若能做到明确分工、相互配合，就可充分调动每个组织成员的积极性，维持组织系统的高效运转。同样，一个大系统内，只有各个部门、组织之间关系协调，相互之间工作关系、工作程序和谐、完善，并能够紧紧围绕本系统的中心任务和总体目标努力，才能获得高工作效率和最佳的社会效益。据此，系统内部关系的协调是横向关系协调工作的重点。正因为这样，一项工作的完成，不是一个部门独自承担，而是多个部门组织之间分工协作共同完成的结果。作为秘书，应当以顾全全局整体利益为前提，分析问题，协调矛盾，努力促使各矛盾方达成谅解，维系整个系统良性运转。

3. 领导关系之间的协调。秘书既要服务于领导人，又要服务于整个领导系统。作为上级领导的直接工作辅助人员，秘书必须把维护上级领导层的和谐工作关系作为指导自己思想和行动的前提条件。

然而，工作系统内部各领导成员之间由于自身认识的差异，以及所涉工

作领域的局限，导致领导系统中间经常会面对同一问题得出不同甚至完全相反的意见和看法。这时，秘书人员就要在自己的职权范围内主动向上级领导客观、全面、系统地反映情况、沟通意见。在协调关系中，面对不同的意见、看法要努力做到求同存异、缩小差异，促使问题的解决和各项工作的顺利展开。这里，协调工作可以分为以下几个方面：①在上级领导层决策和实施决策过程中进行协调；②政策制定和所遇具体执行情况之间的关系进行协调；③各种经济利益群体之间关系的协调；④社会矛盾和社会问题的协调；⑤日常工作事务的协调等。同时，在具体协调工作中，还应注意因协调方式的差异性，要因势利导、见机行事。针对上级领导层中隐性的分歧、矛盾，协调工作也要含蓄隐性。而且，协调工作要善于将问题、矛盾化解在萌芽之中。

（二）纵向关系的协调

纵向关系的协调是指在系统内部妥善协调处理上下级之间的关系，自身与上级领导之间的关系，以及自身与下级所属成员之间的关系。它主要分为以下三个层次。

1. 上下关系的协调。上下关系协调是指对本部门的上级与本部门的下级进行协调，目标是理顺上下级关系，使得上下级思想、行动保持一致。进行这项协调工作的秘书处于中间环节，作用大、责任重。

大凡已经形成的决策和上下知晓的动议，突然因情况有变需要撤销，并准备形成新的处理方案，这时就要求秘书对上下双方进行工作关系的协调。

对政策变化后的协调步骤为：一要使上下级对新情况认识一致；二要对撤销原动议上下级有所认同；三要对处理问题的新方案反复讨论，直至上下级均表示满意。

处在纵向关系中的秘书部门在沟通、联络、交换意见、草拟方案等方面，能起到不可低估的作用。通过协调可避免下级对上级产生“政策多变”的误会，也可避免上级对下级产生“不尊重领导”的看法。

2. 对上关系的协调。对上关系协调是指组织对其上级领导人和领导部门的协调。

这个过程往往通过正确贯彻上级的政策、指示，全面领会领导意图，保持局部利益与整体利益高度的一致性，不折不扣地完成上级下达的工作计划和工作布置，并及时地汇报执行情况等组织行动来实现。

秘书要在上级与本单位之间做好沟通工作，既要促进本单位正确、及时地贯彻落实领导的意图，又要促进上级及时、全面地了解本单位的实际情况，从而促进本单位与上级保持一致、协调运转。

3. 对下关系的协调。对下关系协调是指上级机关在工作过程中，充分考虑了下级的实际情况，倾听下级的意见和要求，科学地制定决策，并有效地将组织决策意图贯彻到下级各执行单位，使之自觉地协调运转，积极为实现组织目标而努力工作。

二、工作协调

工作协调，即以协调系统内部的业务工作活动为内容而进行的协调。由于工作协调的内容不同，将其划分为四大不同内容层次的协调。

（一）政策、法规协调

政策、法规协调是指在制定和贯彻政策、法规过程中的协调工作。可以说，政策、法规是指导工作实践、指挥组织系统内部所属成员统一思想、协调行动的准则。因此，对政策、法规制定和贯彻的过程实际上就是一个不断地通过协调统一认识、统一行动的过程。在这一过程中，涉及以下几个方面的协调。

第一，具体政策、法规和基本政策、法规的关系协调。

第二，现行政策、法规和原有政策、法规关系的协调。

第三，现行政策、法规和现行法律关系的协调。

第四，已颁布执行的政策、法规和具体工作实践情况以及人们的认识能力的关系协调。

第五，政策、法规制定机构与政策、法规执行机构关系的协调等诸多关系的协调。

如果考虑上述情况，在政策、法规制定过程中，就必须做到以下几点。

第一，协助领导草拟审核文书过程中，须就一些具体政策进行协调。

第二，明确各相关部门组织之间的责、权、利关系，使各方意见协调一致。

第三，促使政策、法规的实施具有可行性和普遍的指导意义；从而促进政策、法规切实、有效地得以贯彻执行。

（二）工作计划协调

工作计划协调作为一般性的协调工作，是指各个工作系统、组织部门根

据本系统的总体工作目标、战略规划而制订的工作计划安排。据此，在制订工作计划时，须考虑以下几点。

第一，短期计划目标与本系统长远规划的一致性。

第二，在国家方针许可范围内的工作计划。

第三，工作计划制订、执行过程中所遇到的外部环境、现实条件的影响等。

但是，在具体操作层面上，每一个工作计划的制订往往都是从自身的利益角度出发，对自身的生产、流通、分配、消费当中所涉及的财政、金融、税收、物价、产权、责权等方面提出要求，这就容易产生各种矛盾和冲突。所以，进行此类协调时要注意：①协调总体工作计划与部门组织工作计划的关系。②计划送审前，征求各相关部门组织的意见并进行必要的协调，以确保各项计划的具体执行者之间工作上能够相互衔接，步调一致。③工作计划实施过程中如遇变故，先进行调查研究，再协调各方关系，以便寻求解决方法。

（三）会务工作协调

会务工作协调分为两大部分，一是会议协调工作；二是日常事务协调工作。

1. 会议协调工作。许多重大活动，诸如新闻发布会、工作谈判、洽谈、节日庆典活动等；往往需要秘书居中协调，筹划安排，落实每一环节。为此，首先应协调会议时间、地点、出席人员、列席人员、食宿条件等工作事项；其次，协调会议的后勤保障工作，诸如工作人员的安置、经费、住宿、用餐、用车、保健、保密、保卫等工作；再次，协调会议议题的确定、讨论、报告等工作事项；最后，协调会议纲要，督促并协调会议决议诸事项的落实工作。

2. 日常事务协调工作。各部门组织的日常事务协调工作，涉及面广、发生频率高，有的是涉及全局的大事，有的则是日常琐碎小事。它包括从接待工作、信访工作、办文、办会工作到安排经理活动、后勤管理、生活服务等方方面面。其中，许多事务甚至需要具体到时间、地点、活动内容、参加人员、食宿、车辆、报道等各种复杂状况。另外，很多工作内容涉及组织、人事、财经、工资、外事等各方面的具体政策，所以须经秘书统一协调。

（四）公文协调工作

公文协调工作是秘书的一项日常性、基础性的重要工作，它是通过一系列相关处理程序来完成的。具体包括以下几项。

1. 协调由谁执笔起草公文。
2. 协调核稿过程中发稿人、发稿方式、规格、时限等项工作。
3. 协调公文定稿后的印刷、派送等印发工作。
4. 协调公文的传达、阅览、清理、归档等管理工作。

思考题

1. 现代秘书应如何协调与上级组织领导的关系。
2. 秘书的协调在日常事务中牵涉哪些具体工作？

第三节　协调的方法与步骤

一、协调的方法

（一）对上关系协调的方法

1. 及时发现问题。发现问题是解决问题的前提。秘书人员是领导的贴身助手和参谋，在本部门和上级的关系中处于重要位置。一旦发生某些不够和谐的现象，应能敏锐地从文书往来和领导的言谈举止中及时发现问题。发现问题后，要及时向领导汇报，并积极采取相应的协调措施。

2. 解决问题的方法。和上级领导部门的关系与其他的关系相比，具有一定的特殊性，因而解决问题的方法也应与之相适应。具体而言，没有公式化的程序，而是要根据情况不同、问题的性质和大小而采取相应的办法。大体上说，可采取以下几种方法。

（1）自查。就是检查本部门自身是否全面领会了上级领导的意图，是否贯彻了上级部门的政策精神，是否局部利益服从整体利益，是否在各个方面与上级领导保持了一致，是否完成了上级部署的各项工作，且工作是否符合标准等。

（2）整改。一般而言，如果本部门的工作符合上级部门的要求，得到了领导的肯定和认同，就不会产生不和谐的现象。但如果在自查中发现有与上级要求不一致的地方，那就应该加以整顿、改进，以纠正偏差。

（3）积极请示。在贯彻执行上级的工作要求时，会遇到各种不同的情况，

这些情况上级在布置工作时未必都能考虑得尽善尽美。遇到这种情况下级部门不宜擅自决定，而应多请示，请领导对难以解决的问题予以定夺，以便把工作搞好。

（4）主动汇报。将本部门的工作安排和进展情况、所遇到的问题等主动向上级部门汇报。这一方面能使上级全面了解本部门的实际情况，便于做出正确的判断和适当的决策，另一方面也体现了下级对上级领导部门的充分尊重。

3. 在协调工作中应注意的问题

（1）维护领导成员的威信和形象。秘书人员维护领导成员的威信主要是从工作的角度出发。即使秘书本人因此受到误解和委屈，也要泰然处之。在工作中，只能为领导补台，不能拆台。秘书人员一定要尊重领导，积极配合领导工作。当领导有某些疏漏和不足时，要积极采取补救措施，消除影响。同时要注意维护领导的自尊心。每个人都有其自尊的一面，领导者也不例外。秘书人员给领导提意见和建议时一定要注意场合。

（2）维护领导层内部的团结。维护本单位领导层内部的团结，事关本单位内部的稳定和有效运转，这是每个秘书人员义不容辞的责任。秘书人员作为领导的参谋和助手，经常活动于领导成员之间，并在领导层和下属机构之间起着沟通信息、处理信息的作用，因此掌握的情况比较多，也比较深入。秘书在反映情况、转达意见时要讲究方式方法，不利于团结的话、闲话、气话不要说。发现领导之间有误会，应寻找适当的机会帮助其澄清问题、化解矛盾，切不可挑拨是非、将问题复杂化。秘书请示汇报工作，应严格按照领导成员的职责分工进行，有分管领导就找分管领导，不越级请示。涉及全局问题要请主要领导人裁定，并通报其他领导成员。

（二）对下关系协调的常用方法

1. 面商协调法。对不涉及多方，或者虽然涉及多方但不适宜或者不必要以会议方式协调的问题，可以采用面商的形式。面商方式比较灵活，可以是代表组织意见的正式谈话，也可以是个人之间的谈心和交流。可根据不同需要灵活加以处理。

2. 磋商式协调法。协调者以平等的身份、商量的态度、探讨的口气发表自己的意见，征求对方的看法，共同寻求解决问题的最佳办法，以达到协调的目的。在重大问题未决策前，上下级之间、平行级之间、部门之间为了达成某种协议，可以采用磋商式协调。

3. 建议式协调法。协调者以平等的身份、建议的态度、谦虚的语言，将自己的意见转告给对方，提请对方选择采用，以达到协调的目的，而不是要求对方去做什么，更不是指示别人做什么和怎么做。平行关系、无隶属关系的单位之间及上级机关的某部门与下级单位之间，往往采用建议式协调。这种协调不具有强制性和约束力，但具有一定的影响力，有助于解决问题。

就秘书工作而言，对下级关系的协调过程中，主要采取以下一些方法。

（1）在领导形成决策之前，深入基层调查研究，征求各方面的意见和建议，使决策建立在全面了解情况、充分代表群众根本利益的基础上。

（2）在决策者执行过程中，如果发现决策方案的疏漏和偏差，或者是发现执行单位的实际困难，应及时传达给领导，使领导者做出及时必要的调整。

当下级单位对领导决策意图尚未全面充分理解时，秘书有责任向其宣传领导意图，提高其执行决策的主动性和积极性。

（3）在决策执行告一段落的考核评估和总结表彰工作中，秘书部门一方面要对下级单位的自我检查和总结给以必要的帮助，另一方面要协助领导以工作计划为依据，制定切实可行、具体明确的考核标准和评估办法。

在对下关系的协调事务中，秘书既要参与决策全过程中的协调工作，又要在自身的工作事务中全面深入地观察、分析和解决问题，避免失调现象，并化解矛盾，保持与下级关系的协调。

（三）秘书对下关系协调

协调系统内与下级组织成员的关系，目的是增强下属成员的向心力、凝聚力和归属感，有助于提高整个系统的整体工作效率。

秘书人员在协调与所属下级组织成员的关系中，应当理清楚以下问题：从秘书所处的特殊位置看，二者是一种上下级关系；从职能上看，是服务者与服务对象的关系。所以服务基层是秘书工作的另一项基本职能。这是由于下级组织成员对上级组织领导的了解，大多是通过与该组织系统内部秘书人员的交流开始的。所以，秘书与下级所属成员良好的关系，有利于塑造上级组织领导层与整个组织系统的形象，从而推动全局工作的顺利展开。为此，要求秘书在处理这类关系时应当充分考虑：①调查研究，及时发现问题及时汇报，并尽快协调解决；②辅助草拟方案时要考虑充分周全，并努力避免因政策疏漏造成的矛盾纠纷；③新政策出台后，要加强宣传工作，统一系统内部下属成员的思想认识；④面对矛盾难以解决，应尽快请示领导，协助领导做好思想工作，让下级组织所属成员了解本系统内部全体成员根本利益的一

致性，以缓解矛盾，并采取适当、必要的措施，创造条件解决矛盾。

应注意以下问题。

1. 严守本分不擅权越位。这是因为秘书部门不是独立的，只是领导机关的辅助机构，在处理、协调问题时只能根据领导的决定、决议和批示的精神办理，而不能代替领导拍板。

秘书人员虽然辅助领导研究各种问题，但只有发言权而无表决权。秘书部门提出解决问题的预案，只有经过领导的研究决定后，作为领导的决定、决议，才能生效。

2. 放手使用，充分信任。秘书在工作中常常会遇到一些桀骜不驯的下属，他们足智多谋，有能力和魄力，同时又锋芒毕露，雄心勃勃。这些下属常常提出与上级相反的意见，往往又能显示出其意见的高明，这使得许多管理者不知如何对待他们。对待这种人决不能嫉贤妒能，而应该放手使用，充分信任，为他们提供施展才华的机会和条件，采纳他们的意见，赋予他们解决问题的权力。而对那些能力比较强的人，谦虚一点，尊重他们，反而能令其心悦诚服，同时也可以吸引更多的人才。

（四）实施协调中采用的主要方法

1. 文字协调法。这是经常采用的协调形式，如通过拟订工作计划、活动部署、订立制度、集体审查修改文稿等形式统一认识，协调行动，使组织内部上下各相关方面的工作协调运转。用征求文稿意见、会签文件、会议备忘录、会谈协商纪要等形式，协调组织与外部各方面的关系。这种形式具有规范性、稳定性，是较长时间内保持协调关系的依据。

2. 信息沟通法。现实生活中的很多矛盾，是由于不了解情况、凭主观臆测，加上偏听偏信所造成的。医治此症的良药就是对信息进行沟通，将有关部门、单位的人员召集起来如实介绍情况，这样就能解除误解、消除隔阂，使人心情舒畅，事情也就好办了。

3. 政策对照法。对同一项工作，有的部门认为该办，有的部门认为不该办、不能办，往往众说纷纭、各抒己见。在这种情况下，就要对照党和国家的方针、政策和法规，用政策统一思想、形成共识。

二、纵向协调工作的步骤和程序

纵向协调工作没有固定的程序，但一般来说其工作全过程可以分解为若干步骤，可寻因求果，步步推进。

（一）步骤

1. 找准问题。这是协调工作的开始，主要强调：一要找，即秘书人员要主动深入实际、深入群众，通过调查发现需要协调解决的矛盾。二要准，即找准那些必须通过协调才能解决的问题。然后，报请领导同意，请他直接出面协调，或受领导之托去行使协调之责任。

2. 拟订方案。通过对协调课题的分析论证，提出切实可行的协调工作方案，包括协调的时间、地点、参与人员、拟采用的协调工作方法、所要达到的目的，并尽可能设计出几套方案，陈述其利弊，最后请领导同志定夺。正确的工作方案可避免走弯路，但工作方案很难做到尽善尽美，只能在协调工作的实施过程中不断修正。

3. 实施协调。实施协调工作方案，既要有原则性又要有灵活性，要瞄准协调目标，随机应变。但对协调过程中出现的新情况、新问题要及时向领导反映汇报，以便得到领导的支持。

（二）纵向协调工作的一般程序

秘书与领导关系协调的程序主要有以下三步。

1. 检查自身。秘书要协调与领导的关系，首先要从检查自身做起。在政治意识、思想品德、业务素质上都要严格要求自己，不断寻找差距。特别是在为领导和领导部门服务方面应不断地对照有关要求，看是否做到尽职尽责，是否能准确理解、把握领导的事务，在工作中是否能贯彻好领导的意图，是否圆满完成了领导交办的各项工作。

2. 提高业务素质。秘书必须不断加强服务意识、服从意识、参谋意识、全局意识，必须摆正自己的位置，处理好对领导的依从性和独立性的关系，不断提高业务素质，提高观察感知能力、分析综合能力、语言文字运用能力和组织社交能力。只有素质提高了，才能不断改进工作，更好地为领导服务；才能当好助手和参谋，使自己的工作有所进步并得到领导的肯定和认可。

3. 整改。一般而言，如果本部门的工作得到领导的肯定、认同，就不会产生不协调现象。但如果在自查中发现有与上级要求不相一致的地方，那就应该加以整顿、改进。

具体做法是：首先，要积极请示。在贯彻执行领导的工作要求时，会遇到各种不同的情况。遇到领导在布置工作时未能考虑周到的情况，秘书不宜

擅自决定，应多作请示，请领导对难以解决的问题予以定夺，以便把工作做好。其次，要主要汇报。将工作安排和进展情况、所遇到的问题等主动向领导汇报，这样一方面能使领导全面了解工作的实际情况，便于做出正确的判断和适当的决策；另一方面也体现了秘书对领导的充分尊重。

三、协调的步骤

秘书的协调工作有两种情况，一种是“计划性协调”，即由领导指派或授意的协调；另一种是由秘书自己决定应予协调的，即“随机性协调”，人际关系协调大多属于此类。人际关系协调只能由秘书凭经验和诚意来进行，计划性协调则有一定的步骤。

（一）准备阶段

1. 受托。受托是指秘书按照上级领导的授意、授权或有关部门的委托进行协调任务的准备工作。这里，受托是确定是否进行协调工作的开端和依据。受托成功必须具备以下五大条件。

（1）是上级领导明确授权；

（2）是部门组织请示、要求的；

（3）属于秘书工作职责权限范围之内的；

（4）相关职能部门无力进行的协调；

（5）突发事件的协调。

2. 审理核查。审理核查工作就是指对已决定受托的协调任务做深入细致的调查、核实、分析和研究工作，摸清弄准事情的来龙去脉，以及对在各种情况下可能发生的所有问题进行评估、预测。这需要做到以下几点。

（1）收集相关信息。把与该目标矛盾相关联的有关历史、现实、背景、过程、症结、组织系统内上下左右的情况收集齐备。

（2）深入进行实地调查研究，这是日后协调工作的基础。

（3）对调查研究所获得的信息进行分析研究，寻找有效协调的突破口。

3. 拟订计划、确立方案。第三步是对情况进行分析，找出问题的关键在哪里，矛盾的焦点在哪里，也就是通常所说的“在众多矛盾中间必有一对是主要矛盾，在一对矛盾中间必有一个是矛盾的主要方面”。

找出症结之后，秘书便应提出针对性的解决方案。解决矛盾无非有三种方法：第一是某一方让步，比如错误让步于正确，局部让步于全局，陈旧事物让步于新生事物等；第二是双方让步，达成妥协；第三是双方都得到满足，如把矛盾转移，或者双方都做出努力并有突破，在新的基础上达到新的平衡、新的合作。秘书的方案可以不限定一个，尽量提出两到三个，即所谓“上策、中策、下策”。方案应先报领导审议、批准，然后再向协调对象摊开。

4. 确定参与人选。协调工作是围绕人与人之间的相互利益关系展开的。人的主观意见、想法在协调工作中居于决定性的中心地位。所以，根据协调任务的内容和协调对象的高低层次选择协调人选，将是直接影响协调工作成败的关键因素。

（二）展开阶段

这是协调工作的关键阶段。这一阶段中，秘书将已拟订的协调方案、工作计划，尤其是将针对目标对象的拟办意见与各相关被协调的组织部门进行沟通、协商，取得各方最后能够一致接受的处理结果。

这一过程中，要注意以下几点。

1. 协调时机要适宜。在协调组织部门内各方矛盾的过程中，要善于发现偶然线索，及时抓住协调时机，并对各种有利信息做出反应，从而抓住战机，当机立断，以便收到好的效果。

2. 协调工作地点选择要适当。协调人员应当根据协调对象中不同的利益关系所关注的具体协商内容的差异情况，选择各方面都能够接受的地点作为协调工作的最佳外部环境。如果协调各方中对地点的选择存在分歧，必然影响利益关系各方的进一步接触，甚至破坏协调工作的顺利展开。由此可见，审慎选择外部环境对协调工作是相当重要的。

3. 协调方式选择要适当。对协调方式的选择一般要考虑协调对象各方矛盾的尖锐程度；协调工作所涉内容的范围；协调人员同协调对象的距离远近等因素。

（三）落实阶段

这一阶段的主要任务就是监督、检查协调对象的执行情况，督促协调结果的落实执行，并保证协调工作真实有效。这需要做到以下几点。

1. 秘书人员要明确这一阶段的权力和职责；充分了解协调工作中各利益方的协调目标、任务、要求、措施和时限的进展情况；掌握工作实施过程中的思想动态、认识程度、困惑、困难、成绩以及工作效果和最终落实情况；监督、催促对象按时按质展开和完成在协调统一认识和行动之后的目标任务

工作。

2. 要经常督促查问协调工作的具体落实情况、问题的处理进度、工作中所遇困难和问题等；协调人员要深入现场了解情况，督促各利益矛盾方定期以书面形式汇报工作的进展情况；催办协调结果，及时向上级领导汇报，并将上级领导的答复及时转发。

3. 要注意督促控制协调对象各方，发现问题及时汇报，并结合当时的实际情况采取相应措施，以保证上级领导协调决策意见的系统落实。最后，检查中发现的新的矛盾、分歧和对立，要继续加以协调，直至上级领导的协调决策和处理意见完全落实为止。

（四）总结阶段

协调工作结束后，要对协调过程进行全面评价，总结经验教训，摸索协调工作的基本规律，以便协调工作逐步实现系统化、程序化、规范化、科学化。

1. 建立绩效评估机制。协调工作落实之后，秘书人员要对此次协调做出实事求是的评估。评估的主要内容有协调的方法、协调的质量以及协调人员的工作状态。一方面，评价达到协调目标的方式、方法是否恰当。恰当的协调方法能够促使协调工作事半功倍，效果显著。另一方面，评估中，衡量协调质量的标准、尺度主要是在与预期工作目标的对比中得到的。如果协调质量达到或超过了协调工作的预期目标，则表明秘书的协调工作成绩突出；如果没有达到预期目标，则要寻找原因，总结教训。同时，估量协调的工作状态，主要是指衡量协调人员在协调工作中的表现，以及对表现好的和差的两方面的原因进行分析总结。

2. 建立完善信息回馈工作机制。回馈工作机制的建立能够帮助秘书对协调工作的最终执行情况得出客观、真实的评估与结论，从而帮助上级领导决策者掌握协调工作的第一手材料，实现系统内的有效管理和控制。就这一点而言，信息回馈工作对材料信息的要求程度极高，内容要求务必真实、客观、准确、及时。所以，要严把信息关，在信息的收集、筛选、整理、利用过程中要做到认真阅读、审查，防止弄虚作假，以保证工作质量。

3. 完成立卷归档工作。秘书人员在协调工作结束后，要按时间顺序将协调过程中形成的书面材料和报告立卷归档，妥善保管。这一过程中，举凡对现实工作有普遍指导作用的，可以制发简报或形成专题加以宣传、推广，从而提高协调工作的综合能力和功效，促进秘书工作走向现代化的发展道路。

第四节　协调的原则与技巧

秘书在进行协调的时候，要适当地掌握协调的原则和方法。我们平时无论在学习还是生活中做事情，如果想取得事半功倍的效果，就要掌握做事情的原则和方法。现代秘书职业也不例外，秘书人员必须学会协调的各种方法并灵活运用。

一、协调的基本原则

在协调工作中，需要把握协调的时机，这就需要秘书人员能敏锐地捕捉信息。要有观察问题、发现问题的能力，善于发现偶然线索。在实际工作中，工作人员由于各自所处的位置不同，看问题的角度也不一样。但是，秘书人员必须服从全局观念。秘书人员在协调中如果不讲大局，就失去了协调的依据和方向。在实际工作中，许多企、事业单位往往容易站在自身的立场维护本部门、本单位的利益。因此，秘书在代表领导做协调沟通工作时，要积极引导各职能部门在工作目标、思想观念和实际步骤上达成共识，把本部门的利益、工作目标与全局的利益、目标结合起来，使各部门之间相互协调与适应，不搞自我封闭，摒弃自私狭隘心理，为全局的工作进行通盘考虑。

协调的基本原则包括以下几个方面。

（一）从属原则

从属原则是指秘书工作部门在协调工作中始终要把自己的角色定位在从属位置上。秘书的职位与工作性质决定了你是专为上司当参谋、做服务的，因此，协调工作主要是秘书协助上司做好协调工作。这个角色就是从属角色，既要主动，又不能越权；既要负责，又不能专权。所谓主动，即充分发挥主观能动性，在领导确定协调事项后，不等不靠，在职权范围内积极主动地做好工作；协调后要主动搞好督促检查，及时向领导回馈落实情况。所谓不越权，就是要严格按照领导意图去办事，对于自己把握不准的问题要多汇报、多请示，务必事先争得领导同意，不要随便更改领导的协调意见；不要对重大问题随意表态，贯彻落实中遇到新情况，不可自作主张、擅自决定。

（二）依法原则

依法原则是指在协调过程中必须坚持原则，严格依照法律法规及政策规章处理问题。协调是一个消除分歧、化解矛盾、理顺关系、统一步调的过程，而不是无原则地搞调和。一切应按规矩办事，而不是依个人意志行事。这一点，秘书尤其要帮助你的上司认识并做到。因为只有你的上司认可，你的协调才有效。依法原则要求在进行协调时，要用合不合法、符合不符合政策来作为判断是非、处理问题的依据；要从全局着眼，从长远利益出发，正确处理好国家、集体、个人三者的关系；要以法律法规和政策为先导，把大家的意见统一到法令和政策上来，用政策法令去疏导、说明和教育当事者，避免以个人意志代替法律政策。

（三）调查研究原则

这是协调的基础。任何问题的发生都应该用实事求是的态度对其进行分析，然后提出协调意见，这样才有针对性、实效性和公正性。秘书工作部门在进行协调工作之前，必须认真调查研究、掌握情况，搞清矛盾的焦点及其来龙去脉；对各方面提出的意见、陈述的理由，都要本着实事求是的态度进行分析，然后才能提出协调意见，做出协调决定。

（四）平等协调的原则

协调就是协商调解，是指秘书工作部门在协调中要平等待人，始终以平等协商的态度进行对话。要沟通交流、耐心解释、平等协商、相互尊重。秘书工作部门作为综合部门介入协调工作，它与其他协调对象的关系并不是领导和被领导的关系。同时，还要树立“服务对象第一”的意识，即使有意见分歧难以迅速求得一致，也应该耐心解释、缓和冲突，帮助对方做好思想工作，努力调动协调对象的积极性，形成自觉配合、相互尊重、平等协作的气氛。

（五）分级负责原则

这是要求秘书在做协调工作时，要注意分清层次，应分清职责权限，依照职权范围做好分级协调，尽量避免把矛盾上交到上司那儿去，尽量把各部门的矛盾在他们各自负责的范围内通过协调予以解决，而不是什么事都要向你的上司禀报。当然，对于确实重要的问题不能擅自做主，对于应该由上司出面解决的问题，作为秘书要及时地实事求是地向上司汇报，提供有关材料，并提供一些参考意见。

二、秘书协调的技巧

秘书协调工作的技巧包括基本技巧和一般技巧。

（一）基本技巧

鉴于协调工作的纷繁复杂性，协调工作的方法也是多种多样的。归纳起来可分为以下几种。

1. 制度协调。系统内各组织部门内部矛盾、分歧的出现，从根本上可以说是由于本系统的法律法规、规章制度不健全而导致各部门、组织之间职责分工无法可依，行事思想各自为营、各守一方，从而造成系统内部的混乱。为从根本上解决矛盾，必须一切从实际出发，建立、健全合理、完善的规章制度。

（1）对不合时宜的陈腐的规章制度，应根据已发生变化了的客观情况、实际状况大刀阔斧地进行调整、修正。

（2）面对工作中出现的新情况、新问题，要及时收集、整理相关信息，建立适合本系统组织工作特点的规章制度。

（3）针对系统内部的突发性、偶然性事件，秘书人员应当协同各组织部门求同存异、共同协商，制定出一整套应付此类事务的行之有效的规章制度，以避免意外事件发生时，在责任归属问题上无章可循，引起推诿摩擦。

2. 信息协调。信息工作是系统内上级组织领导决策的基础和依据，是领导进行目标管理工作的前提条件，是帮助领导实现沟通各方面利益关系的纽带。许多矛盾的产生都是由于信息的不畅通所致。因此，信息协调工作要求秘书人员未雨绸缪，针对可能出现的任何情况，充分评估、准确预测，及时向上级领导提供信息服务，辅助上级领导层进行协调工作决策。其次，信息协调工作要求秘书及时把有关的政策法规、制度规章、工作目标、计划决定、领导意图等分别与各利益方通报、沟通，促使各利益方对本系统的目标、任务做到心中有数。当然，信息协调工作的价值实现依赖于利益群体各方主观上的相互理解和相互协调。只有这样，才能消除隔阂，实现组织系统内部的良性合作。

3. 文件协调。文件协调就是以文字的形式明确各组织部门的职责、权利和义务，以及彼此在工作系统内的地位、作用以及组织系统的总体目标、阶段、计划等。如此，才能规范利益各方的行为，监督利益各方照章办事，实现各组织部门的统一认识，协调部门行动。

在档案协调工作中，档案拟定工作是根据国家的政策、法规、经济形势以及结合本系统的具体情况等进行综合评估后的科学行为。它的内容涉及广泛，从工作日志、工作概况、计划任务、目标规划到组织决议、纪律规章、职能权限等不胜枚举。

此外，需要明确的是档案协调工作有时带有强制性、权威性的特点，而且工作所涉及的部门组织较多。如果不经过与相关组织部门沟通协商而单独发文，则容易引起其他部门的不满，造成工作失误。因此要严把发文关，档案发放工作要建立在部门组织间相互协商讨论、达成共识、共同拟定的基础上。

4. 会议协调。会议协调是在各种利益关系涉及面较广、情况复杂，同时各自坚持己见无法共容的情况下所采用的方法。这种情况下，秘书往往协助上级领导就问题的焦点、分歧和矛盾召开专门性的会议，让利益各方集中时间就问题畅谈意见、交流看法，目的是消除较大的分歧，求同存异、达成共识。会议协调工作的选用一般具有强约束性、矛盾公开性、意图明确性等特点。各利益群体必须在固定的时间、空间范围内就特定的问题、分歧展开话题，进行矛盾的协商解决。而且，无论各利益方愿意与否，都必须开诚布公地就问题谈问题，目的是要消除彼此的隔阂，实现思想、行动上的协调一致。

5. 组织协调。组织协调一般针对工作中遇到的重大问题，尤其是涉及各组织部门间的利益划分、职权规划等难度较大的问题时专门单独建立的沟通协调小组，借以实现工作协调任务。通常其内容有关人事、财政、劳动、民政等方面的具体利益问题。这种专门性的协调组织不仅避免了部门组织间不必要的摩擦，而且具有主动性高、针对性强、效率性高的优点。

6. 个别协调。在涉及面小、矛盾不太复杂、协调对象比较单一，而且多属思想情绪问题的情况下，多采用这种直接面谈以疏导矛盾的个别协调方法。通过与协调对象私下谈心的方法更容易做到在对方陈述事情原委的过程中表明己方的基本立场，从而消除分歧、统一认识。较之其他方法，个别协调方法更容易彼此沟通，达成一致，从而积极配合上级组织部门的行动。

此外，在具体问题发生、发展的过程中，由于矛盾、分歧本身并不是固定不变的，其具有很强的不确定性，因此，根据实际情况相机行事，采用不同的方法灵活处理是秘书人员协调工作的一大法宝。

（二）一般技巧

1. 信息沟通法。秘书对协调对象应做尽可能多的全面了解，掌握充足的信息数据。当双方之间隔阂较深、不愿面对面接触时，秘书应充当中间人，分别向各方介绍对方的情况，努力促进双方之间的了解，消除隔阂、消除敌意，使双方由了解、理解进而产生直接接触、交流、会谈的愿望。

2. 宣传教育法。秘书应掌握与协调对象、协调问题相关的政策、方针、法律与法规，以平等的态度、诚挚的语气，委婉、谦和的方式分别或同时向协调对象做讲解、宣传，以期提高双方的认识并改变态度，达到在大方向、大原则下的逐渐接近，使其能统一到大目标中来。

3. 中介法。如果对象双方矛盾较深，秘书对双方都不熟悉，对方又对秘书采取拒之门外或敷衍的态度，则秘书应寻求与双方都能沟通的第三方的帮助，请第三方出面介绍、引见，打开进一步协调的大门。

4. 求同存异法。秘书在听取、了解双方的意见、要求时，应尽可能发现或寻找双方的共同点或接近点，这一点常常可能是打破僵局的关键。有了共同点或接近点，就有了共同的语言，有了讨论的基础。秘书应引导、劝说双方以共同点作为突破口，重视并珍惜即使是小小的共同点，尤其是可能达成的初步协议。其他不同意见可以各自保留，不必企求一下子都解决，留待以后时机、条件成熟时再做进一步协商。

5. 冷处理法。当对象双方矛盾较深，当事人又感情用事时，秘书不要急于求成，可让双方暂时中止会谈，各自冷静下来进行反思，让时间去考验彼此的诚意。同时秘书可从其他方面多做些促进工作，以求瓜熟蒂落，水到渠成。

心理学告诉我们，人的心理是感情与理智的综合。当人的情绪爆发时，往往会失去理智，出现心理失调。这时，秘书人员应沉着耐心冷静处理，待双方头脑冷静、情绪稳定、恢复心理平衡后，再出面协调，晓以利害，创造种种条件与机会，最终达到协调之目的。

6. 避虚就实法。当双方为了一些名义、提法或礼节等并非实质性的问题而争执不下时，秘书应引导或劝说双方避虚就实、增强理性、注意务实，以彼此的实际利益、根本利益和长远利益为重，多讨论和解决实际问题。

7. 先易后难法。当对象之间矛盾多而复杂时，秘书不应企求马上解决或完全解决问题，而应分析矛盾的层次、轻重、缓急，分析各种有利及不利的条件，尽可能采取先易后难的解决办法。先解决了一两个容易解决的问题，

双方心理上就会产生信心。俗话说，万事开头难。良好的开始是成功的一半，第一步迈开了，走对了，以后的路也就会容易得多。

8. 步步为营法。秘书协调、解决困难复杂的问题，应采取“稳扎稳打，步步为营”的策略，既不要企求全线出击、大获全胜，也不要幻想长驱直入、直捣黄龙。在先易后难的基础上，步步为营，即解决一个问题，就落实一个、巩固一个。前一个巩固下来，再谋求解决下一个。这样耐心地、扎实地去一个一个解决问题，一步一步前进，直到最后的完全胜利。

9. 场景变换法。在组织对象各方接触、交谈、讨论、会商的过程中，秘书还应注意场景的变换。要知道，场景常常会对人的心理、态度产生影响，比如会商，开始时可在秘书所在单位召开，以表示秘书的公正和中间人的立场；以后可轮流在对象单位召开，每一方做东道主时，自然会表现出待客的礼仪和对客方的尊重。讨论可以在会议室进行，显得正式、隆重，但也会令人感到拘束。如果换一个场景，比如在会客厅、餐厅或文娱场所，就会给人亲切、轻松之感。当然，场景的变换应与会谈的内容和气氛相适应。

10. 交谈法。在协调的开始、进行或完成的各阶段中，秘书还可提议或组织一些交谊活动，如到双方单位参观、聚餐、一起郊游、共同观看文艺演出、领导人之间家庭互访等。这些活动有利于彼此多接触、多了解，有利于促进友谊、培养感情、建立信任，最终达到化敌为友、冰释前嫌、团结一致、和谐合作的理想境界。

三、秘书协调工作的艺术

作为领导机关，组织结构复杂，分工细密，各部门既相互联系，又相互独立，经常会存在各种矛盾，需要秘书部门以有效的协调来维系领导机关的和谐和良好运转。

秘书部门的协调，主要是综合性的、日常性的协调，头绪多，协调量大，随机性强，既好做又难做。说“好做”，是因为只要熟悉情况，掌握了基本套路，加上诚心和用心，协调工作就好做；说“难做”，是因为协调工作涵盖面广，遇到的矛盾多，解决起来难度大，上下要求高。所以协调工作之难，不是难在办不完的事，而是难在动不完的脑、扯不完的皮，难在如何领会领导的“模糊意图”。秘书要搞好协调，应着重掌握好以下几方面的协调艺术。

（一）把握全局的艺术

是否了解和把握全局，对能否搞好协调至关重要。把握了全局，才能掂量出每件事情的分量；想到了全局，才能与领导思考问题的方向保持一致；协调能力的提高，与大局观的确立是同步的。要做到胸有全局，就要善于捕捉关系全局的重要信息，像中央的重要决策、上级首长的重要指示、社会上的重要动态等。对这些问题，都要用心了解掌握，做到心中有数，把自己协调的每件事情放到全局的高度去审视。这样，协调工作的立足点就高了，思考问题也就会更深刻、更全面。

顾全大局最重要的就是要自觉维护大局、自觉服从大局、真正从大局出发，把增进领导之间的团结、领导与机关之间的团结、机关各部门之间的团结作为协调的出发点和落脚点。

（二）维护团结的艺术

秘书除了把握好全局，还要把维护领导之间的团结、领导与机关之间的团结、机关各部门之间的团结作为协调的出发点和落脚点，尤其是维护领导之间的团结更是重中之重。领导之间团结，更加有利于秘书人员的工作，因此，任何时候、任何情况下秘书都要把维护这种团结放到十分重要的位置。领导之间不可能在每件事情上的意见都很一致，这是正常现象。秘书的职责是发现共同点、缩小分歧点，多做些穿针引线的工作，促成领导之间意见统一。特别在听到某些敏感问题的议论时，要学会管好嘴巴，不能来回传话。领导有不同的分工、不同的资历、不同的工作经历，但在秘书眼里，他们都是领导，都需要尊重，都要一视同仁，不能搞亲疏远近、厚此薄彼。领导们都有自己的性格，都有自己的喜怒哀乐，在领导身边工作，既要经得起表扬，也要经得起批评，要把批评当作信任、当作关心、当作动力。还要十分重视密切领导与机关的关系，经常为机关做一些“减压、加温、顺气”的工作，把机关的积极性保护好、发挥好。维护团结，很重要的是坚持办事为公，自觉做到“为公去协调、协调要为公”，不能存有私心，不能有所偏颇，不能单纯为本部门的利益去协调，更不能为个人得到点什么去协调。特别在反映情况时，要客观公正，不能带有个人成见，不能掺杂个人的东西。真诚和公道正派，对秘书人员来说比什么都重要。

（三）落实意图的艺术

秘书部门处于中心位置但不成其为中心，经常与权力打交道但又没有权力，具有协调职责但没有发号施令之权。实质上，秘书部门的协调是一种非权力性的“软”协调，是一种说服式、商榷式的协调，这就要求秘书在工作协调中要谦虚，要摆正位置、掂身量言，不要动不动就搬出领导去“压人”。要学会商量、学会处事，慎用指令性语言，即使是传达上级指示、转达领导意见，也要注意态度，要做充分的说明，不能太生硬。有些好办的事情要商量，可办可不办或需要变通的事情更要商量。比如，组织工作组下地方，各个部门的人手都比较紧张，抽调人员是很难的，协调时以硬碰硬不行，要讲明领导的意图，请有关部门尽量协助解决。再比如，当协调有些难办的事情时，尽管领导有交代，也不能强压给各部门，要同有关人员一起研究出变通的意见，然后再向领导汇报。这样既可以维护领导的权威，又能把事情办好，可收到领导满意、单位和部门也满意的效果。

商量办事还要注意讲究协调的语言艺术。“言不顺则事不成”，语言得体会收到事半功倍的效果。协调中的语言总的要求是不能太急、太冲，口气不能太大、太硬。特别是同机关领导打交道，要言必称“请示”“汇报”。

（四）主动配合的艺术

协调中的最佳结合，应该是负主要责任的人“以我为主”，相关人员主动配合，两者的位置颠倒了不行，双方的积极性缺一方也不行，必须有双方的积极性和双方的主动性。

要做到这一条，首要的是明确哪些事情应该“以我为主”，哪些事情应该主动配合。换句话说，就是要找准自己在工作协调中的具体位置。一般来说，这要根据领导的分工、秘书的职责和领导安排来确定。各项业务工作的协调，则应按照谁分管谁负责的精神办理。当秘书要有一种主动精神，该站的位置站上去，该做主的事情要主动担当起来，该做的工作要做到位、做到底。有关同志也要有一种主动配合的精神，需要了解而又不够明确的事情要主动问一问，应该做的工作没有做到家时要主动弥补。多用心、多动脑，对搞好协调来说是一条永远不会贬值的黄金准则。要用心想事、用心揽事、用心干事，有事想在前。陈云同志曾经讲过一句话，各级机关都要有几个善于“踱方步”的人。就是说，要站到一定的层次上更加全面、更加周密地思考问题。工作协调中“踱方步”的人多了，主动想问题的人多了，善于给别人提醒的人多了，就可以最大限度地减少协调的空白点，减少协调工作的失误。

（五）审时度势的艺术

在工作协调中，还要经常向领导提出一些方案、意见和建议。能提出合适的意见不容易，能在合适的时机提出这些意见更不容易。这就要求我们善于捕捉时机、把握火候，在适当的时间做适当的事情。比如，当领导正在思考某项工作如何开展、某件事情如何办理时，谈谈我们的看法就容易被领导认可或接受；而在领导比较繁忙时，秘书就不要去凑热闹；当遇到一时难以解决的矛盾和问题时，马上着手解决，效果往往不佳；而沉住气暂时“冷却”一下，待时机成熟后再因势利导，顺其自然地切入“正题”，效果就可能会好一些。

秘书在协调过程中还要经常答复问题，没有意见不行，有意见不留余地也不行。像某个活动领导能不能参加、某件事情领导是否同意办、解决某些矛盾的方案能不能被采纳，都不是秘书能决定的，如果答复问题时话讲得过满了，就容易给领导工作带来被动。如果说坚决果断、敢作敢为对领导来说是必须具备的素质，则善于审时度势、老成持重对秘书来说就是不可缺少的品格。

（六）做好小事，严谨细致的协调艺术

美国前总统尼克松曾讲过：“伟大是注意小节的积累。”这句话是他在回忆周恩来总理的感人事迹时说的。他说，在我们到北京的第三天晚上，看体操和乒乓球表演。天已开始下起雪来，而按计划次日要去游览长城。周恩来离开了一会儿，我以为他去洗漱室了。随后才发现他是亲自去落实清扫去长城道路的工作。第二天道路就干净如常了。对此尼克松评价说：“周恩来具有一种既注意细节又不陷入烦琐之中的罕见才能。”从这个意义上讲，抓小事的效应决不小。

做协调工作能做到不误事、不漏事、不受批评就很不容易。“不误事”就是要反应快、行动快、雷厉风行、干净利落，事不过夜、案不积卷，当天的事当天办；“不漏事”，就是要讲究实效、讲究准确，该传达到的要到位，该请示的不漏项，该督办的要落实。可以说，严谨细致、讲究时效是协调工作的生命。具体要注意以下三个方面。

一是要抓大不忘小。抓大与抓小有时是很难统一的，但对秘书来说则必须统一起来。要想宏观，大事不能糊涂；又要抓具体，小事也不能马虎。协调工作无小事，小事办好了是小事，小事办不好就是大事。任何时候都不能

忽视小节，越是领导关注不到的部位，越要给予较多的关注，做好拾遗补阙的工作。特别对有些可能影响到全局的小环节、小细节、小事情、小部位，要格外重视，格外严谨，格外细致，该亲自看的要到现场，该直接传达到本人的不能通过“二传手”，一丝一毫都不能大意。

二是要主动不盲动。协调工作在许多情况下都是被动的，要真正把被动变为主动，很重要的一点是注意把住“不盲动”这一关。有些工作稍慢一些不要紧，而如果因为盲动出了差错而回过头来再纠正，那才真是被动。工作再忙，事情再急，秘书人员都应有一个冷静的头脑，沉着应对，防止忙中出错；办任何事情，都要首先把内容、时限、质量要求等这些基本要素弄清楚，然后再研究落实的办法；有些办法在研究中感到没有把握，还应再请示一下领导，提出的方案也要反复同有关部门商量。只有这样，所提意见才能在领导那里站得住。避免了盲动，主动也就在其中了。

三是到位不越位。工作不到位是失职，越位则是越轨。尽管协调工作的具体程序在很多情况下没有明确规定，是否越位的界限有时也不好把握，但无论如何不能做超越职权范围的事，不能违背工作程序，不能多头请示报告工作。秘书部门协调工作的程序大致有三种情况：一种是需自下而上请示报告的；一种是可以直接向领导请示汇报的；另一种是特急特办的。遇到的事情比较紧急、不马上处理就会影响工作，而直接领导又不在位、确实找不到又等不得，这时可以简化程序，边办边报告，或办理后再向领导报告。这三种情况，前两种要走好、走活，后一种要慎用、少用。有时简化程序，看上去争取了一些时间，但实际效果却不够理想。我们不要把按程序办事看作是“负担”，而要当作协调的一个必须阶段，是确保协调工作准确性的重要措施，要自觉按程序搞好协调。

（七）自觉修身的艺术

作诗的功夫在诗外，协调的技巧也不完全在协调本身。作为秘书，最重要的要有良好的质量和修养，这主要指以下几个方面。

1. 忠诚可靠。忠诚可靠，就要是以领导工作为轴心展开协调工作。偏离、游离这个轴心，协调工作就容易出偏差；忠诚可靠就是要真诚、正直、本分，对领导、对组织高度负责。领导经常讲“组织信任你们”，我们也经常讲“请领导放心”，其实，“信任”“放心”这几个字的分量是很重的，信任是金，放心也是金。

2. 淡化名利。要清醒地看到，秘书是一种没有鲜花和掌声的职业。只要想当秘书，就要准备当无名英雄，就得有默默无闻的准备。名利思想太重的人当不了秘书，也当不好秘书。一个好的秘书，重要的不是让人们记住秘书的名字、秘书的贡献，而是让人们记住他所服务的领导的政绩。

3. 善于共事。要特别重视秘书内部的“小协调”。人人都有长处，需要相互学习；人人也都有短处，需要相互帮助；人人都有自己的作用，谁也离不开谁。“有事多商量，没事常来往”，平时要多通气、多反思，工作中要相互配合、相互支持，真正使秘书部门这个小集体形成一盘棋，为推动领导、机关工作的协调运转做出贡献。

思考题

1. 现代秘书协调工作的方法、原则有哪些？
2. 谈谈现代秘书协调工作的步骤。
3. 秘书协调工作过程中需掌握哪些基本技巧和一般技巧？
4. 要顺利推进秘书协调工作，有哪些可供借鉴的工作艺术？

案例分析

案例一　“制服”爱发脾气的厂长

关厂长四十有五，在工作上严格要求是出了名的，谁要在工作上打马虎眼，他粗大的嗓门就会叫人受不了。然而，下级有个头痛脑热，他忙到半夜也要亲自探望。小陈是厂里新来的秘书，在她之前，已经有三个秘书因为关厂长的坏脾气而离开。小陈听说了别人对关厂长的看法，虽然大家都劝她不去为好，但她却想去见识见识这个关厂长。

上班的第一天，一切完全是规范化的。第一次见到关厂长，关厂长很礼貌地接待了小陈，交代了一些工作之后，便急着去忙事情了。关厂长留给小陈的第一印象还算不错。

几天后，关厂长通知小陈随他去与外商洽谈技术合作项目，早上出发，同行的有总工和外请的翻译。这个项目小陈以前在技术科时早就知道了，方案也是她在总工指导下制定的。还不到8：00的时候，她到技术科想准备一些资料。没想到，一阵急促的电话铃声响起，对方的同事转告小陈说厂长找她，而且火气很大。小陈立即赶到厂长办公室，关厂长上来就没好气儿地说：“上班时间串什么门？我让你在办公室等着，9：30出发，你到处跑什么？”小陈也火了，心想不是还不到9：30吗？但她还是忍住不满，沉默着听关厂长“发威”。听到关厂长接下来的话，小陈才知道，原来总工住院了，翻译也因事不能来。如果推迟谈判，对方可能会去找新的合作伙伴，厂长为此事很着急。知道这个情况后，小陈原谅了关厂长的发火。“您对这个项目熟不熟悉？”小陈问，“主要内容清楚，有些细节不很熟悉。”关厂长说。“细节和全部内容我都熟悉，我参加过这个方案的起草。”小陈自信地说。

听小陈这么一说，关厂长眼睛一亮，但马上又暗了下来："可翻译没有来啊!""外商不是美国人吗?"小陈问。关厂长肯定以后，小陈说道："我认为我能行。"小陈觉得没有必要谦虚。关厂长顿时惊喜万分，也意识到了自己之前的态度不够好。他立刻让相关人员做好了准备工作和小陈一起出发了。

谈判成功了。在谈判当中，小陈又当翻译又和老外谈技术合作的细节，关厂长则把关决断，两人配合得十分默契。由于小陈对对方的情况十分了解，还适当地称赞了几句对方的技术成就和经济实力，对方代表十分高兴，伸着大拇指用简单的汉语说："关先生，我羡慕您！您的秘书才华出众，年轻有为。"

关厂长对小陈的表现非常满意。当他在说着夸奖的话时，小陈却提醒厂长要去医院看总工，对于厂长要特设犒劳的邀请，小陈也婉言谢绝了。

大家听说厂里新来的秘书把厂长"制服"了，都很佩服她。可是小陈却认为，领导也是人，在他为难的时候，作为秘书应该亲近一点、热情一点，尽量帮他分忧；在他成功的时候、高兴的时候则应该离远一点、冷静一点，尽量使他保持清醒。

思考题

1. 作为秘书，小陈是如何处理好与关厂长的冲突的?

2. 关厂长为什么对秘书发火?

3. 秘书处理人际关系，尤其是处理与上司的关系，应该具备哪些技巧?

提示：

1. 人际关系的协调是秘书职能的重要方面。该案例主要反映的是秘书与领导者关系的协调。秘书人员与领导者的关系是对立统一的关系：秘书活动是源于领导活动的需求而产生的，又伴随领导活动的进行而展开，两者相互补偿，不可或缺。

2. 秘书人员与领导者的关系是一种上下级关系，秘书人员要遵从领导指挥，领会领导意图，为领导活动服务，成为领导者的得力助手，而不可固执己见乃至越职越权。上述材料中，秘书小陈在与领导追求一致与积极适应的原则下，正确处理了与厂长的关系，积极发挥了参谋作用，协助关厂长取得了谈判的成功。由此可见，人际关系协调在秘书工作中处于非常重要的地位。

3. 秘书人员要加强人际关系协调能力，增强公共关系意识。

4. 秘书协调与领导关系的原则：第一，服从原则；第二，尊重原则；第三，请示原则。

案例分析

案例二

有两句俗话，一个是"三个臭皮匠，顶个诸葛亮"；一个是"一个和尚挑水喝，两个和尚抬水喝，三个和尚没水喝”。有一则寓言，说是一条梭鱼、一只天鹅、一只螃蟹同拉一辆车，它们一个向前冲，一个向上飞，一个横行，尽管它们都拼尽全力，结果车子却没法被拉动。

思考题

1. 案例中展示了什么矛盾？又蕴含了何种协调？
2. 协调就是减少摩擦、增加效益，这样想对不对？为什么？

提示：

1. 矛盾得到了协调与得不到协调，结果大相径庭。
2. 没有协调就没有统一的行动和良好的秩序，会使人在社会生活中将寸步难行。

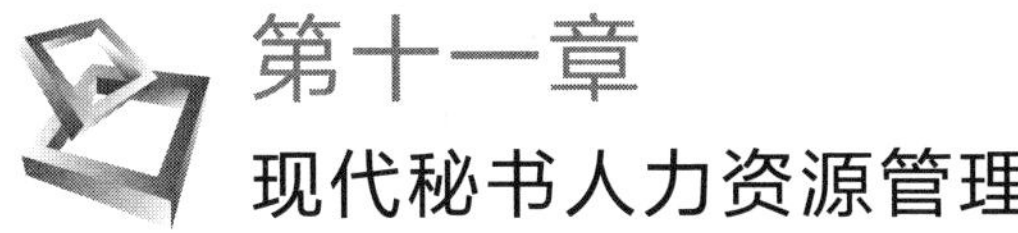

第十一章 现代秘书人力资源管理

【本章学习要点及学习目的】

通过本章学习，了解现代秘书人力资源管理的基本内容及工作程序，了解人力资源管理与传统的人事管理相比内涵的改变，以及必然导致的工作形式和内容的变化。学会如何进行资源的充分利用，协助领导进行资源配置以达到最优化的程度，实现人力资源管理的目标。

第一节 现代人力资源管理概述

人力资源不同于一般的资源，它是以知识为基础、以能力为导向的一种复杂的实体，其特点是量化分析较难，全面识别不易，管理要求较高。回顾前面各章内容，我们能够达成共识：秘书工作不是独立的，是从属于领导的，是完全按领导意图办事的，是谓从属。秘书需有较强的协调综合能力，工作很熟练，既讲究原则，又讲究通融而不圆滑，是谓圆熟能力。秘书办公室是办事机构，不是决策机构；忠于职守，守就是守本分，做好本职工作；秘书要做到三不越，即不越位、不越职、不越权，是谓辅助性。秘书工作是综合的，概括起来是“三三四四”。

1. 三个中心，即信息中心、协调综合中心和参谋办事中心。

2. 三项工作，即办文（撰文、文书处理）、办会、办事（信息调研、协调、督查、信访、接待、机要、综合办理）。

3. 四句话，即贯通上下，协调左右，联系内外，综合办理，即办公室处于枢纽地位。

4. 四个结论，即参政、管理事务、搞好服务、提高综合管理能力。而综合管理能力实际上就是领导能力。

随着企业的发展，企业的人事管理基本已进入人力资源管理的境界。秘书参与管理势在必行。首先应搞清人力资源管理的内涵和工作内容，然后针对这些内容从战略的高度进行规划，建议辅助领导制定相关的政策，确定相应的框架，启动人力资源管理系统，并在执行过程中不断地改进和提高，这样才能实现人力资源管理的目标。

秘书要在理解人力资源的内涵的基础上，具备一定的工作能力，并有能力争取完成具体工作内容所需要的权限。

业界有人认为，一些企业人力资源管理定位较低，无法统筹管理公司人事问题。对此，可以这样理解：如果没有从属、圆熟、辅助、综合等能力，人力资源管理当然得不到很高的定位，即使给予较高的权力，相关部门也不能完成使命。相反，如果秘书已具备了人力资源管理系统的运行能力，并在工作中有出色的表现，企业的决策层自然会赋予相应的权限，促进人力资源的建设，从而推动整个企业的发展。

一、人力资源管理是对企业中各类人员形成的资源进行管理

这就是说人力资源管理即把人作为资源进行管理，既然把人作为资源来管理，就应该考虑到这样几个问题：①资源是否已得到识别和配置？②如何进行资源配置以达到最优化的程度？③如何进行资源的充分利用？④资源是否应根据内部和外部环境的变化而变化？等等。

二、秘书完成具体工作内容是需要一定的能力和权限的

秘书承担招聘主管、培训（或培训和开发部）主管、绩效主管、薪酬主管、员工关系主管等职务，负责公司人力资源的管理，为公司提供和培养合格的人才，需要根据领导赋予的权力，承担直接的领导责任。

（一）直接的领导责任

直接的领导责任具体包括：

1. 对人力资源部工作目标和计划的完成负责。
2. 对公司人力资源的合理配备和公司所需人才的及时补充负责。
3. 对公司招聘的员工素质负责。
4. 对及时合理合法解决公司与员工的劳动争议负责。
5. 对已批准的奖惩决定执行情况负责。

6. 对提供给决策部门的人员编制及劳动工资测算数据的合理、准确性负责。

7. 对公司人事、劳资档案的齐全、完整与定期归档负责。

8. 对人力资源部工作程序和负责监督检查的规章制度、实施细则的执行情况负责。

9. 对所属下级的纪律行为、工作秩序、整体精神面貌负责。

10. 对人力资源部预算开支的合理支配负责。

11. 对人力资源部所掌管的公司秘密的安全负责。

12. 对人力资源部给公司造成的影响负责。

（二）需要的主要权力

1. 对公司编制内招聘有审核权。

2. 对公司员工手册有解释权。

3. 有关人事调动、招聘、劳资方面的调档权。

4. 对限额资金的使用有批准权。

5. 有对人力资源部所属员工和各项业务工作的管理权和指挥权。

6. 对所属下级的工作有指导、监督、检查权。

7. 有对直接下级岗位调配的建议权、任用的提名权和奖惩的建议权。

8. 对所属下级的管理水平和业务水平有考核权。

9. 有代表公司与政府相关部门和有关社会团体、机构联络的权力。

（三）具体工作内容

1. 根据公司实际情况和发展规划拟定公司人力资源计划，经批准后组织实施。

2. 制订人力资源部年度工作目标和工作计划，按月做出预算及工作计划，经批准后施行。

3. 组织制订公司用工制度、人事管理制度、劳动工资制度、人事档案管理制度、员工手册、培训大纲等规章制度、实施细则和人力资源部工作程序，经批准后组织实施。

4. 制订人力资源部专业培训计划并协助培训部实施、考核。

5. 加强与公司外同行之间的联系。

6. 负责在公司内外收集有潜力的和所需的人才信息并组织招聘工作。

7. 审批公司员工薪酬表，报总经理核准后转会计部执行。

8. 组织办理员工绩效考核工作并负责审查各项考核、培训结果。

9. 制订述职周期经批准后安排述职活动。

10. 审批经人事部核准的过失单和奖励单，并安排执行。

11. 受理员工投诉和员工与公司劳动争议事宜并负责及时解决。

12. 按工作程序做好与相关部门的横向联系，并及时对部门间争议提出界定要求。

13. 负责人力资源部主管的工作程序和规章制度、实施细则的培训、执行和检查。

14. 及时准确传达上级指示。

15. 定期主持人力资源部的例会，并参加公司有关人事方面的会议。

16. 审批人力资源部及与其相关的文件。

17. 了解人力资源部工作情况和相关数据，收集分析公司人事、劳资信息并定期向总经理、行政总监提交报告。

18. 定期向行管总监述职。

19. 在必要情况下向下级授权。

20. 制定直接下级的岗位描述，定期听取述职并对其做出工作评定。

21. 指导、巡视、监督、检查所属下级的各项工作。

22. 受理下级上报的合理化建议，按照程序处理。

23. 及时对下级工作中的争议作出裁决。

24. 填写直接下级过失单和奖励单，根据权限按照程序执行。

25. 培训和发现人才，根据工作需要按照申请招聘、调配直接下级，负责直接下级岗位人员任用的提名。

26. 根据工作需要进行现场指挥。

27. 指定专人负责本部门文件等资料的保管和定期归档工作。

28. 指定专人负责本部门和下级部门所使用的办公用具、设备设施的登记台账、定期盘点、报损报失等工作。

29. 关心所属下级的思想、工作、生活。

30. 代表公司与政府对口部门和有关社会团体、机构联络。

第二节　如何做好人力资源管理工作

一名优秀的秘书要求各方面都优秀过人，首先了解一下如何才能做好秘

书的工作。

一、如何做好秘书的工作

（一）思维敏捷，头脑灵活

助理或秘书要感觉敏锐，对周围发生的事，能够见微知著，一叶知秋，善于在复杂的环境中把握住事物的本质特征。这样才能争取主动，提高效率。要做到这一点，必须下功夫做有心人。要经常看书学习，思考问题。要多接触各方面的情况，及时了解基层执行员工在想什么，部门中层领导在想什么，决策层总经理在想什么，做到胸中有数，超前思维。

（二）忠诚又有主见

秘书（助理）与决策层的上下关系，决定了处于被领导地位的秘书（助理）必须听从总经理指挥，忠实地按总经理指示行事，把自己的工作严格限定在总经理指定的工作范围之内，不得自行其是。总经理的指示具有严肃性和权威性，必须不折不扣地忠实执行，要围绕他的活动，积极开展工作，下大力气帮助总经理抓出成效来。要学会从被动中求主动，要善于观察掌握总经理的性格、作风等个性特征，以便主动配合，形成工作上的默契一致。

（三）拥有主动承担的品质

领导秘书本身任务繁重，完成好职责范围内的工作已属不易。尽管如此，对于一些与领导密切相关，领导又顾及不到的事情，也要主动承揽，不能一推了事或一躲了之。即使是非常严重的问题，非领导出面不可，也要通过秘书这一关得到缓冲。“揽事”与“揽权”不同，“揽事”体现了工作的责任心，“揽权”则体现了一个人的虚荣心，这是做领导秘书的大忌。

（四）遵守“十要十不要”

一要内敛，不要张扬。二要谦虚，不要骄傲。三要踏实，不要浮躁。四要清廉，不要贪婪。五要朴素，不要铺张。六要善良，不要凶狠。七要平和，不要狂妄。八要明理，不要蛮横。九要厚道，不要霸道。十要守法，不要违法。

对于秘书来说，忠诚就是他的职业生命。而全方位地协助领导则是他的职业使命，因此，要做好秘书的工作，必须从自身素质、品行以及职业技能进行全面的提升。

二、新手如何做好相关人事工作？

刚从事人力资源的新手如何做好相关人事工作，需注意一些什么？

（一）人力资源工作内容

相关人事工作包括：

1. 人员的招聘、录用、培训、绩效考核、离职等一系列流程。
2. 薪资的计算、劳资福利的缴纳。
3. 劳动合同的建立、员工档案的建立。
4. 公司人力资源管理制度的建立、健全、修订。
5. 员工、管理层、老板等各级关系的协调。
6. 劳动纠纷的合理、有效处理等。

（二）如何做好人力资源管理工作

想要做好人事工作有一定的难度，首先要树立良好的企业文化，培养尽职、忠诚、优秀的员工队伍。企业文化是一个企业的灵魂，是企业核心竞争力的动力源泉；它是包括文化、管理在内的企业精神力量，这种精神力量可以让企业的员工凝聚在一起，一起学习，一起发展，一起创造。

1. 要追求利润的最大化、实现企业管理效率的最大化，就要以优秀的企业文化来凝聚员工的人心和力量，使员工互相依赖、互相促进，增强员工珍惜团队精神的理念，通过凝聚员工士气实现“上下同欲”，降低企业科学管理制度内化的阻力，实现企业管理的效率。

2. 塑造员工良好的职业道德修养。所谓职业道德修养，是指从事各种职业活动的人员，按照职业道德基本原则和规范，在职业活动中所进行的自我教育、自我改造、自我完善，使自己形成良好的职业道德品质和达到一定的职业道德境界。只有公司的员工具备良好的职业道德修养，才能自觉遵守企业的各项管理制度，这样会更有利于行政或人事部门管理工作的开展。

3. 建立比较完善和严格的考勤管理制度。考勤管理制度可由行政或人事部门拟定、完善，由各部门主管严格贯彻执行。各部门主管对于本部门员工的出勤状况应做到实事求是、不姑息、不隐瞒，违者处以适当罚金或采取相应的措施。

（三）考勤管理制度可以考虑的内容

1. 考勤管理分类。应该以工种的不同对公司员工进行分类，可分为任务目标考勤（如市场部员工）和作息时间考勤两类。

2. 考勤管理方式。从目前的状况看，考勤管理的实施主要包括手工考勤、电脑考勤、指纹考勤等。手工考勤只是原始的员工签到考勤管理，电脑考勤是通过员工上下班刷卡进行较为先进的考勤管理，指纹考勤则是采用指纹识别技术对员工进行考勤管理。电脑考勤虽然较手工考勤有了很大的进步，但这两个考勤管理办法还是有着一些共同的缺点。

3. 将考勤管理纳入绩效管理的范畴，与薪酬挂钩。将员工的考勤状况以一定的权重纳入绩效管理的范畴，两者一起计算员工绩效积分，以此作为发放薪水的指标。之后由各部门配合人事部门收集、整理、汇总员工对公司制度的遵守状况，当然也可以设立意见箱，听听员工的建议，以便改善公司制度的不合理之处；之后由人事部门对反馈结果进行处理，修正、完善管理制度。

三、OA 系统如何做好人事管理工作

OA 系统与秘书专业人力资源管理系统在功能和价值上是有互补性的，所以通过系统集成，能够更好地帮助组织做好人事管理工作。

OA 系统落地执行各项人事管理制度；通过建立人事管理门户，集中展示部门工作成果，共享给相关的部门和领导；并提供一个全员共享的平台，进行先进人员的表彰和推广，保障全体员工的自我成长；能够实时展现每一个人、每一个部门成长和工作情况，便于领导跟进下属员工分派任务的执行情况；通过进行权限设置，保证组织敏感关键数据的保密性和安全性。

四、人力资源管理工作的细分应用

一般来说，企业中的人力资源管理工作可以划分为六大模块，或者说细分为六个方向，即人力资源规划管理、招聘配置管理、培训开发管理、薪酬管理、绩效管理、员工关系管理。人力资源管理的模块如图 11-1 所示。

图 11-1　人力资源管理的六大模块

除了六大模块的分法，还可从人才的选、用、育、留等角度来划分人力资源管理的具体工作内容。

不论以何种角度对人力资源管理工作进行划分，人力资源管理工作都是一个密不可分的整体，虽然各模块的具体工作划分各有侧重点，但是这些模块或方向之间是紧密关联的。任何一个模块工作的缺失或不到位都会影响整体人力资源管理系统，甚至会引起失衡。

（一）人力资源管理六大模块的主要工作内容划分

从整体上看，人力资源管理的总体目标是对“人”这一资源进行管理，围绕如何对人进行管理细分为人力资源管理系统的六大模块，具体的工作方向细分如下。

1. 人力资源规划管理模块，主要工作包括：人力资源战略规划；组织机构的设置与调整；工作分析、工作评价与岗位设置；职位级别、类别的划分，职位体系管理；人员编制核定；人员供给市场分析；人力资源制度的制定与修订；人力资源管理费用预算的编制与调整；人才梯队建设。

2. 招聘配置管理模块，主要工作包括：招聘需求分析；招聘程序和策略；招聘渠道分析与选择；招聘过程实施；招聘中的特殊政策应对与应变方案；离职面谈。

3. 培训开发管理模块，主要工作包括：企业内部培训需求调查与分析；

培训计划的制订与调整；外部培训资源的考察与选择；培训内容的开发与设计；培训的具体组织与实施；培训效果的评估；培训建议的收集与工作改进。

4. 薪酬管理模块，主要工作包括：薪酬策略的制定；岗位评价与薪酬等级的设置；内外部薪酬调查；薪酬总额预算制定与调整；薪酬结构设计；薪酬发放与成本统计分析；福利计划的制订与福利项目设计；福利的执行。

5. 绩效管理模块，主要工作包括：激励策略的制定；绩效管理方案的设计与调整；绩效考评的具体实施；绩效管理的面谈；绩效改进方法的跟进与落实；绩效结果的应用。

6. 员工关系管理模块，主要工作包括：及时掌握国家和地区最新的劳动法规与政策；劳动合同管理；员工入职、离职、调动、转正、调岗等的日常管理；特殊员工关系（例如劳动纠纷、集体劳动合同、罢工等）的处理；员工信息的保管与更新；员工心理辅导；员工关怀。

除了以上人力资源管理的主要工作外，在现实的企业人力资源管理中，可能还会涉及另外一些工作，例如：人力资源自身的队伍建设；E-HR 系统的建设与完善；集体合同的管理；工会的管理；外包人员的管理；集团/总部人力资源管理与分/子公司人力资源管理；人力资源业务外包等。这些工作都在人力资源管理的范围内，但具有一定的个性化，并不是每个企业都会遇到，所以，没有列入秘书人力资源管理模块的工作内容中。

（二）人力资源管理六大模块之间的关系

人力资源管理六大模块各自的侧重点不同。人力资源规划管理可以说是人力资源管理工作的综合指引，它决定了人力资源管理工作的主要目标与方向；招聘配置管理主要是吸引并合理地将人员配置到匹配的岗位上；培训开发管理主要是帮助员工胜任工作并发掘员工的最大潜能；薪酬管理是激励员工的最有效手段；绩效管理是合理评价员工的工作产出；员工关系管理是维护企业和员工的共赢关系。

人力资源管理六大模块之间的关系是密不可分的，它们之间相互衔接、相互作用、相互影响而形成一个整体的体系。人力资源规划是人力资源管理的起始点，通过规划明确了人力资源管理的战略，确定了企业整体架构、人员需求及岗位要求。没有人力资源规划，招聘配置工作就是无源之水、无本之木，变成盲目的人员引进，配置也无法做到合理科学，只有以科学的人力资源规划为基础，招聘配置工作才能解决组织的人员吸引、人岗匹配问题。人员引入后，人员是否真能转化为资源，主要取决于对人才的培训与开发，所以培训开发模块的工作是以人力资源规划和招聘配置为基础的。人员引进并培训开发后，薪酬作为一个激励的关键要素必不可少，薪酬也是保留员工的基本要素。在人员的使用中，绩效管理是解决如何用人的问题，合理的绩效管理能够全面评估人员的产出、潜能，主要目标在于帮助人、提高人。最终，劳动关系管理将管理人、裁人形成法律和人性化的具体操作，最终形成一个闭环，帮助企业实现合理化的人力资源配置的有效循环。

通过以上两方面的分析，我们可以看出，人力资源管理六大模块之间其实各有侧重点，关系密不可分。任何一个模块的缺失都会影响整个人力资源管理系统的运行。为了实现更加专业化的管理，人力资源管理其实就是一项工作，人力资源管理工作也是一个有机的整体。从企业和员工的感触上看，人力资源管理是一个整体，企业和个人会自然地涉及人力资源管理的各个模块，或者说各个环节。所以，综合起来看，人力资源管理是整体性的、不可分割的，即使我们分不同的模块去操作人力资源管理，去落实人力资源管理的各项工作，但从整体上看，人力资源管理所有工作都必须到位。同时要根据不同的情况，不断地调整工作重点，才能保证人力资源管理良性运作，并支持企业战略目标的最终实现。

补充资料

一、新入职人事行政专员工作怎么开展？

新入职的行政专员怎么开展工作，公司怎么最快地让他进入到工作中来，这个是一个技术活。可以从五个方面开展：

1. 熟悉环境。新人要想开展好工作，首先要熟悉公司环境，知道公司大体运作流程。先让新人不着急开展工作，先多带他熟悉环境，让他多了解公司文化。

2. 与人打交道。行政这一块，经常会和公司中的人打交道，这个时候，如果是一个新人做行政，我们首先要让他尽快熟悉公司的同事，可以方便后面工作开展。

3. 熟悉业务。有些新人对自己的岗位职责不是很清楚，这个时候就需要向他明确一下他的岗位职责，让他知道每天具体做什么事情。

4. 鼓励激励。对于新人上岗，我们一定要多鼓励，多激励，只有这样才能留得住人，因为没有一个人想一到公司就挨批评。

5. 礼仪方面的培训。作为行政专员，一定要进行礼仪方面的培训，因为有时候做接待的时候，这个是很关键的，新人礼仪培训真的很重要。

二、行政文员应该具备的基本素质和技能要求有哪些？

他应能独立操作计算机，熟练操作 WORD、EXCEL、POWERPOINT 等办公自动化软件

及 INTERNET 邮件收发和处理技巧。熟练运用各类办公自动化设备。

同时应具备良好的记忆力以及对时间的分配和沟通协调能力，还要有较强的保密意识。具有良好的文字组织和语言表达能力，中英文打字速度快，能熟练操作五笔输入法等汉字输入法。掌握常用英语口语，有较好的英语阅读和写作能力。

三、办公室文员工作职责

1. 接听、转接电话，接待来访人员。

2. 负责办公室的文秘、信息、机要和保密工作，做好办公室档案收集、整理工作。

3. 负责总经理办公室的清洁卫生。

4. 做好会议纪要。

5. 负责公司公文、信件、邮件、报纸杂志的分送。

6. 负责传真件的收发工作。

7. 负责办公室仓库的保管工作，做好物品出入库的登记。

8. 做好公司宣传专栏的组稿。

9. 按照公司印信管理规定，保管使用公章，并对其负责。

10. 做好公司食堂费用支出、流水账登记，并对餐费做统计及餐费的收纳、保管。

11. 每月环保报表的邮寄及社保的打表。

12. 管理好员工人事档案材料，建立、完善员工人事档案的管理，严格借档手续。

13. 社会保险的投保、申领。

14. 统计每月考勤并交财务做账，留底。

15. 管理办公各种财产，合理使用并提高财产的使用效率，提倡节俭。

16. 接受其他临时工作。

四、总经理秘书岗位职责、任职条件及应具备的能力

（一）总经理秘书岗位职责

1. 负责做好工作会议的文字材料起草、会议记录以及会议纪要的整理等会务工作；

2. 负责总经理的日常事务以及工作日程的重大事项的时间安排工作；

3. 负责组织撰写或者校对重要文字资料；

4. 负责来客接待工作；

5. 负责总经理办公室的各类文件的归档和资料分类索引工作；

6. 负责各部门文件的收集、检查、整理待总经理审批以及保密工作；

7. 负责协调本企业内部各部门、分支机构以及外部机构的关系。

（二）总经理秘书应具备的能力

1. 具备良好的文字功底和表达能力；

2. 工作有条理、具有逻辑性，能合理安排文件的审阅顺序，重要紧急文件督促总经理审批；

3. 具备良好的职业素养和职业操守，注意做好重要事件或者文件的保密工作；

4. 工作认真负责，能及时提醒总经理重大事务的安排；

5. 良好的人际关系处理能力，总经理秘书需接触各个部门人员，处理好与各部门人员之间的关系十分重要；

6. 良好的理解能力，能正确快速理解领导意思。

（三）总经理秘书任职条件

1. 行政管理相关专业本科以上学历；

2. 具备3年以上秘书工作经验；

3. 熟悉行政日常管理流程和具体的工作范围；

4. 具备良好的文字功底，能撰写或校对重要文字资料；

5. 具备良好的职业素养和职业操守。

（四）总经理秘书职业发展

总经理秘书是一个很重要的职位，可以接触各种人群，学习领导的处事方式，可以学会识人，如果工作能力强可以得到了领导的认可，职业发展也会比较顺利，总经理秘书的职业发展有3个方向：一是继续从事行政类工作，成为办公室主任；二是成为总经理助理，朝着实际职务发展；三是朝着业务方面发展，跟着领导学习业务处理方式和方法，成为业务经理等。

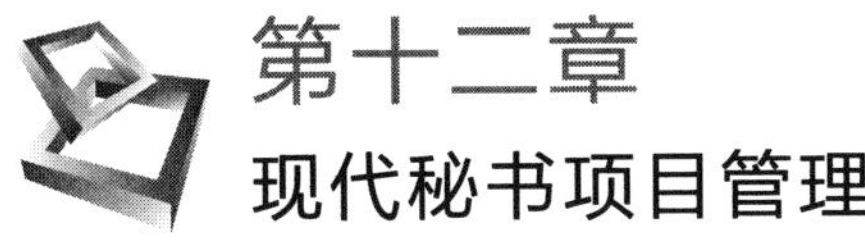

第十二章 现代秘书项目管理

【本章学习要点及学习目的】

通过本章学习，了解现代秘书项目管理的基本内容及工作程序，了解项目管理的五个步骤和PMBOK五大过程阶段的具体工作，熟悉PMBOK十大知识领域，初步介入九大管理体系运用，以实现现代秘书向职业经理人的提升。

第一节 现代项目管理概述

一、项目的定义

（一）中外多种定义

项目是指一系列独特的、复杂的并相互关联的活动，这些活动有着一个明确的目标或目的，必须在特定的时间、预算、资源限定内，依据规范完成。项目参数包括项目范围、质量、成本、时间、资源。

项目是最早的曼哈顿计划开始的名称。后由华罗庚教授于20世纪50年代引进中国（由于历史原因叫统筹法和优选法），台湾地区叫项目专案。

《中国项目管理知识体系纲要》（2002版）对项目的定义为：项目是创造独特产品、服务或其他成果的一次性工作任务。

联合国工业发展组织《工业项目评估手册》对项目的定义是："一个项目是对一项投资的一个提案，用来创建、扩建或发展某些工厂企业，以便在一定周期内增加货物的生产或社会的服务。"

世界银行认为："所谓项目，一般系指同一性质的投资，或同一部门内一系列有关或相同的投资，或不同部门内的一系列投资。"

美国项目管理协会（Project Management Institute，PMI）在其出版的《项目管理知识体系指南》中为项目所做的定义是：项目是为创造独特的产品、服务或成果而进行的临时性工作。

德国 DIN（德国工业标准）69901 认为，项目是指在总体上符合下列条件的唯一性任务：①具有预定的目标；②具有时间、财务、人力和其他限制条件；③具有专门的组织。

《项目管理质量指南（ISO10006）》定义项目为："具有独特的过程，有开始和结束日期，由一系列相互协调和受控的活动组成。过程的实施是为了达到规定的目标，包括满足时间、费用和资源等约束条件。"

（二）本章定义

一般地说，所谓项目就是指在一定约束条件下（主要是限定资源、限定时间、限定质量），具有特定目标的一次性任务。以下活动都可以称为一个项目：

1. 开发一项新产品；
2. 计划举行一项大型活动（如策划组织婚礼、大型国际会议等）；
3. 策划一次自驾游旅游；
4. ERP 的咨询、开发、实施与培训。

二、项目的特征

（一）项目的基本特征

1. 项目开发是为了实现一个或一组特定目标。
2. 项目要综合考虑范围、时间、成本、质量、资源、沟通、风险、采购及相关方等十大知识领域的整合。
3. 项目的复杂性和一次性。
4. 项目是以客户为中心的。
5. 项目是要素的系统集成。

（二）项目的共同特征

1. 一次性。
2. 独特性。
3. 目标的明确性。
4. 活动的整体性。
5. 组织的临时性和开放性。

6. 开发与实施的渐进性。

三、项目管理

（一）项目管理定义

项目管理是基于被接受的管理原则的一套技术方法，这些技术或方法用于计划、评估、控制工作活动，以按时、按预算、依据规范达到理想的最终效果。

（二）项目管理的主要内容

项目管理的主要内容包括范围管理、时间管理、费用管理、质量管理、人力资源管理、风险管理、沟通管理、采购与合同管理和综合管理。

（三）项目管理的主要目标

1. 满足项目的要求与期望。
2. 满足项目利益相关各方不同的要求与期望。
3. 满足项目已经识别的要求和期望。
4. 满足项目尚未识别的要求和期望。

四、项目工作阶段划分

项目工作是一个完整的项目生命周期，一般分为五个阶段。

（一）项目启动

项目启动包括发起项目、命名项目、定义项目的广泛计划，同时也会根据项目的限制、风险、参与情况来确定目标。此外，也会根据项目可进行研究结果，以确定其可行性。

（二）项目策划

在策划阶段需要制定一个全面的并且可以指导团队贯穿项目执行和终止等各个阶段的操作路线图，还要在关键的节点设定截止日期。此外，还要做好资源的分配。

（三）项目执行

项目策划将在此阶段进行实施，此时，项目团队将对可交付成果负责，以确保项目可以完成最初设定目标。

（四）项目监测和控制

项目的监测和控制与项目执行会同时发生。根据计划，项目经理的职责是监督运营并确保一切都朝着正确的方向发展。

（五）项目收尾

项目管理的最后阶段并不是简单写一份报告或者给一份数据那么简单，项目经理必须记录所有可交付的成果，并将项目移交给负责监督其运营的客户或其他团队。

在一个中大型项目中，项目例会很有必要，多方可以及时同步信息，暴露问题。项目例会的频率，可以根据项目周期、干系人多少，灵活调整。如果项目到达一个里程碑，很有必要在项目例会上向大家宣告已经拿下的战果，鼓舞士气。

第二节　项目类型与整合管理

随着现代文明发展，企业管理的方式也变得越来越多样。项目管理作为企业管理内的一个重要分支，受到了许多商业人士的关注。那么项目管理究竟是做什么的呢？其实，项目管理就是根据有限的技能、人力、物力等资源在设定的时间内完成某个项目的过程。

这里的项目包括生产性项目和非生产性项目。生产性项目指直接用于物质生产或直接为物质生产服务的项目，主要包括工业项目（含矿业）、建筑业、地质资源勘探及农林水有关的生产项目、运输邮电项目、商业和物资供应项目等。非生产性项目指直接用于满足人民物质和文化生活需要的项目，主要包括文教卫生、科学研究、社会福利、公用事业建设、行政机关和团体办公用房建设等项目。

虽然描述起来很简单，但项目管理却可以延伸出 3 大分类和 9 大体系。

一、项目类型

项目分为五大类，分别是标准项目、文本项目、数值项目、包装项目、物料无关的项目。

二、项目管理分类

项目管理其本质是属于项目管理工程这一大类，根据不同的运用领域，可以简单划分成三个分类，分别是信息项目管理、工程项目管理、投资项目管理。

在IT信息行业，企业开展项目的目的是攻克某一道技术或完成某一项产品，就需要引入信息项目管理的程序来执行任务。在开展建筑、桥梁、园艺等工程类项目的过程中，则应该使用工程项目管理。而投资项目管理则适用于对金融投资领域的把控，着重于规避金融风险。可见，在不同的行业，项目管理有不同的称谓，也有着不同的侧重点。

三、项目整合管理

1. 什么是项目整合管理。项目管理体系是一个系统性的概念，项目整合管理的核心在于“协调”，需要将各方的需求进行综合性汇总，并能够权衡得失，规避风险。整合管理的内容包括项目计划开发、项目计划实施与项目综合变更控制。可以说，项目整个管理是一项难度性较高的工作，需要管理者有全局思维。

2. 项目整合管理内容。项目整合管理具体包括：对隶属于项目管理过程组的各种过程，和项目管理活动进行识别、定义、组合、统一和协调各个过程。在项目管理中，整合兼具统一、合并、沟通和建立联系的性质，这些行动应该贯穿项目始终。项目整合管理过程负责项目的全生命周期管理、全局性管理和综合性管理。全生命周期管理是指项目整合管理过程负责管理项目的启动阶段直到收尾的整个项目生命周期。全局性管理是指项目整合管理过程负责项目的整体，包括项目管理工作、技术工作和商务工作等。综合性管理是指管理项目的需求、范围、进度、成本、质量、人力资源、沟通、风险和采购。

项目整合管理包括选择资源分配方案、平衡竞争性需求、研究各种备选方法，为实现项目目标而裁剪过程、管理各个项目管理知识领域之间的依赖关系。

3. 项目整合管理工作流程。项目整合管理具体有6个过程：

（1）制订项目章程。制订项目章程指制订一份正式批准项目或阶段的文件，并记录能反映利益相关方需要和期望的初步要求的过程。它在项目执行组织与发起组织（或客户，如果是外部项目的话）之间建立起伙伴关系。项目章程的批准，标志着项目的正式启动。

（2）制订项目管理计划。制订项目管理计划指的是对定义、编制、整合和协调所有子计划所必需的行动进行记录的过程。项目管理计划确定项目的执行、监控和收尾方式，其内容会因项目的复杂性和所在应用领域而异。

（3）指导与管理项目执行。指导与管理项目执行是指为实现项目目标而执行项目管理计划中所确定的工作的过程。项目经理与项目管理团队一起指导实施已计划好的项目活动，并管理项目内的各种技术接口和组织接口。

（4）监控项目工作。监控项目工作指的是跟踪、审查和调整项目进展，以实现项目管理计划中确定的绩效目标的过程。监督是贯穿于整个项目周期的项目管理活动之一，它包括收集、测量和发布绩效信息，分析测量结果和预测趋势，以便推动过程改进。

（5）实施整体变更控制。实施整体变更控制指的是审查所有变更请求，批准变更，管理对可交付成果、组织过程资产、项目文件和项目管理计划的变更的过程。该过程贯穿项目始终。

（6）结束项目或阶段。结束项目或阶段指的是完结所有项目管理过程组的所有活动，以正式结束项目或阶段的过程。在结束项目时，项目经理需要审查以前各阶段的收尾信息，确保所有项目工作都已完成，确保项目目标已经实现。

直线示意为：制定项目章程——制定项目管理计划——指导与管理项目工作——监控项目工作——实施整体变更控制——结束项目。

每个流程包含具体的工作细节，用思维导图展示如图12-1所示。

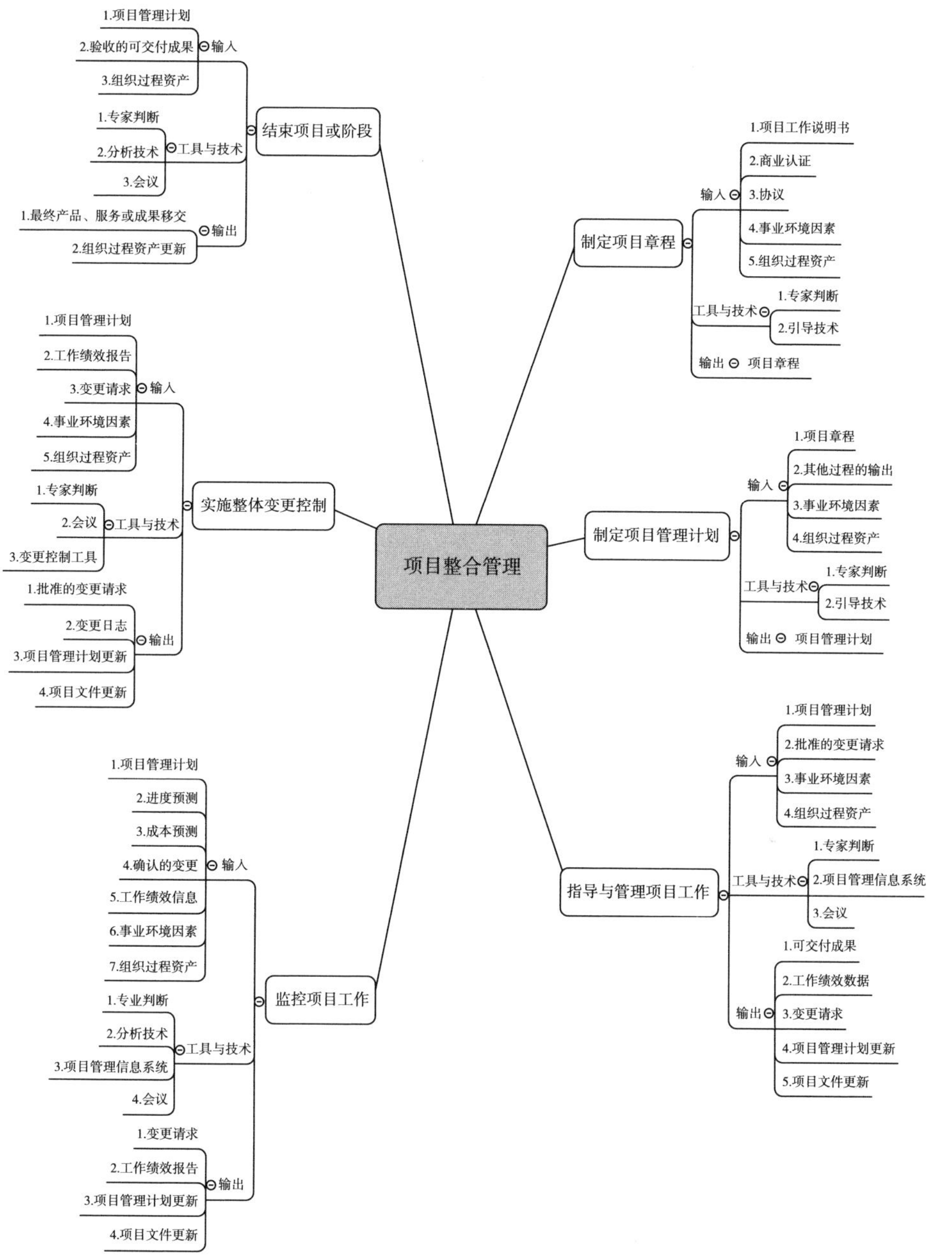

- 项目整合管理
  - 制定项目章程
    - 输入
      - 1.项目工作说明书
      - 2.商业认证
      - 3.协议
      - 4.事业环境因素
      - 5.组织过程资产
    - 工具与技术
      - 1.专家判断
      - 2.引导技术
    - 输出
      - 项目章程
  - 制定项目管理计划
    - 输入
      - 1.项目章程
      - 2.其他过程的输出
      - 3.事业环境因素
      - 4.组织过程资产
    - 工具与技术
      - 1.专家判断
      - 2.引导技术
    - 输出
      - 项目管理计划
  - 指导与管理项目工作
    - 输入
      - 1.项目管理计划
      - 2.批准的变更请求
      - 3.事业环境因素
      - 4.组织过程资产
    - 工具与技术
      - 1.专家判断
      - 2.项目管理信息系统
      - 3.会议
    - 输出
      - 1.可交付成果
      - 2.工作绩效数据
      - 3.变更请求
      - 4.项目管理计划更新
      - 5.项目文件更新
  - 监控项目工作
    - 输入
      - 1.项目管理计划
      - 2.进度预测
      - 3.成本预测
      - 4.确认的变更
      - 5.工作绩效信息
      - 6.事业环境因素
      - 7.组织过程资产
    - 工具与技术
      - 1.专业判断
      - 2.分析技术
      - 3.项目管理信息系统
      - 4.会议
    - 输出
      - 1.变更请求
      - 2.工作绩效报告
      - 3.项目管理计划更新
      - 4.项目文件更新
  - 实施整体变更控制
    - 输入
      - 1.项目管理计划
      - 2.工作绩效报告
      - 3.变更请求
      - 4.事业环境因素
      - 5.组织过程资产
    - 工具与技术
      - 1.专家判断
      - 2.会议
      - 3.变更控制工具
    - 输出
      - 1.批准的变更请求
      - 2.变更日志
      - 3.项目管理计划更新
      - 4.项目文件更新
  - 结束项目或阶段
    - 输入
      - 1.项目管理计划
      - 2.验收的可交付成果
      - 3.组织过程资产
    - 工具与技术
      - 1.专家判断
      - 2.分析技术
      - 3.会议
    - 输出
      - 1.最终产品、服务或成果移交
      - 2.组织过程资产更新

图 12-1　项目整合管理的 6 个过程

资料来源：https：//www. cnblogs. com/zfc2201/p/4263379. html。

其中实施整体变更控制是指，遇到变更，首先考虑必要性。如果影响到主流程，不改不行，果断同步给相关开发，说明变更原因，评估变更额外增加的开发量以及对项目进度的影响。如果是体验上的优化，考虑移入迭代需求。对于产品经理来说，完成比完美更重要。

第三节　项目管理的各项内容

一、项目范围管理与时间管理

（一）项目范围管理的概念

项目范围管理是一个比较复杂的概念，项目范围管理是为了实现项目的目标，对项目的工作内容进行控制的管理过程。它是指对项目包括什么与不包括什么进行定义与区分的过程，以便项目管理者与执行人员能够达成共识。

（二）项目范围管理的内容

项目范围管理包括范围的界定、范围的规划、范围的调整等，项目范围管理的具体内容包括：确定项目的需求、定义规划项目的范围、范围管理的实施、范围的变更控制管理以及范围核实等。

（三）项目时间管理的概念

项目时间管理是为了确保项目最终的按时完成的一系列管理过程。项目的进程常常依附在时间轴上，表现出两者的不可分割性。能够按时保质地完成项目，是每一位项目管理者最希望做到的事情。因此，项目时间管理就需要管理者能够合理地安排项目起止时间和子任务开展周期。很多人把 GTD 时间管理引入其中，大幅提高工作效率。

（四）项目时间管理的过程

项目时间管理分为 5 个过程：活动定义、活动排序、活动工期估算、安排进度表、进度控制。

二、项目成本管理与项目质量管理

（一）项目成本管理概念

项目成本管理是为了保证完成项目的实际成本、费用不超过预算成本、费用的管理过程。项目成本管理需要管理者能够在给定的预算内，合理科学地调度各项成本以完成任务。

（二）项目成本管理内容

它包括资源的配置，成本、费用的预算以及费用的控制等项工作。项目管理需要依靠 4 个过程来完成，分别是：制定成本管理计划、成本估算、成本预算和成本控制。

（三）项目质量管理概念

项目质量管理是为了确保项目达到客户所规定的质量要求所实施的一系列管理过程。

项目质量可以分为狭义和广义两种定义。狭义的项目质量是指经过项目加工生成的产品的质量，它具有一定的使用价值和附带属性。

（四）项目质量管理内容

项目质量管理包括质量规划、质量控制和质量保证等。广义的项目质量还包括项目管理工作的质量。狭义的项目管理质量的过程包括质量计划、质量保证、质量控制。

三、项目沟通管理与项目人力资源管理

（一）项目沟通管理概念

项目开展不是一个人的事情，而是需要整个项目组成员的共同协作。这其中，就需要项目组成员之间不断地沟通合作，显然沟通的重要性不言而喻。项目沟通管理是为了确保项目的信息的合理收集和传输所需要实施的一系列措施。

（二）项目沟通管理内容

项目沟通管理的工作内容可包括：沟通计划、信息传播、执行报告和行政总结。

（三）项目人力资源管理概念

在项目管理中，人力是驱动项目进行的根本，合理设置各人员的工作也

是一项重要的管理工作。人力资源管理是为了保证所有项目关系人的能力和积极性都得到最有效地发挥和利用所做的一系列管理措施。

（四）项目人力资源管理内容

它包括组织的规划、团队的建设、人员的选聘和项目的班子建设等一系列工作。项目管理者在设置人力资源分配时，需要完成一些步骤：角色和职责分配、人员配备管理计划和组织结构图。

四、项目风险管理与项目采购管理

（一）项目风险管理概念

项目风险管理可以分为两个部分，一个部分是识别风险，一个部分是处置风险。在项目开展的过程中，难免会遇到各种各样的问题，涉及项目可能遇到各种不确定因素。而项目风险管理就是尽最大可能规避风险，以保证项目可以正常地开展下去。项目风险管理的工作包含这 4 个过程：风险输出、风险量化、对策研究、实施控制。

（二）项目风险管理内容

它包括风险识别、风险量化、制订对策和风险控制等。项目风险管理的工作包含这 4 个过程：风险输出、风险量化、对策研究、实施控制。

（三）项目采购管理概念

项目采购是项目组从外部获取的必备的加工材料或者服务的一种方式，充分且合理的项目采购既可以保证项目按时保质完成，也可以避免不必要的浪费。项目采购管理是为了从项目实施组织之外获得所需资源或服务所采取的一系列管理措施。

（四）项目采购管理内容

它包括采购计划、采购与征购、资源的选择以及合同的管理等项目工作。项目采购管理分为 4 个过程，分别是规划采购、实施采购、控制采购和结束采购。

五、项目管理的价值与意义

（一）项目管理的个体价值

1. 反映项目管理者的个人综合素养，以及证明个人的能力、智慧与技巧。
2. 提高了个人的职业能力，也从工作中找出不足。
3. 树立起信心，赢得领导层的重视。

（二）项目管理的企业价值

1. 能够帮助企业在制定的日程内完成指定的任务。
2. 能够帮助企业用合理的费用完成项目内容。
3. 团结内部员工，提高合作意识。
4. 项目能够带给企业更多的创收机会。

第四节　现代秘书与项目管理的结合

一、项目管理的知识体系

（一）什么是 PMBOK 十大知识领域

PMBOK 指南是 PMP 考试的指定内容，最近十几年间，项目管理逐渐发展成为十大知识领域的学科分支，PMBOK 十大知识领域是：整合管理、范围管理、时间管理、成本管理、质量管理、人力资源管理、沟通管理、风险管理、采购管理、干系人管理。

（二）十大知识领域体系内容

1. 整合管理，在项目分析中，项目管理人员必须把各种能力综合起来并加以协调利用。

2. 范围管理，定义项目的边界，着眼于“大画面”的事物。例如项目的生命周期、工作分工结构的开发、管理流程变动的实施等。

3. 时间管理，要求培养规划技巧。有经验的项目管理人员应该知道，当项目出现偏离规划时，如何让它重回规划。

4. 成本管理，要求项目管理人员培养经营技巧，处理诸如成本估计、计划预算、成本控制、资本预算以及基本财务结算等事务。

5. 质量管理，要求项目管理人员熟悉基本的质量管理技术。

6. 人力资源管理，着重于人员的管理能力，包括冲突的处理、对职员工作动力的促进、高效率的组织结构规划、团队工作和团队形成以及人际关系技巧。

7. 沟通管理，要求项目管理人员能与他们的经理、客户、厂商及属下进行有效的交流。项目管理是管理学的一个分支学科。

8. 风险管理，需要管理人员在信息不完备的情况下作决定。

9. 采购管理，项目管理人员应掌握较强的合同管理技巧。

10. 干系人管理。

二、秘书与项目管理

项目管理的定义是指在项目活动中运用专门的知识、技能、工具和方法，使项目能够在有限资源限定条件下，实现或超过设定的需求和期望的过程。这一点与现代秘书的职业追求有诸多共性。

秘书工作内容和活动方式涉及领导工作的各个方面，具有鲜明的综合性，秘书工作作为一种专门的社会职业，较之以前有了显著的扩展和强化，秘书人员的阵容日趋壮大，秘书工作的范围日渐明晰，业务也日趋规范。

随着秘书职业的社会化、专业化、现代化程度加深，现代秘书将越来越接近专业经理人的角色，工作范围将涉入社会各个领域，工作内容中管理比重逐步增加，专业取向更明确。

如果重视秘书发展，就要重视秘书的专业化。本书第一章专门介绍了石咏琦在《谈天才秘书》中言及："必须尽早培养和再学习专业经理人的知识，如管理课程、计算机操作、软件应用、信息汇整等，并选择一项专精的管理内容，如人事、财务、信息、营销管理等，才能堂堂正正地进入专业经理人的角色和殿堂。"首要的管理课程，已成为现代秘书无法回避的专业知识，而项目管理基本上与现代秘书的职业发展全方位对接。

三、项目管理知识体系十大知识领域概述

（一）项目整合管理

项目整合管理的作用犹如项链中的那根线。用思维导图展示如图 12-2 所示。

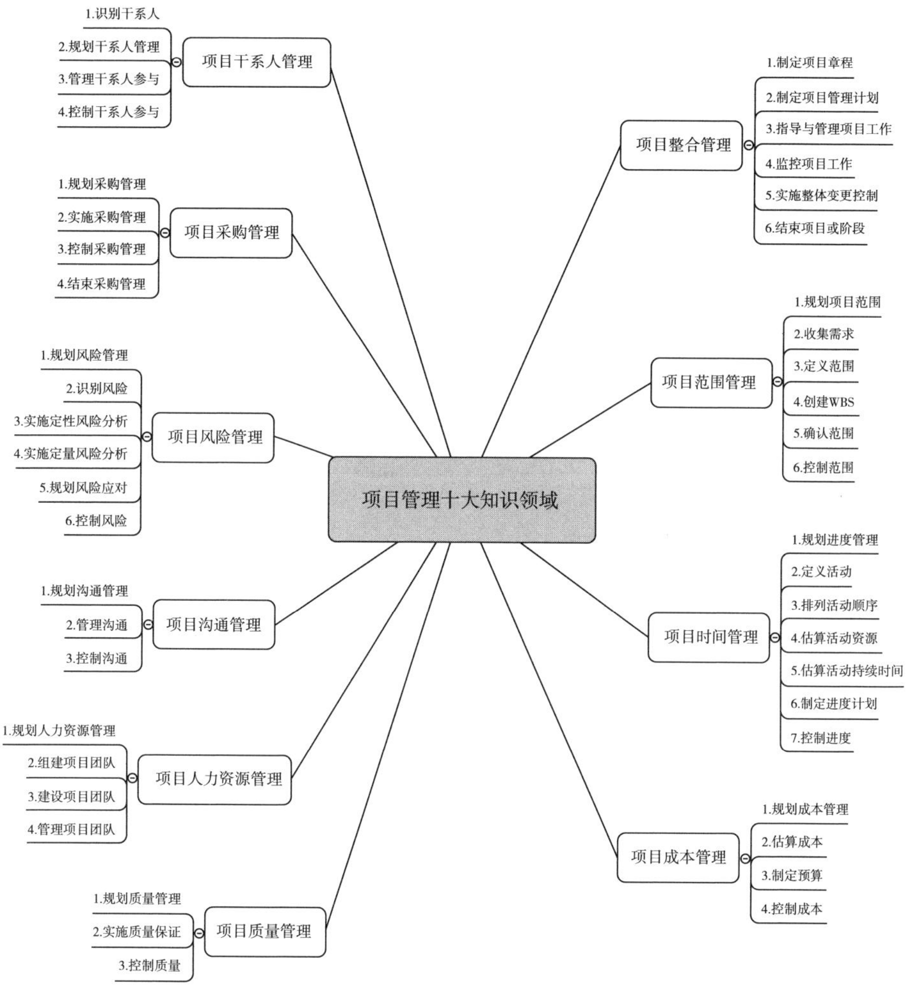

- 项目管理十大知识领域
  - 项目干系人管理
    - 1.识别干系人
    - 2.规划干系人管理
    - 3.管理干系人参与
    - 4.控制干系人参与
  - 项目整合管理
    - 1.制定项目章程
    - 2.制定项目管理计划
    - 3.指导与管理项目工作
    - 4.监控项目工作
    - 5.实施整体变更控制
    - 6.结束项目或阶段
  - 项目采购管理
    - 1.规划采购管理
    - 2.实施采购管理
    - 3.控制采购管理
    - 4.结束采购管理
  - 项目范围管理
    - 1.规划项目范围
    - 2.收集需求
    - 3.定义范围
    - 4.创建WBS
    - 5.确认范围
    - 6.控制范围
  - 项目风险管理
    - 1.规划风险管理
    - 2.识别风险
    - 3.实施定性风险分析
    - 4.实施定量风险分析
    - 5.规划风险应对
    - 6.控制风险
  - 项目时间管理
    - 1.规划进度管理
    - 2.定义活动
    - 3.排列活动顺序
    - 4.估算活动资源
    - 5.估算活动持续时间
    - 6.制定进度计划
    - 7.控制进度
  - 项目沟通管理
    - 1.规划沟通管理
    - 2.管理沟通
    - 3.控制沟通
  - 项目人力资源管理
    - 1.规划人力资源管理
    - 2.组建项目团队
    - 3.建设项目团队
    - 4.管理项目团队
  - 项目成本管理
    - 1.规划成本管理
    - 2.估算成本
    - 3.制定预算
    - 4.控制成本
  - 项目质量管理
    - 1.规划质量管理
    - 2.实施质量保证
    - 3.控制质量

图 12-2　项目管理十大知识领域中的项目整合管理

资料来源：https：//www. cnblogs. com/zfc2201/p/4263379. html。

（二）项目范围管理

项目范围管理指做且只做该做的事，用思维导图展示如图 12-3 所示。

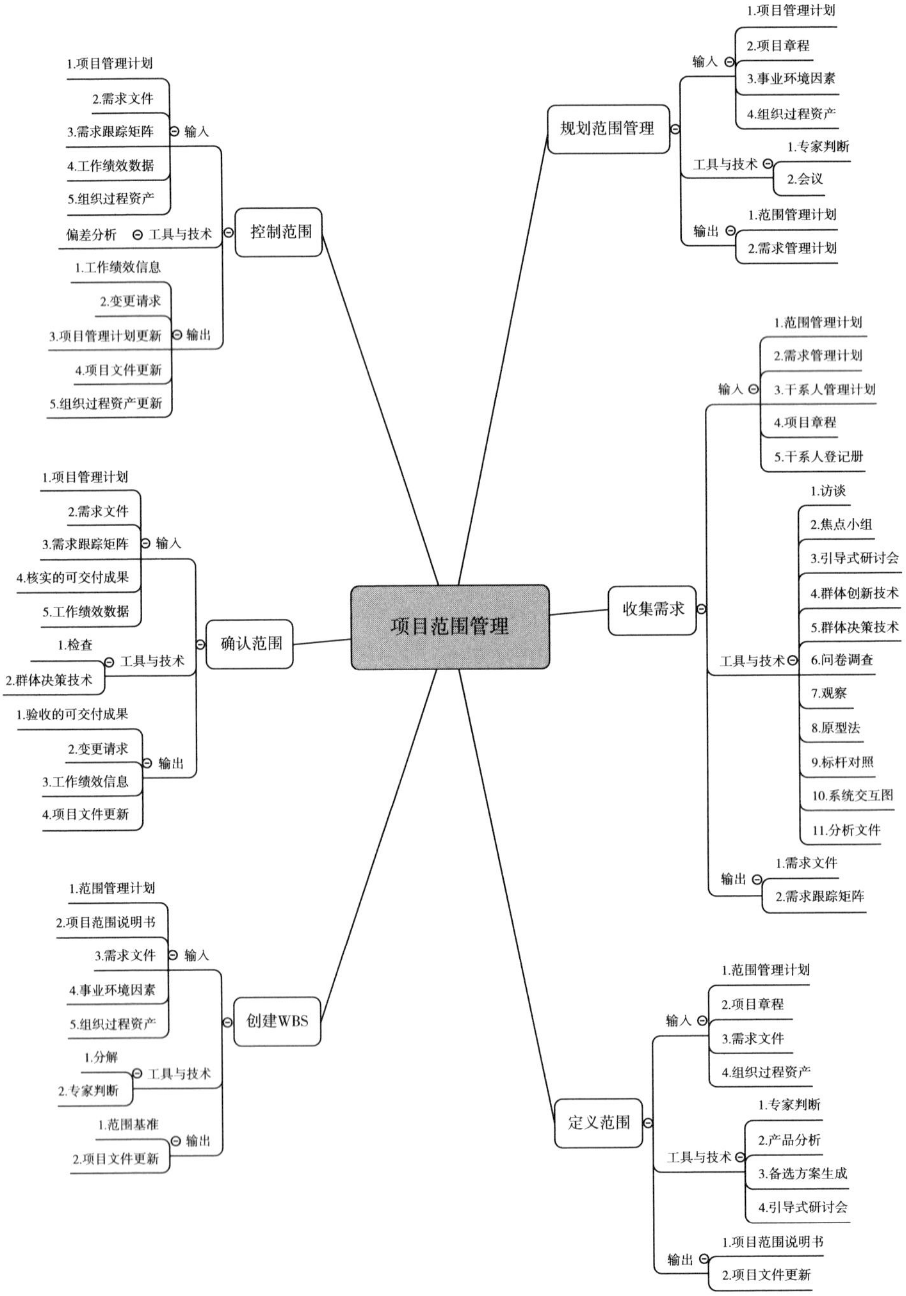

- 项目范围管理
  - 规划范围管理
    - 输入
      - 1.项目管理计划
      - 2.项目章程
      - 3.事业环境因素
      - 4.组织过程资产
    - 工具与技术
      - 1.专家判断
      - 2.会议
    - 输出
      - 1.范围管理计划
      - 2.需求管理计划
  - 收集需求
    - 输入
      - 1.范围管理计划
      - 2.需求管理计划
      - 3.干系人管理计划
      - 4.项目章程
      - 5.干系人登记册
    - 工具与技术
      - 1.访谈
      - 2.焦点小组
      - 3.引导式研讨会
      - 4.群体创新技术
      - 5.群体决策技术
      - 6.问卷调查
      - 7.观察
      - 8.原型法
      - 9.标杆对照
      - 10.系统交互图
      - 11.分析文件
    - 输出
      - 1.需求文件
      - 2.需求跟踪矩阵
  - 定义范围
    - 输入
      - 1.范围管理计划
      - 2.项目章程
      - 3.需求文件
      - 4.组织过程资产
    - 工具与技术
      - 1.专家判断
      - 2.产品分析
      - 3.备选方案生成
      - 4.引导式研讨会
    - 输出
      - 1.项目范围说明书
      - 2.项目文件更新
  - 创建WBS
    - 输入
      - 1.范围管理计划
      - 2.项目范围说明书
      - 3.需求文件
      - 4.事业环境因素
      - 5.组织过程资产
    - 工具与技术
      - 1.分解
      - 2.专家判断
    - 输出
      - 1.范围基准
      - 2.项目文件更新
  - 确认范围
    - 输入
      - 1.项目管理计划
      - 2.需求文件
      - 3.需求跟踪矩阵
      - 4.核实的可交付成果
      - 5.工作绩效数据
    - 工具与技术
      - 1.检查
      - 2.群体决策技术
    - 输出
      - 1.验收的可交付成果
      - 2.变更请求
      - 3.工作绩效信息
      - 4.项目文件更新
  - 控制范围
    - 输入
      - 1.项目管理计划
      - 2.需求文件
      - 3.需求跟踪矩阵
      - 4.工作绩效数据
      - 5.组织过程资产
    - 工具与技术
      - 偏差分析
    - 输出
      - 1.工作绩效信息
      - 2.变更请求
      - 3.项目管理计划更新
      - 4.项目文件更新
      - 5.组织过程资产更新

图 12-3 项目范围管理

资料来源：https：//www. cnblogs. com/zfc2201/p/4263379. html。

（三）项目时间管理

项目时间管理指让一切按既定的进度进行，用思维导图展示如图 12-4 所示。

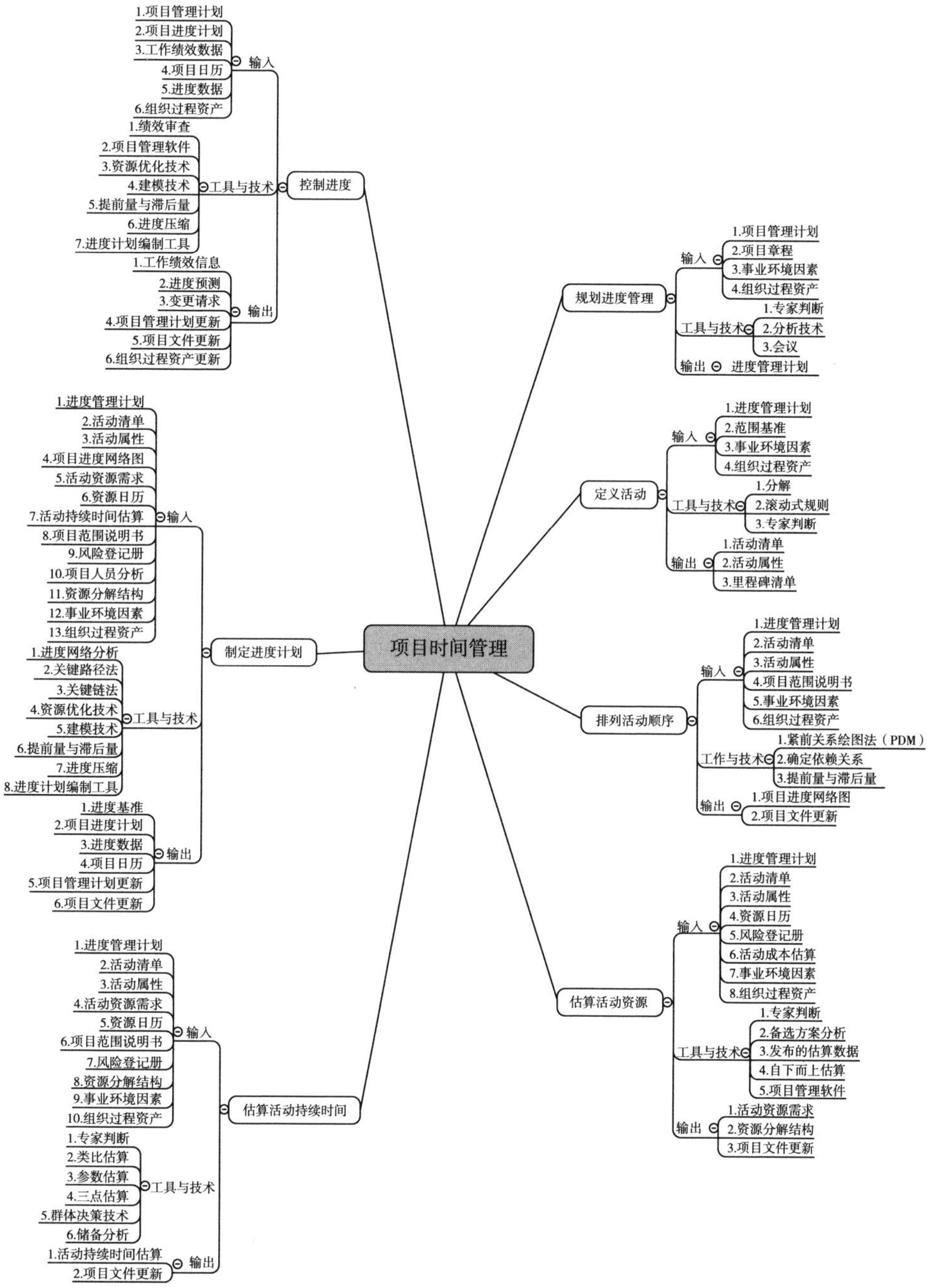

- 项目时间管理
  - 控制进度
    - 输入
      - 1.项目管理计划
      - 2.项目进度计划
      - 3.工作绩效数据
      - 4.项目日历
      - 5.进度数据
      - 6.组织过程资产
    - 工具与技术
      - 1.绩效审查
      - 2.项目管理软件
      - 3.资源优化技术
      - 4.建模技术
      - 5.提前量与滞后量
      - 6.进度压缩
      - 7.进度计划编制工具
    - 输出
      - 1.工作绩效信息
      - 2.进度预测
      - 3.变更请求
      - 4.项目管理计划更新
      - 5.项目文件更新
      - 6.组织过程资产更新
  - 规划进度管理
    - 输入
      - 1.项目管理计划
      - 2.项目章程
      - 3.事业环境因素
      - 4.组织过程资产
    - 工具与技术
      - 1.专家判断
      - 2.分析技术
      - 3.会议
    - 输出
      - 进度管理计划
  - 定义活动
    - 输入
      - 1.进度管理计划
      - 2.范围基准
      - 3.事业环境因素
      - 4.组织过程资产
    - 工具与技术
      - 1.分解
      - 2.滚动式规则
      - 3.专家判断
    - 输出
      - 1.活动清单
      - 2.活动属性
      - 3.里程碑清单
  - 制定进度计划
    - 输入
      - 1.进度管理计划
      - 2.活动清单
      - 3.活动属性
      - 4.项目进度网络图
      - 5.活动资源需求
      - 6.资源日历
      - 7.活动持续时间估算
      - 8.项目范围说明书
      - 9.风险登记册
      - 10.项目人员分析
      - 11.资源分解结构
      - 12.事业环境因素
      - 13.组织过程资产
    - 工具与技术
      - 1.进度网络分析
      - 2.关键路径法
      - 3.关键链法
      - 4.资源优化技术
      - 5.建模技术
      - 6.提前量与滞后量
      - 7.进度压缩
      - 8.进度计划编制工具
    - 输出
      - 1.进度基准
      - 2.项目进度计划
      - 3.进度数据
      - 4.项目日历
      - 5.项目管理计划更新
      - 6.项目文件更新
  - 排列活动顺序
    - 输入
      - 1.进度管理计划
      - 2.活动清单
      - 3.活动属性
      - 4.项目范围说明书
      - 5.事业环境因素
      - 6.组织过程资产
    - 工作与技术
      - 1.紧前关系绘图法（PDM）
      - 2.确定依赖关系
      - 3.提前量与滞后量
    - 输出
      - 1.项目进度网络图
      - 2.项目文件更新
  - 估算活动资源
    - 输入
      - 1.进度管理计划
      - 2.活动清单
      - 3.活动属性
      - 4.资源日历
      - 5.风险登记册
      - 6.活动成本估算
      - 7.事业环境因素
      - 8.组织过程资产
    - 工具与技术
      - 1.专家判断
      - 2.备选方案分析
      - 3.发布的估算数据
      - 4.自下而上估算
      - 5.项目管理软件
    - 输出
      - 1.活动资源需求
      - 2.资源分解结构
      - 3.项目文件更新
  - 估算活动持续时间
    - 输入
      - 1.进度管理计划
      - 2.活动清单
      - 3.活动属性
      - 4.活动资源需求
      - 5.资源日历
      - 6.项目范围说明书
      - 7.风险登记册
      - 8.资源分解结构
      - 9.事业环境因素
      - 10.组织过程资产
    - 工具与技术
      - 1.专家判断
      - 2.类比估算
      - 3.参数估算
      - 4.三点估算
      - 5.群体决策技术
      - 6.储备分析
    - 输出
      - 1.活动持续时间估算
      - 2.项目文件更新

图 12-4 项目时间管理

资料来源：https：//www. cnblogs. com/zfc2201/p/4263379. html。

（四）项目成本管理

项目成本管理指算准钱和花好钱，用思维导图展示如图 12-5 所示。

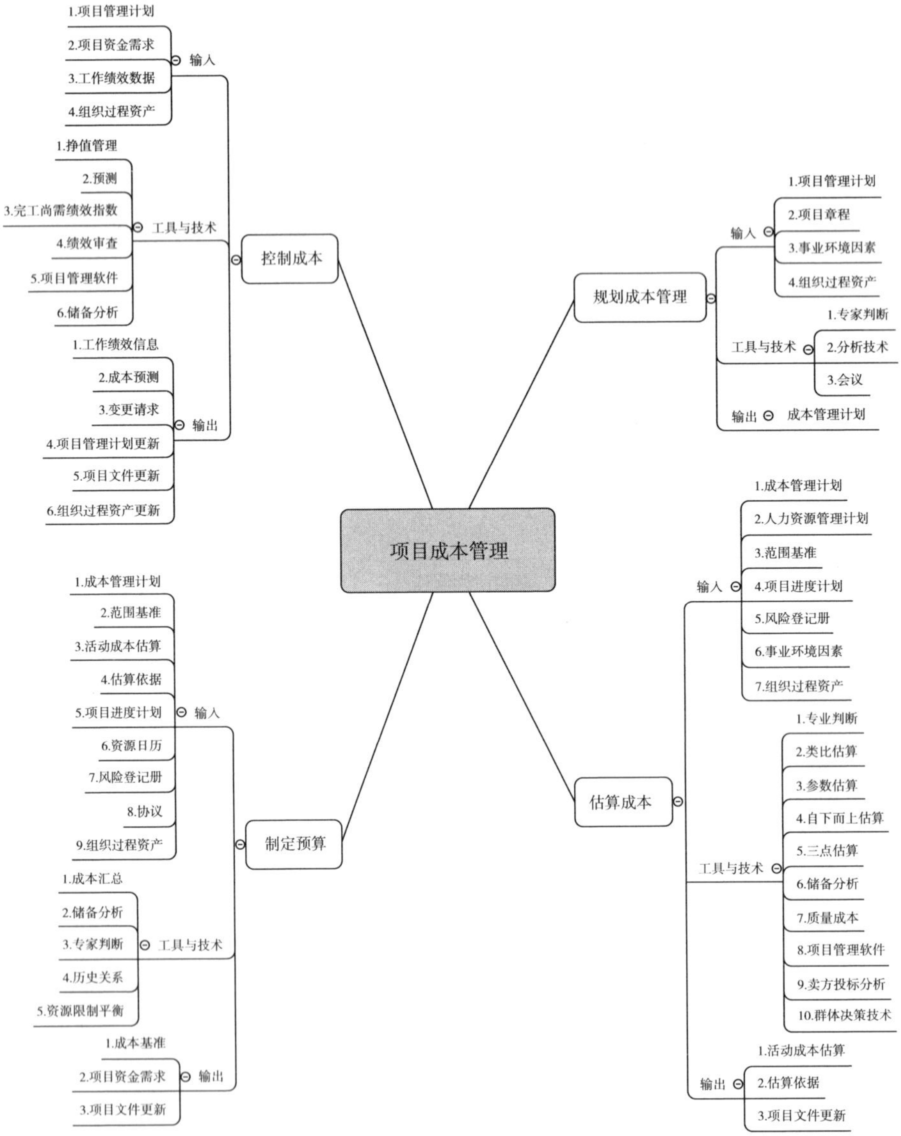

- 项目成本管理
  - 控制成本
    - 输入
      - 1.项目管理计划
      - 2.项目资金需求
      - 3.工作绩效数据
      - 4.组织过程资产
    - 工具与技术
      - 1.挣值管理
      - 2.预测
      - 3.完工尚需绩效指数
      - 4.绩效审查
      - 5.项目管理软件
      - 6.储备分析
    - 输出
      - 1.工作绩效信息
      - 2.成本预测
      - 3.变更请求
      - 4.项目管理计划更新
      - 5.项目文件更新
      - 6.组织过程资产更新
  - 规划成本管理
    - 输入
      - 1.项目管理计划
      - 2.项目章程
      - 3.事业环境因素
      - 4.组织过程资产
    - 工具与技术
      - 1.专家判断
      - 2.分析技术
      - 3.会议
    - 输出
      - 成本管理计划
  - 制定预算
    - 输入
      - 1.成本管理计划
      - 2.范围基准
      - 3.活动成本估算
      - 4.估算依据
      - 5.项目进度计划
      - 6.资源日历
      - 7.风险登记册
      - 8.协议
      - 9.组织过程资产
    - 工具与技术
      - 1.成本汇总
      - 2.储备分析
      - 3.专家判断
      - 4.历史关系
      - 5.资源限制平衡
    - 输出
      - 1.成本基准
      - 2.项目资金需求
      - 3.项目文件更新
  - 估算成本
    - 输入
      - 1.成本管理计划
      - 2.人力资源管理计划
      - 3.范围基准
      - 4.项目进度计划
      - 5.风险登记册
      - 6.事业环境因素
      - 7.组织过程资产
    - 工具与技术
      - 1.专业判断
      - 2.类比估算
      - 3.参数估算
      - 4.自下而上估算
      - 5.三点估算
      - 6.储备分析
      - 7.质量成本
      - 8.项目管理软件
      - 9.卖方投标分析
      - 10.群体决策技术
    - 输出
      - 1.活动成本估算
      - 2.估算依据
      - 3.项目文件更新

图 12-5 项目成本管理

资料来源：https：//www. cnblogs. com/zfc2201/p/4263379. html。

（五）项目质量管理

项目质量管理的目的是满足需求，用思维导图展示如图 12-6 所示。

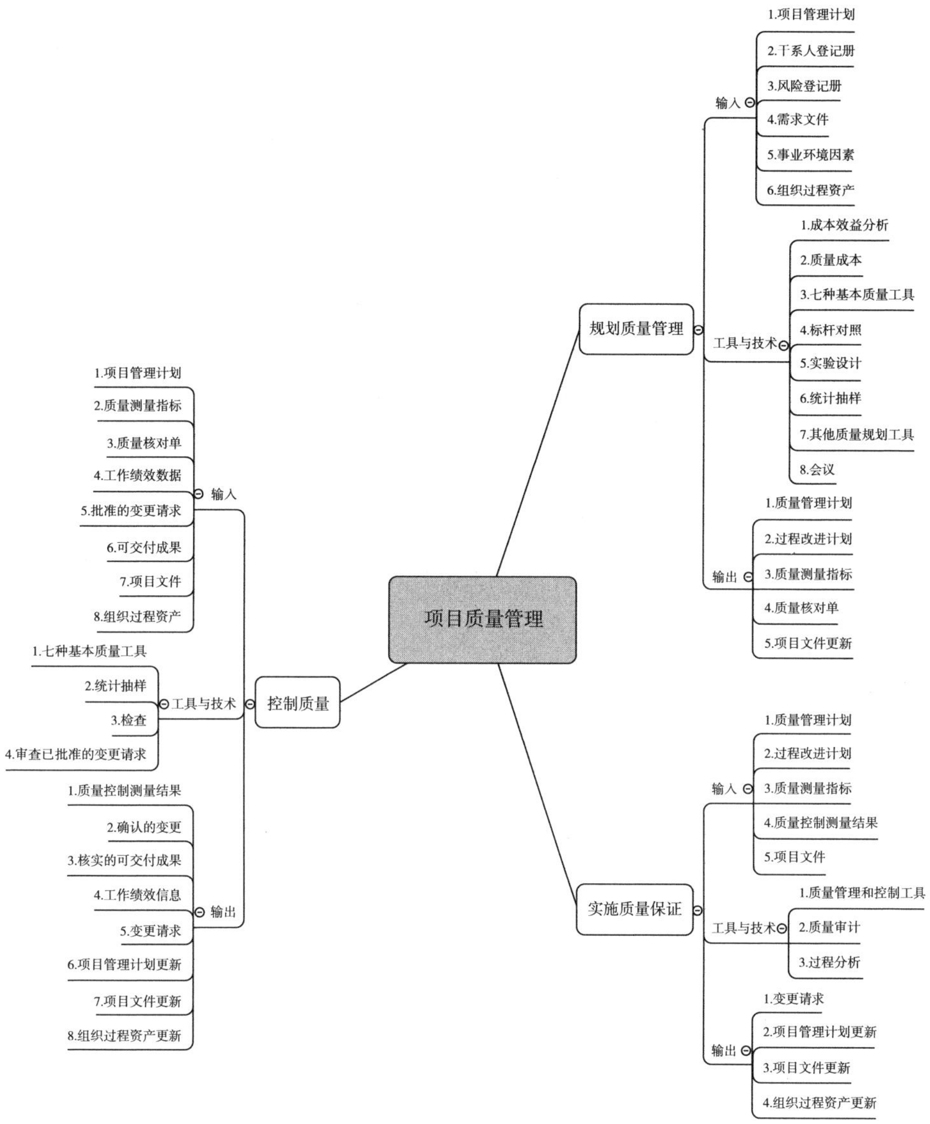

项目质量管理

- 规划质量管理
  - 输入
    - 1.项目管理计划
    - 2.干系人登记册
    - 3.风险登记册
    - 4.需求文件
    - 5.事业环境因素
    - 6.组织过程资产
  - 工具与技术
    - 1.成本效益分析
    - 2.质量成本
    - 3.七种基本质量工具
    - 4.标杆对照
    - 5.实验设计
    - 6.统计抽样
    - 7.其他质量规划工具
    - 8.会议
  - 输出
    - 1.质量管理计划
    - 2.过程改进计划
    - 3.质量测量指标
    - 4.质量核对单
    - 5.项目文件更新
- 实施质量保证
  - 输入
    - 1.质量管理计划
    - 2.过程改进计划
    - 3.质量测量指标
    - 4.质量控制测量结果
    - 5.项目文件
  - 工具与技术
    - 1.质量管理和控制工具
    - 2.质量审计
    - 3.过程分析
  - 输出
    - 1.变更请求
    - 2.项目管理计划更新
    - 3.项目文件更新
    - 4.组织过程资产更新
- 控制质量
  - 输入
    - 1.项目管理计划
    - 2.质量测量指标
    - 3.质量核对单
    - 4.工作绩效数据
    - 5.批准的变更请求
    - 6.可交付成果
    - 7.项目文件
    - 8.组织过程资产
  - 工具与技术
    - 1.七种基本质量工具
    - 2.统计抽样
    - 3.检查
    - 4.审查已批准的变更请求
  - 输出
    - 1.质量控制测量结果
    - 2.确认的变更
    - 3.核实的可交付成果
    - 4.工作绩效信息
    - 5.变更请求
    - 6.项目管理计划更新
    - 7.项目文件更新
    - 8.组织过程资产更新

图 12-6　项目质量管理

资料来源：https：//www. cnblogs. com/zfc2201/p/4263379. html。

（六）项目人力资源管理

让团队成员高效率地和你一起干，用思维导图展示如图 12-7 所示。

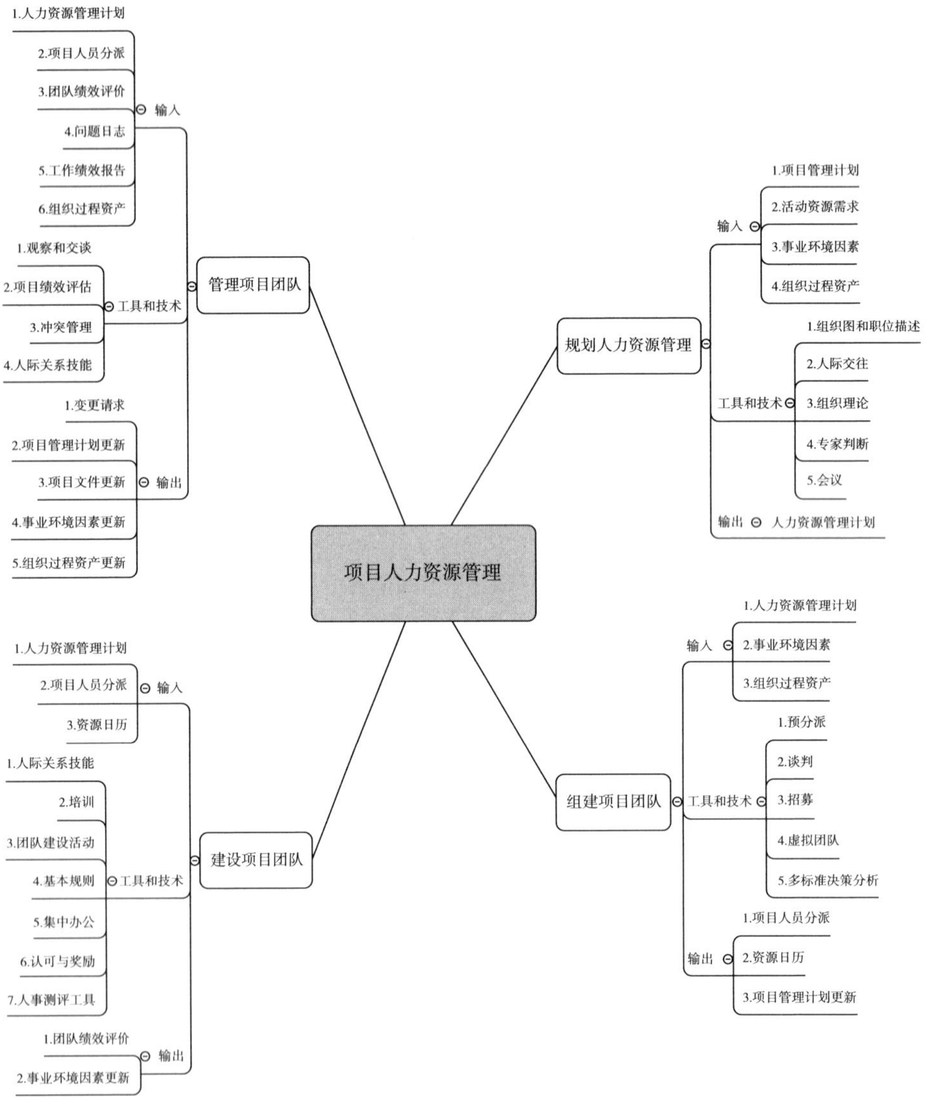

- 项目人力资源管理
  - 管理项目团队
    - 输入
      - 1.人力资源管理计划
      - 2.项目人员分派
      - 3.团队绩效评价
      - 4.问题日志
      - 5.工作绩效报告
      - 6.组织过程资产
    - 工具和技术
      - 1.观察和交谈
      - 2.项目绩效评估
      - 3.冲突管理
      - 4.人际关系技能
    - 输出
      - 1.变更请求
      - 2.项目管理计划更新
      - 3.项目文件更新
      - 4.事业环境因素更新
      - 5.组织过程资产更新
  - 规划人力资源管理
    - 输入
      - 1.项目管理计划
      - 2.活动资源需求
      - 3.事业环境因素
      - 4.组织过程资产
    - 工具和技术
      - 1.组织图和职位描述
      - 2.人际交往
      - 3.组织理论
      - 4.专家判断
      - 5.会议
    - 输出
      - 人力资源管理计划
  - 建设项目团队
    - 输入
      - 1.人力资源管理计划
      - 2.项目人员分派
      - 3.资源日历
    - 工具和技术
      - 1.人际关系技能
      - 2.培训
      - 3.团队建设活动
      - 4.基本规则
      - 5.集中办公
      - 6.认可与奖励
      - 7.人事测评工具
    - 输出
      - 1.团队绩效评价
      - 2.事业环境因素更新
  - 组建项目团队
    - 输入
      - 1.人力资源管理计划
      - 2.事业环境因素
      - 3.组织过程资产
    - 工具和技术
      - 1.预分派
      - 2.谈判
      - 3.招募
      - 4.虚拟团队
      - 5.多标准决策分析
    - 输出
      - 1.项目人员分派
      - 2.资源日历
      - 3.项目管理计划更新

图 12-7 项目人力资源管理

资料来源：https：//www. cnblogs. com/zfc2201/p/4263379. html。

（七）项目沟通管理

在合适的时间让合适的人通过合适的方式把合适的信息传达给合适的人。用思维导图展示如图 12-8 所示。

图 12-8　项目沟通管理

资料来源：https：//www. cnblogs. com/zfc2201/p/4263379. html。

（八）项目风险管理

“无事找事”，从而让项目“无险事”。用思维导图展示如图 12-9 所示。

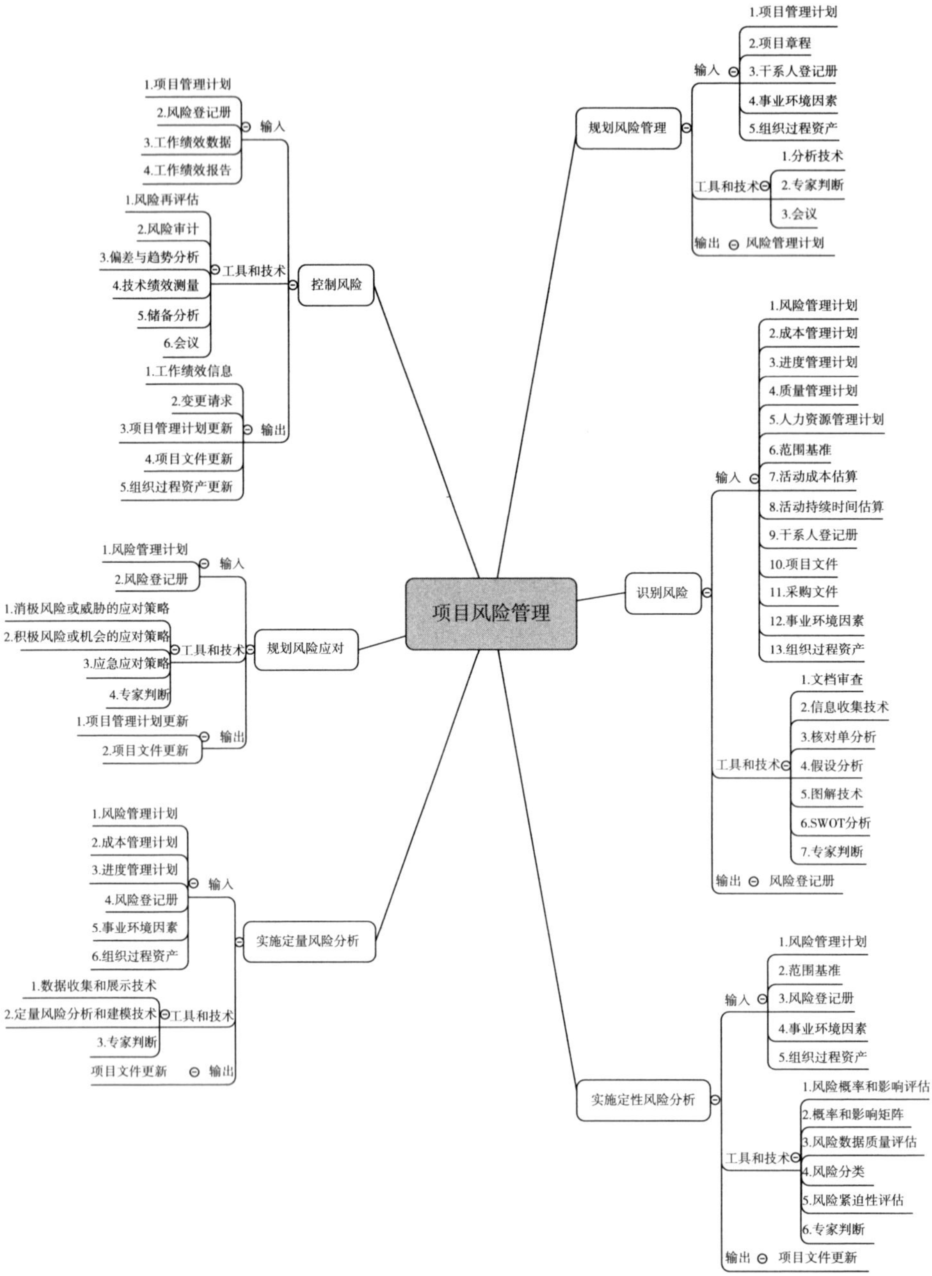

- 项目风险管理
  - 规划风险管理
    - 输入
      - 1.项目管理计划
      - 2.项目章程
      - 3.干系人登记册
      - 4.事业环境因素
      - 5.组织过程资产
    - 工具和技术
      - 1.分析技术
      - 2.专家判断
      - 3.会议
    - 输出
      - 风险管理计划
  - 识别风险
    - 输入
      - 1.风险管理计划
      - 2.成本管理计划
      - 3.进度管理计划
      - 4.质量管理计划
      - 5.人力资源管理计划
      - 6.范围基准
      - 7.活动成本估算
      - 8.活动持续时间估算
      - 9.干系人登记册
      - 10.项目文件
      - 11.采购文件
      - 12.事业环境因素
      - 13.组织过程资产
    - 工具和技术
      - 1.文档审查
      - 2.信息收集技术
      - 3.核对单分析
      - 4.假设分析
      - 5.图解技术
      - 6.SWOT分析
      - 7.专家判断
    - 输出
      - 风险登记册
  - 实施定性风险分析
    - 输入
      - 1.风险管理计划
      - 2.范围基准
      - 3.风险登记册
      - 4.事业环境因素
      - 5.组织过程资产
    - 工具和技术
      - 1.风险概率和影响评估
      - 2.概率和影响矩阵
      - 3.风险数据质量评估
      - 4.风险分类
      - 5.风险紧迫性评估
      - 6.专家判断
    - 输出
      - 项目文件更新
  - 实施定量风险分析
    - 输入
      - 1.风险管理计划
      - 2.成本管理计划
      - 3.进度管理计划
      - 4.风险登记册
      - 5.事业环境因素
      - 6.组织过程资产
    - 工具和技术
      - 1.数据收集和展示技术
      - 2.定量风险分析和建模技术
      - 3.专家判断
    - 输出
      - 项目文件更新
  - 规划风险应对
    - 输入
      - 1.风险管理计划
      - 2.风险登记册
    - 工具和技术
      - 1.消极风险或威胁的应对策略
      - 2.积极风险或机会的应对策略
      - 3.应急应对策略
      - 4.专家判断
    - 输出
      - 1.项目管理计划更新
      - 2.项目文件更新
  - 控制风险
    - 输入
      - 1.项目管理计划
      - 2.风险登记册
      - 3.工作绩效数据
      - 4.工作绩效报告
    - 工具和技术
      - 1.风险再评估
      - 2.风险审计
      - 3.偏差与趋势分析
      - 4.技术绩效测量
      - 5.储备分析
      - 6.会议
    - 输出
      - 1.工作绩效信息
      - 2.变更请求
      - 3.项目管理计划更新
      - 4.项目文件更新
      - 5.组织过程资产更新

图 12-9 项目风险管理

资料来源：https：//www. cnblogs. com/zfc2201/p/4263379. html。

（九）项目采购管理

当好甲方。用思维导图展示如图 12-10 所示。

图 12-10　项目采购管理

资料来源：https：//www. cnblogs. com/zfc2201/p/4263379. html。

（十）项目干系人管理

和项目干系人搞好关系并令其满意。用思维导图展示如图 12-11 所示。

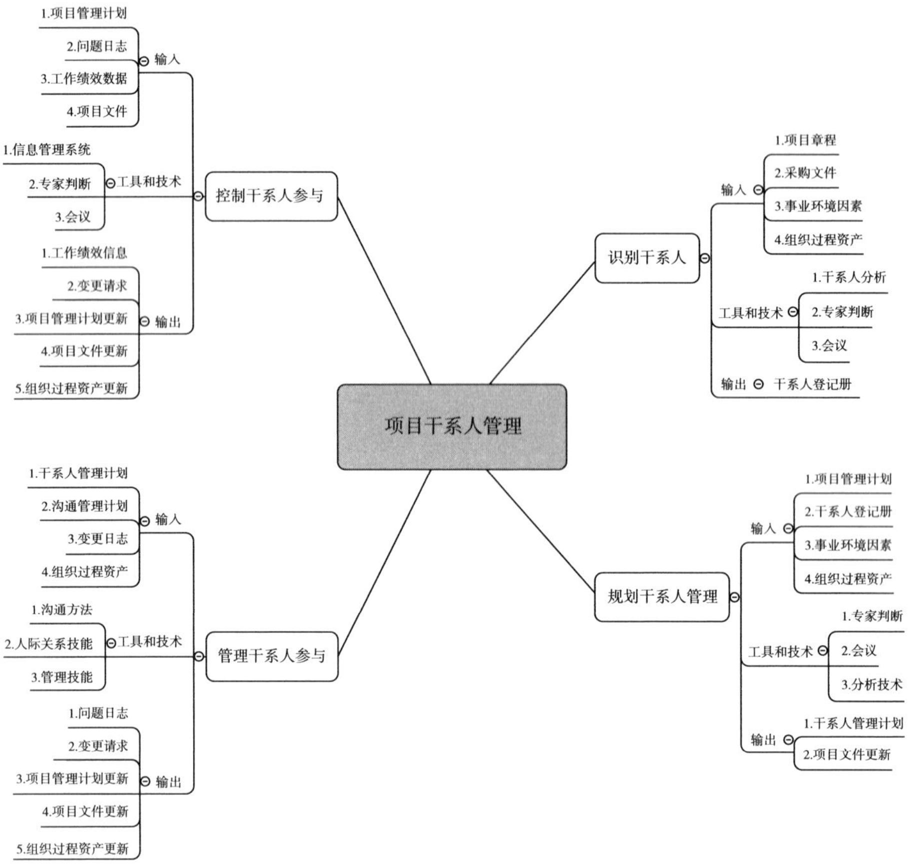

- 项目干系人管理
  - 识别干系人
    - 输入
      - 1.项目章程
      - 2.采购文件
      - 3.事业环境因素
      - 4.组织过程资产
    - 工具和技术
      - 1.干系人分析
      - 2.专家判断
      - 3.会议
    - 输出
      - 干系人登记册
  - 规划干系人管理
    - 输入
      - 1.项目管理计划
      - 2.干系人登记册
      - 3.事业环境因素
      - 4.组织过程资产
    - 工具和技术
      - 1.专家判断
      - 2.会议
      - 3.分析技术
    - 输出
      - 1.干系人管理计划
      - 2.项目文件更新
  - 管理干系人参与
    - 输入
      - 1.干系人管理计划
      - 2.沟通管理计划
      - 3.变更日志
      - 4.组织过程资产
    - 工具和技术
      - 1.沟通方法
      - 2.人际关系技能
      - 3.管理技能
    - 输出
      - 1.问题日志
      - 2.变更请求
      - 3.项目管理计划更新
      - 4.项目文件更新
      - 5.组织过程资产更新
  - 控制干系人参与
    - 输入
      - 1.项目管理计划
      - 2.问题日志
      - 3.工作绩效数据
      - 4.项目文件
    - 工具和技术
      - 1.信息管理系统
      - 2.专家判断
      - 3.会议
    - 输出
      - 1.工作绩效信息
      - 2.变更请求
      - 3.项目管理计划更新
      - 4.项目文件更新
      - 5.组织过程资产更新

图 12-11　项目干系人管理

资料来源：https：//www. cnblogs. com/zfc2201/p/4263379. html。

第五节　项目管理的 5 个阶段

项目管理是一种重要的企业管理，职业经理人想要掌握项目管理的相关知识，就需要了解项目管理九大体系和项目管理的的 5 个过程阶段。在本章节，我们会系统学习管理的 5 个阶段：项目启动、计划、执行、监控与收尾。

上一节，我们学习了项目管理的十大知识体系，而5个项目管理阶段是在这些知识体系的基础上进行运作。不论是在生活中还是工作中，比如做广告设计、产品开发、工程施工还是旅行安排等，都可以使用项目管理的思维来处理问题。

一、项目管理五步骤

项目管理的五个步骤如图12-12所示。

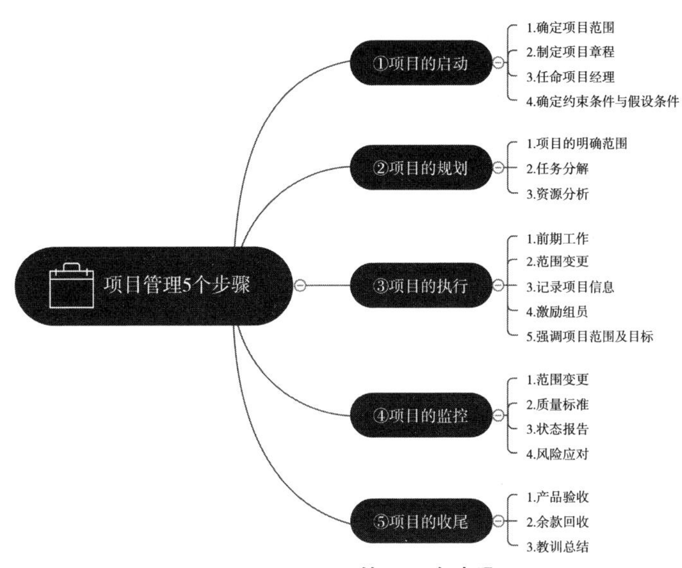

图12-12　项目管理5个步骤

（一）项目启动

凡事都有起和终，项目启动这个阶段是一个项目的开始，可以分为：确定项目范围、制定项目章程、任命项目经理与确定约束条件和假设条件。

（二）项目计划

项目计划阶段是为所有项目干系人提供项目的全景图，能够正确指导大家开展工作。这其中包括：项目的明确范围、任务分解（WBS）和资源分析。

（三）项目执行

任务执行阶段就是需要项目干系人按照所分配导的任务来按时高效执行。项目经理需要做好前期工作、范围变更、记录项目信息、激励组员和强调项目范围及目标。

（四）项目监控

项目的监控可使用专业的项目管理软件来实施，比如可以使用绘制项目图。项目监控通常与执行结合起来，项目经理需要做到能够及时变更范围、评估质量标准、状态报告和风险应对。

（五）项目收尾

当项目开展结束后，就需要及时关闭。项目经理对结果进行评估检验，还需要督促财务部门回收项目剩余账款。并组织项目干系人一起开会，盘点整个项目过程中的收获与感悟。

二、对应 PMBOK 五大过程组①

PMBOK 五大过程组是启动过程、规划过程、执行过程、监控过程、收尾过程。各用一句话概括项目管理知识体系五大过程组如下。

1. 启动过程组：作用是设定项目目标，让项目团队有事可做。

2. 规划过程组：作用是制定工作路线，让项目团队“有法可依”。

3. 执行过程组：作用是“按图索骥”，让项目团队“有法必依”。

4. 监控过程组：作用是测量项目绩效，让项目团队“违法必究”，并且尽量做到防患于未然。

5. 收尾过程组：作用是了结项目（阶段）“恩怨”，让一切圆满。

三、过程组具体工作

（一）启动过程组

1. 制定项目章程。制定项目章程是制定一份正式批准项目或阶段的文件，

① https：//blog. csdn. net/fireblue1990/article/details/52131410.

并记录能反映干系人的需要和期望的初步要求的过程。在多阶段项目中，这一过程可用来确认或优化在以前的制定项目章程过程中所做的相关决策。

2. 识别干系人。识别干系人是识别所有受项目影响的人或组织，并记录其利益、参与情况和影响项目成功的过程。

(二) 规划过程组

1. 制定项目管理计划。制定项目管理计划是对定义、编制、整合和协调所有子计划所必需的行动进行记录的过程。项目管理计划是关于如何对项目进行规划、执行、监控和收尾的主要信息来源。

2. 收集需求。收集需求是为实现项目目标而定义并记录干系人的需求的过程。

3. 定义范围。定义范围是制定项目和产品的详细描述的过程。

4. 创建工作分解结构。创建工作分解结构是把项目可交付成果和项目工作分解成较小的、更易于管理的组成部分的过程。

5. 定义活动。定义活动是识别为完成项目可交付成果而需采取的具体行动的过程。

6. 排列活动顺序。排列活动顺序是识别和记录项目活动间逻辑关系的过程。

7. 估算活动资源。估算活动资源是估算各项活动所需材料、人员、设备和用品的种类和数量的过程。

8. 估算活动持续时间。估算活动持续时间是根据资源估算的结果，估算完成单项活动所需工作时段数的过程。

9. 制定进度计划。制定进度计划是分析活动顺序、持续时间、资源需求和进度约束并编制项目进度计划的过程。

10. 估算成本。估算成本是对完成项目活动所需资金进行近似估算的过程。

11. 制定预算。制定预算是汇总所有单个活动或工作包的估算成本，建立一个经批准的成本基准的过程。

12. 规划质量。规划质量是识别项目及其产品的质量要求和/或标准，并书面描述项目将如何达到这些要求和/或标准的过程。

13. 制定人力资源计划。制定人力资源计划是识别和记录项目角色、职责、所需技能以及报告关系，并编制人员配备管理计划的过程。

14. 规划沟通。规划沟通是确定项目干系人的信息需求并定义沟通方法的过程。

15. 规划风险管理。规划风险管理是定义如何实施项目风险管理活动的过程。

16. 识别风险。识别风险是判断哪些风险可能影响项目并记录其特征的过程。

17. 实施定性风险分析。实施定性风险分析是评估并综合分析风险的概率和影响，对风险进行优先排序，从而为后续分析或行动提供基础的过程。

18. 实施定量风险分析。实施定量风险分析是就已识别的风险对项目整体目标的影响进行定量分析的过程。

19. 规划风险应对。规划风险应对是针对项目目标，制定提高机会、降低威胁的方案和措施的过程。

20. 规划采购。规划采购是记录项目采购决策，明确采购方法，识别潜在卖方的过程。

（三）执行过程组

1. 指导与管理项目执行。指导与管理项目执行是为实现项目目标而执行项目管理计划中所确定的工作的过程。

2. 实施质量保证。实施质量保证是审计质量要求和质量控制测量结果，确保采用合理的质量标准和操作定义的过程。

3. 组建项目团队。组建项目团队是确认可用人力资源并组建项目所需团队的过程。

4. 建设项目团队。建设项目团队是提高工作能力、促进团队互动和改善团队氛围，以提高项目绩效的过程。

5. 管理项目团队。管理项目团队是跟踪团队成员的表现、提供反馈、解决问题并管理变更，以优化项目绩效的过程。

6. 发布信息。发布信息是按计划向项目干系人提供有关信息的过程。

7. 管理干系人期望。管理干系人期望是为满足干系人的需要而与之沟通和协作，并解决所发生的问题的过程。

8. 实施采购。实施采购是获取卖方应答，选择卖方，授予合同的过程。

（四）监控过程组

1. 监控项目工作。监控项目工作是跟踪、审查和调整项目进展，以实现

项目管理计划中确定的绩效目标的过程。项目监督包括报告项目状态，测量项目进展，以及预测项目情况等。需要编制绩效报告，来提供项目各方面的绩效信息，如范围、进度、成本、资源、质量和风险等。这些信息可用作其他过程的输入。

2. 实施整体变更控制。实施整体变更控制是审查所有变更请求，批准变更，并管理对可交付成果、组织过程资产、项目文件和项目管理计划的变更的过程。

3. 核实范围。核实范围是正式验收项目已完成的可交付成果的过程。

4. 控制范围。控制范围是监督项目和产品的范围状态，管理范围基准变更的过程。

5. 控制进度。控制进度是监督项目状态以更新项目进展、管理进度基准变更的过程。

6. 控制成本。控制成本是监督项目状态以更新项目预算、管理成本基准变更的过程。

7. 实施质量控制。实施质量控制是监督并记录执行质量活动的结果，从而评估绩效并建议必要的变更的过程。

8. 报告绩效。报告绩效是收集并发布绩效信息的过程，包括状态报告、进展测量结果和预测情况。

9. 监控风险。监控风险是在整个项目中实施风险应对计划，跟踪已识别风险，监测残余风险，识别新风险，并评估风险过程有效性的过程。

10. 管理采购。管理采购是管理采购关系，监督合同绩效，以及采取必要的变更和纠正措施的过程。

（五）收尾过程组

收尾过程组包含为完结所有项目管理过程组的所有活动，以正式结束项目或阶段或合同责任而实施的一组过程。当这一过程组完成时，就表明为完成某一项目或项目阶段所需的所有过程组的所有过程均已完成，并正式确认项目或项目阶段已经结束。项目或阶段收尾时可能需要进行以下工作。

1. 获得客户或发起人的验收。
2. 进行项目后评价或阶段结束评价。
3. 记录“裁剪”任何过程的影响。
4. 记录经验教训。
5. 对组织过程资产进行适当的更新。

6. 将所有相关项目文件在项目管理信息系统（PMIS）中归档，以便作为历史数据使用。

7. 结束采购工作。

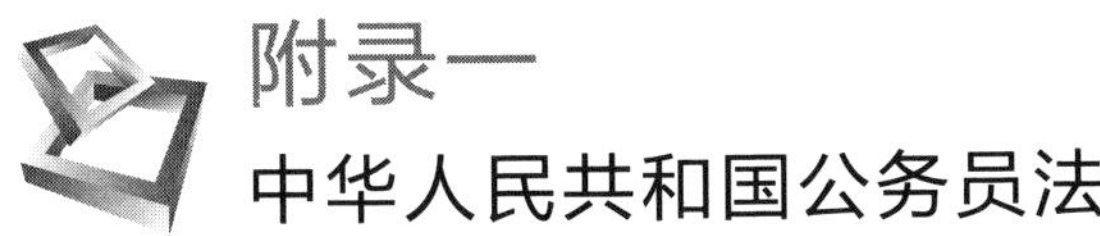

附录一
中华人民共和国公务员法

2005 年 4 月 27 日第十届全国人民代表大会常务委员会第十五次会议通过。

目　录

第一章　总则

第一条　为了规范公务员的管理，保障公务员的合法权益，加强对公务员的监督，建设高素质的公务员队伍，促进勤政廉政，提高工作效能，根据宪法，制定本法。

第二条　本法所称公务员，是指依法履行公职、纳入国家行政编制、由国家财政负担工资福利的工作人员。

第三条　公务员的义务、权利和管理，适用本法。

法律对公务员中的领导成员的产生、任免、监督以及法官、检察官等的义务、权利和管理另有规定的，从其规定。

第四条 公务员制度坚持以马克思列宁主义、毛泽东思想、邓小平理论和“三个代表”重要思想为指导，贯彻社会主义初级阶段的基本路线，贯彻中国共产党的干部路线和方针，坚持党管干部原则。

第五条 公务员的管理，坚持公开、平等、竞争、择优的原则，依照法定的权限、条件、标准和程序进行。

第六条 公务员的管理，坚持监督约束与激励保障并重的原则。

第七条 公务员的任用，坚持任人唯贤、德才兼备的原则，注重工作实绩。

第八条 国家对公务员实行分类管理，提高管理效能和科学化水平。

第九条 公务员依法履行职务的行为，受法律保护。

第十条 中央公务员主管部门负责全国公务员的综合管理工作。县级以上地方各级公务员主管部门负责本辖区内公务员的综合管理工作。上级公务员主管部门指导下级公务员主管部门的公务员管理工作。各级公务员主管部门指导同级各机关的公务员管理工作。

第二章　公务员的条件、义务与权利

第十一条 公务员应当具备下列条件：

（一）具有中华人民共和国国籍；

（二）年满十八周岁；

（三）拥护中华人民共和国宪法；

（四）具有良好的品行；

（五）具有正常履行职责的身体条件；

（六）具有符合职位要求的文化程度和工作能力；

（七）法律规定的其他条件。

第十二条 公务员应当履行下列义务：

（一）模范遵守宪法和法律；

（二）按照规定的权限和程序认真履行职责，努力提高工作效率；

（三）全心全意为人民服务，接受人民监督；

（四）维护国家的安全、荣誉和利益；

（五）忠于职守，勤勉尽责，服从和执行上级依法做出的决定和命令；

（六）保守国家秘密和工作秘密；

（七）遵守纪律，恪守职业道德，模范遵守社会公德；

（八）清正廉洁，公道正派；

（九）法律规定的其他义务。

第十三条 公务员享有下列权利：

（一）获得履行职责应当具有的工作条件；

（二）非因法定事由、非经法定程序，不被免职、降职、辞退或者处分；
（三）获得工资报酬，享受福利、保险待遇；
（四）参加培训；
（五）对机关工作和领导人员提出批评和建议；
（六）提出申诉和控告；
（七）申请辞职；
（八）法律规定的其他权利。

第三章　职务与级别

第十四条　国家实行公务员职位分类制度。

公务员职位类别按照公务员职位的性质、特点和管理需要，划分为综合管理类、专业技术类和行政执法类等类别。国务院根据本法，对于具有职位特殊性、需要单独管理的，可以增设其他职位类别。各职位类别的适用范围由国家另行规定。

第十五条　国家根据公务员职位类别设置公务员职务序列。

第十六条　公务员职务分为领导职务和非领导职务。

领导职务层次分为：国家级正职、国家级副职、省部级正职、省部级副职、厅局级正职、厅局级副职、县处级正职、县处级副职、乡科级正职、乡科级副职。

非领导职务层次在厅局级以下设置。

第十七条　综合管理类的领导职务根据宪法、有关法律、职务层次和机构规格设置确定。

综合管理类的非领导职务分为：巡视员、副巡视员、调研员、副调研员、主任科员、副主任科员、科员、办事员。

综合管理类以外其他职位类别公务员的职务序列，根据本法由国家另行规定。

第十八条　各机关依照确定的职能、规格、编制限额、职数以及结构比例，设置本机关公务员的具体职位，并确定各职位的工作职责和任职资格条件。

第十九条　公务员的职务应当对应相应的级别。公务员职务与级别的对应关系，由国务院规定。

公务员的职务与级别是确定公务员工资及其他待遇的依据。

公务员的级别根据所任职务及其德才表现、工作实绩和资历确定。公务员在同一职务上，可以按照国家规定晋升级别。

第二十条　国家根据人民警察以及海关、驻外外交机构公务员的工作特点，设置与其职务相对应的衔级。

第四章　录用

第二十一条　录用担任主任科员以下及其他相当职务层次的非领导职务公务员，采取公开考试、严格考察、平等竞争、择优录取的办法。

民族自治地方依照前款规定录用公务员时，依照法律和有关规定对少数民族报考者予以适当照顾。

第二十二条 中央机关及其直属机构公务员的录用，由中央公务员主管部门负责组织。地方各级机关公务员的录用，由省级公务员主管部门负责组织，必要时省级公务员主管部门可以授权设区的市级公务员主管部门组织。

第二十三条 报考公务员，除应当具备本法第十一条规定的条件外，还应当具备省级以上公务员主管部门规定的拟任职位所要求的资格条件。

第二十四条 下列人员不得录用为公务员：

（一）曾因犯罪受过刑事处罚的；

（二）曾被开除公职的；

（三）有法律规定不得录用为公务员的其他情形的。

第二十五条 录用公务员，必须在规定的编制限额内，并有相应的职位空缺。

第二十六条 录用公务员，应当发布招考公告。招考公告应当载明招考的职位、名额、报考资格条件、报考需要提交的申请材料以及其他报考须知事项。

招录机关应当采取措施，便利公民报考。

第二十七条 招录机关根据报考资格条件对报考申请进行审查。报考者提交的申请材料应当真实、准确。

第二十八条 公务员录用考试采取笔试和面试的方式进行，考试内容根据公务员应当具备的基本能力和不同职位类别分别设置。

第二十九条 招录机关根据考试成绩确定考察人选，并对其进行报考资格复审、考察和体检。

体检的项目和标准根据职位要求确定。具体办法由中央公务员主管部门会同国务院卫生行政部门规定。

第三十条 招录机关根据考试成绩、考察情况和体检结果，提出拟录用人员名单，并予以公示。

公示期满，中央一级招录机关将拟录用人员名单报中央公务员主管部门备案；地方各级招录机关将拟录用人员名单报省级或者设区的市级公务员主管部门审批。

第三十一条 录用特殊职位的公务员，经省级以上公务员主管部门批准，可以简化程序或者采用其他测评办法。

第三十二条 新录用的公务员试用期为一年。试用期满合格的，予以任职；不合格的，取消录用。

第五章　考核

第三十三条 对公务员的考核，按照管理权限，全面考核公务员的德、能、勤、绩、廉，重点考核工作实绩。

第三十四条 公务员的考核分为平时考核和定期考核。定期考核以平时考核为基础。

第三十五条　对非领导成员公务员的定期考核采取年度考核的方式，先由个人按照职位职责和有关要求进行总结，主管领导在听取群众意见后，提出考核等次建议，由本机关负责人或者授权的考核委员会确定考核等次。

对领导成员的定期考核，由主管机关按照有关规定办理。

第三十六条　定期考核的结果分为优秀、称职、基本称职和不称职四个等次。

定期考核的结果应当以书面形式通知公务员本人。

第三十七条　定期考核的结果作为调整公务员职务、级别、工资以及公务员奖励、培训、辞退的依据。

第六章　职务任免

第三十八条　公务员职务实行选任制和委任制。

领导成员职务按照国家规定实行任期制。

第三十九条　选任制公务员在选举结果生效时即任当选职务；任期届满不再连任，或者任期内辞职、被罢免、被撤职的，其所任职务即终止。

第四十条　委任制公务员遇有试用期满考核合格、职务发生变化、不再担任公务员职务以及其他情形需要任免职务的，应当按照管理权限和规定的程序任免其职务。

第四十一条　公务员任职必须在规定的编制限额和职数内进行，并有相应的职位空缺。

第四十二条　公务员因工作需要在机关外兼职，应当经有关机关批准，并不得领取兼职报酬。

第七章　职务升降

第四十三条　公务员晋升职务，应当具备拟任职务所要求的思想政治素质、工作能力、文化程度和任职经历等方面的条件和资格。

公务员晋升职务，应当逐级晋升。特别优秀的或者工作特殊需要的，可以按照规定破格或者越一级晋升职务。

第四十四条　公务员晋升领导职务，按照下列程序办理：

（一）民主推荐，确定考察对象；

（二）组织考察，研究提出任职建议方案，并根据需要在一定范围内进行酝酿；

（三）按照管理权限讨论决定；

（四）按照规定履行任职手续。

公务员晋升非领导职务，参照前款规定的程序办理。

第四十五条　机关内设机构厅局级正职以下领导职务出现空缺时，可以在本机关或者本系统内通过竞争上岗的方式，产生任职人选。

厅局级正职以下领导职务或者副调研员以上及其他相当职务层次的非领导职务出现空缺，可以面向社会公开选拔，产生任职人选。

确定初任法官、初任检察官的任职人选，可以面向社会，从通过国家统一司法考试取得资格的人员中公开选拔。

第四十六条 公务员晋升领导职务的，应当按照有关规定实行任职前公示制度和任职试用期制度。

第四十七条 公务员在定期考核中被确定为不称职的，按照规定程序降低一个职务层次任职。

第八章 奖励

第四十八条 对工作表现突出、有显著成绩和贡献，或者有其他突出事迹的公务员或者公务员集体，给予奖励。奖励坚持精神奖励与物质奖励相结合、以精神奖励为主的原则。

公务员集体的奖励适用于按照编制序列设置的机构或者为完成专项任务组成的工作集体。

第四十九条 公务员或者公务员集体有下列情形之一的，给予奖励：

（一）忠于职守，积极工作，成绩显著的；

（二）遵守纪律，廉洁奉公，作风正派，办事公道，模范作用突出的；

（三）在工作中有发明创造或者提出合理化建议，取得显著经济效益或者社会效益的；

（四）为增进民族团结、维护社会稳定做出突出贡献的；

（五）爱护公共财产，节约国家资财有突出成绩的；

（六）防止或者消除事故有功，使国家和人民群众利益免受或者减少损失的；

（七）在抢险、救灾等特定环境中奋不顾身，做出贡献的；

（八）同违法违纪行为做斗争有功绩的；

（九）在对外交往中为国家争得荣誉和利益的；

（十）有其他突出功绩的。

第五十条 奖励分为：嘉奖、记三等功、记二等功、记一等功、授予荣誉称号。

对受奖励的公务员或者公务员集体予以表彰，并给予一次性奖金或者其他待遇。

第五十一条 给予公务员或者公务员集体奖励，按照规定的权限和程序决定或者审批。

第五十二条 公务员或者公务员集体有下列情形之一的，撤销奖励：

（一）弄虚作假，骗取奖励的；

（二）申报奖励时隐瞒严重错误或者严重违反规定程序的；

（三）有法律、法规规定应当撤销奖励的其他情形的。

第九章 惩戒

第五十三条 公务员必须遵守纪律，不得有下列行为：

（一）散布有损国家声誉的言论，组织或者参加旨在反对国家的集会、游行、示威等

活动；

（二）组织或者参加非法组织，组织或者参加罢工；

（三）玩忽职守，贻误工作；

（四）拒绝执行上级依法做出的决定和命令；

（五）压制批评，打击报复；

（六）弄虚作假，误导、欺骗领导和公众；

（七）贪污、行贿、受贿，利用职务之便为自己或者他人谋取私利；

（八）违反财经纪律，浪费国家资财；

（九）滥用职权，侵害公民、法人或者其他组织的合法权益；

（十）泄露国家秘密或者工作秘密；

（十一）在对外交往中损害国家荣誉和利益；

（十二）参与或者支持色情、吸毒、赌博、迷信等活动；

（十三）违反职业道德、社会公德；

（十四）从事或者参与营利性活动，在企业或者其他营利性组织中兼任职务；

（十五）旷工或者因公外出、请假期满无正当理由逾期不归；

（十六）违反纪律的其他行为。

第五十四条　公务员执行公务时，认为上级的决定或者命令有错误的，可以向上级提出改正或者撤销该决定或者命令的意见；上级不改变该决定或者命令，或者要求立即执行的，公务员应当执行该决定或者命令，执行的后果由上级负责，公务员不承担责任；但是，公务员执行明显违法的决定或者命令的，应当依法承担相应的责任。

第五十五条　公务员因违法违纪应当承担纪律责任的，依照本法给予处分；违纪行为情节轻微，经批评教育后改正的，可以免予处分。

第五十六条　处分分为：警告、记过、记大过、降级、撤职、开除。

第五十七条　对公务员的处分，应当事实清楚、证据确凿、定性准确、处理恰当、程序合法、手续完备。

公务员违纪的，应当由处分决定机关决定对公务员违纪的情况进行调查，并将调查认定的事实及拟给予处分的依据告知公务员本人。公务员有权进行陈述和申辩。

处分决定机关认为对公务员应当给予处分的，应当在规定的期限内，按照管理权限和规定的程序做出处分决定。处分决定应当以书面形式通知公务员本人。

第五十八条　公务员在受处分期间不得晋升职务和级别，其中受记过、记大过、降级、撤职处分的，不得晋升工资档次。

受处分的期间为：警告，六个月；记过，十二个月；记大过，十八个月；降级、撤职，二十四个月。

受撤职处分的，按照规定降低级别。

第五十九条　公务员受开除以外的处分，在受处分期间有悔改表现，并且没有再发生违纪行为的，处分期满后，由处分决定机关解除处分并以书面形式通知本人。

解除处分后，晋升工资档次、级别和职务不再受原处分的影响。但是，解除降级、撤职处分的，不视为恢复原级别、原职务。

第十章　培训

第六十条　机关根据公务员工作职责的要求和提高公务员素质的需要，对公务员进行分级分类培训。

国家建立专门的公务员培训机构。机关根据需要也可以委托其他培训机构承担公务员培训任务。

第六十一条　机关对新录用人员应当在试用期内进行初任培训；对晋升领导职务的公务员应当在任职前或者任职后一年内进行任职培训；对从事专项工作的公务员应当进行专门业务培训；对全体公务员应当进行更新知识、提高工作能力的在职培训，其中对担任专业技术职务的公务员，应当按照专业技术人员继续教育的要求，进行专业技术培训。

国家有计划地加强对后备领导人员的培训。

第六十二条　公务员的培训实行登记管理。

公务员参加培训的时间由公务员主管部门按照本法第六十一条规定的培训要求予以确定。

公务员培训情况、学习成绩作为公务员考核的内容和任职、晋升的依据之一。

第十一章　交流与回避

第六十三条　国家实行公务员交流制度。

公务员可以在公务员队伍内部交流，也可以与国有企业事业单位、人民团体和群众团体中从事公务的人员交流。

交流的方式包括调任、转任和挂职锻炼。

第六十四条　国有企业事业单位、人民团体和群众团体中从事公务的人员可以调入机关担任领导职务或者副调研员以上及其他相当职务层次的非领导职务。调任人选应当具备本法第十一条规定的条件和拟任职位所要求的资格条件，并不得有本法第二十四条规定的情形。调任机关应当根据上述规定，对调任人选进行严格考察，并按照管理权限审批，必要时可以对调任人选进行考试。

第六十五条　公务员在不同职位之间转任应当具备拟任职位所要求的资格条件，在规定的编制限额和职数内进行。

对省部级正职以下的领导成员应当有计划、有重点地实行跨地区、跨部门转任。

对担任机关内设机构领导职务和工作性质特殊的非领导职务的公务员，应当有计划地在本机关内转任。

第六十六条　根据培养锻炼公务员的需要，可以选派公务员到下级机关或者上级机关、其他地区机关以及国有企业事业单位挂职锻炼。

公务员在挂职锻炼期间，不改变与原机关的人事关系。

第六十七条 公务员应当服从机关的交流决定。

公务员本人申请交流的，按照管理权限审批。

第六十八条 公务员之间有夫妻关系、直系血亲关系、三代以内旁系血亲关系以及近姻亲关系的，不得在同一机关担任双方直接隶属于同一领导人员的职务或者有直接上下级领导关系的职务，也不得在其中一方担任领导职务的机关从事组织、人事、纪检、监察、审计和财务工作。

因地域或者工作性质特殊，需要变通执行任职回避的，由省级以上公务员主管部门规定。

第六十九条 公务员担任乡级机关、县级机关及其有关部门主要领导职务的，应当实行地域回避，法律另有规定的除外。

第七十条 公务员执行公务时，有下列情形之一的，应当回避：

（一）涉及本人利害关系的；

（二）涉及与本人有本法第六十八条第一款所列亲属关系人员的利害关系的；

（三）其他可能影响公正执行公务的。

第七十一条 公务员有应当回避情形的，本人应当申请回避；利害关系人有权申请公务员回避。其他人员可以向机关提供公务员需要回避的情况。

机关根据公务员本人或者利害关系人的申请，经审查后做出是否回避的决定，也可以不经申请直接做出回避决定。

第七十二条 法律对公务员回避另有规定的，从其规定。

第十二章 工资福利保险

第七十三条 公务员实行国家统一的职务与级别相结合的工资制度。

公务员工资制度贯彻按劳分配的原则，体现工作职责、工作能力、工作实绩、资历等因素，保持不同职务、级别之间的合理工资差距。

国家建立公务员工资的正常增长机制。

第七十四条 公务员工资包括基本工资、津贴、补贴和奖金。

公务员按照国家规定享受地区附加津贴、艰苦边远地区津贴、岗位津贴等津贴。

公务员按照国家规定享受住房、医疗等补贴、补助。

公务员在定期考核中被确定为优秀、称职的，按照国家规定享受年终奖金。

公务员工资应当按时足额发放。

第七十五条 公务员的工资水平应当与国民经济发展相协调、与社会进步相适应。

国家实行工资调查制度，定期进行公务员和企业相当人员工资水平的调查比较，并将工资调查比较结果作为调整公务员工资水平的依据。

第七十六条 公务员按照国家规定享受福利待遇。国家根据经济社会发展水平提高公务员的福利待遇。

公务员实行国家规定的工时制度，按照国家规定享受休假。公务员在法定工作日之外加班的，应当给予相应的补休。

第七十七条 国家建立公务员保险制度，保障公务员在退休、患病、工伤、生育、失业等情况下获得帮助和补偿。

公务员因公致残的，享受国家规定的伤残待遇。公务员因公牺牲、因公死亡或者病故的，其亲属享受国家规定的抚恤和优待。

第七十八条 任何机关不得违反国家规定自行更改公务员工资、福利、保险政策，擅自提高或者降低公务员的工资、福利、保险待遇。任何机关不得扣减或者拖欠公务员的工资。

第七十九条 公务员工资、福利、保险、退休金以及录用、培训、奖励、辞退等所需经费，应当列入财政预算，予以保障。

第十三章　辞职辞退

第八十条 公务员辞去公职，应当向任免机关提出书面申请。任免机关应当自接到申请之日起三十日内予以审批，其中对领导成员辞去公职的申请，应当自接到申请之日起九十日内予以审批。

第八十一条 公务员有下列情形之一的，不得辞去公职：

（一）未满国家规定的最低服务年限的；

（二）在涉及国家秘密等特殊职位任职或者离开上述职位不满国家规定的脱密期限的；

（三）重要公务尚未处理完毕，且须由本人继续处理的；

（四）正在接受审计、纪律审查，或者涉嫌犯罪，司法程序尚未终结的；

（五）法律、行政法规规定的其他不得辞去公职的情形。

第八十二条 担任领导职务的公务员，因工作变动依照法律规定需要辞去现任职务的，应当履行辞职手续。

担任领导职务的公务员，因个人或者其他原因，可以自愿提出辞去领导职务。

领导成员因工作严重失误、失职造成重大损失或者恶劣社会影响的，或者对重大事故负有领导责任的，应当引咎辞去领导职务。

领导成员应当引咎辞职或者因其他原因不再适合担任现任领导职务，本人不提出辞职的，应当责令其辞去领导职务。

第八十三条 公务员有下列情形之一的，予以辞退：

（一）在年度考核中，连续两年被确定为不称职的；

（二）不胜任现职工作，又不接受其他安排的；

（三）因所在机关调整、撤销、合并或者缩减编制员额需要调整工作，本人拒绝合理安排的；

（四）不履行公务员义务，不遵守公务员纪律，经教育仍无转变，不适合继续在机关工作，又不宜给予开除处分的；

（五）旷工或者因公外出、请假期满无正当理由逾期不归连续超过十五天，或者一年内累计超过三十天的。

第八十四条　对有下列情形之一的公务员，不得辞退：

（一）因公致残，被确认丧失或者部分丧失工作能力的；

（二）患病或者负伤，在规定的医疗期内的；

（三）女性公务员在孕期、产假、哺乳期内的；

（四）法律、行政法规规定的其他不得辞退的情形。

第八十五条　辞退公务员，按照管理权限决定。辞退决定应当以书面形式通知被辞退的公务员。

被辞退的公务员，可以领取辞退费或者根据国家有关规定享受失业保险。

第八十六条　公务员辞职或者被辞退，离职前应当办理公务交接手续，必要时按照规定接受审计。

第十四章　退休

第八十七条　公务员达到国家规定的退休年龄或者完全丧失工作能力的，应当退休。

第八十八条　公务员符合下列条件之一的，本人自愿提出申请，经任免机关批准，可以提前退休：

（一）工作年限满三十年的；

（二）距国家规定的退休年龄不足五年，且工作年限满二十年的；

（三）符合国家规定的可以提前退休的其他情形的。

第八十九条　公务员退休后，享受国家规定的退休金和其他待遇，国家为其生活和健康提供必要的服务和帮助，鼓励发挥个人专长，参与社会发展。

第十五章　申诉控告

第九十条　公务员对涉及本人的下列人事处理不服的，可以自知道该人事处理之日起三十日内向原处理机关申请复核；对复核结果不服的，可以自接到复核决定之日起十五日内，按照规定向同级公务员主管部门或者做出该人事处理的机关的上一级机关提出申诉；也可以不经复核，自知道该人事处理之日起三十日内直接提出申诉：

（一）处分；

（二）辞退或者取消录用；

（三）降职；

（四）定期考核定为不称职；

（五）免职；

（六）申请辞职、提前退休未予批准；

（七）未按规定确定或者扣减工资、福利、保险待遇；

（八）法律、法规规定可以申诉的其他情形。

对省级以下机关做出的申诉处理决定不服的，可以向做出处理决定的上一级机关提出再申诉。

行政机关公务员对处分不服向行政监察机关申诉的，按照《中华人民共和国行政监察法》的规定办理。

第九十一条 原处理机关应当自接到复核申请书后的三十日内做出复核决定。受理公务员申诉的机关应当自受理之日起六十日内做出处理决定；案情复杂的，可以适当延长，但是延长时间不得超过三十日。

复核、申诉期间不停止人事处理的执行。

第九十二条 公务员申诉的受理机关审查认定人事处理有错误的，原处理机关应当及时予以纠正。

第九十三条 公务员认为机关及其领导人员侵犯其合法权益的，可以依法向上级机关或者有关的专门机关提出控告。受理控告的机关应当按照规定及时处理。

第九十四条 公务员提出申诉、控告，不得捏造事实，诬告、陷害他人。

第十六章 职位聘任

第九十五条 机关根据工作需要，经省级以上公务员主管部门批准，可以对专业性较强的职位和辅助性职位实行聘任制。

前款所列职位涉及国家秘密的，不实行聘任制。

第九十六条 机关聘任公务员可以参照公务员考试录用的程序进行公开招聘，也可以从符合条件的人员中直接选聘。

机关聘任公务员应当在规定的编制限额和工资经费限额内进行。

第九十七条 机关聘任公务员，应当按照平等自愿、协商一致的原则，签订书面的聘任合同，确定机关与所聘公务员双方的权利、义务。聘任合同经双方协商一致可以变更或者解除。

聘任合同的签订、变更或者解除，应当报同级公务员主管部门备案。

第九十八条 聘任合同应当具备合同期限，职位及其职责要求，工资、福利、保险待遇，违约责任等条款。

聘任合同期限为一年至五年。聘任合同可以约定试用期，试用期为一个月至六个月。

聘任制公务员按照国家规定实行协议工资制，具体办法由中央公务员主管部门规定。

第九十九条 机关依据本法和聘任合同对所聘公务员进行管理。

第一百条 国家建立人事争议仲裁制度。

人事争议仲裁应当根据合法、公正、及时处理的原则，依法维护争议双方的合法权益。

人事争议仲裁委员会根据需要设立。人事争议仲裁委员会由公务员主管部门的代表、聘用机关的代表、聘任制公务员的代表以及法律专家组成。

聘任制公务员与所在机关之间因履行聘任合同发生争议的，可以自争议发生之日起六

十日内向人事争议仲裁委员会申请仲裁。当事人对仲裁裁决不服的，可以自接到仲裁裁决书之日起十五日内向人民法院提起诉讼。仲裁裁决生效后，一方当事人不履行的，另一方当事人可以申请人民法院执行。

第十七章　法律责任

第一百〇一条　对有下列违反本法规定情形的，由县级以上领导机关或者公务员主管部门按照管理权限，区别不同情况，分别予以责令纠正或者宣布无效；对负有责任的领导人员和直接责任人员，根据情节轻重，给予批评教育或者处分；构成犯罪的，依法追究刑事责任：

（一）不按编制限额、职数或者任职资格条件进行公务员录用、调任、转任、聘任和晋升的；

（二）不按规定条件进行公务员奖惩、回避和办理退休的；

（三）不按规定程序进行公务员录用、调任、转任、聘任、晋升、竞争上岗、公开选拔以及考核、奖惩的；

（四）违反国家规定，更改公务员工资、福利、保险待遇标准的；

（五）在录用、竞争上岗、公开选拔中发生泄露试题、违反考场纪律以及其他严重影响公开、公正的；

（六）不按规定受理和处理公务员申诉、控告的；

（七）违反本法规定的其他情形的。

第一百〇二条　公务员辞去公职或者退休的，原系领导成员的公务员在离职三年内，其他公务员在离职两年内，不得到与原工作业务直接相关的企业或者其他营利性组织任职，不得从事与原工作业务直接相关的营利性活动。

公务员辞去公职或者退休后有违反前款规定行为的，由其原所在机关的同级公务员主管部门责令限期改正；逾期不改正的，由县级以上工商行政管理部门没收该人员从业期间的违法所得，责令接收单位将该人员予以清退，并根据情节轻重，对接收单位处以被处罚人员违法所得一倍以上五倍以下的罚款。

第一百〇三条　机关因错误的具体人事处理对公务员造成名誉损害的，应当赔礼道歉、恢复名誉、消除影响；造成经济损失的，应当依法给予赔偿。

第一百〇四条　公务员主管部门的工作人员，违反本法规定，滥用职权、玩忽职守、徇私舞弊，构成犯罪的，依法追究刑事责任；尚不构成犯罪的，给予处分。

第十八章　附则

第一百〇五条　本法所称领导成员，是指机关的领导人员，不包括机关内设机构担任领导职务的人员。

第一百〇六条　法律、法规授权的具有公共事务管理职能的事业单位中除工勤人员以外的工作人员，经批准参照本法进行管理。

第一百〇七条 本法自2006年1月1日起施行。全国人民代表大会常务委员会1957年10月23日批准、国务院1957年10月26日公布的《国务院关于国家行政机关工作人员的奖惩暂行规定》、1993年8月14日国务院公布的《国家公务员暂行条例》同时废止。

附录二
党政机关公文处理工作条例

第一章　总则

第一条　为了适应中国共产党机关和国家行政机关（以下简称党政机关）工作需要，推进党政机关公文处理工作科学化、制度化、规范化，制定本条例。

第二条　本条例适用于各级党政机关公文处理工作。

第三条　党政机关公文是党政机关实施领导、履行职能、处理公务的具有特定效力和规范体式的文书，是传达贯彻党和国家的方针政策，公布法规和规章，指导、布置和商洽工作，请示和答复问题，报告、通报和交流情况等的重要工具。

第四条　公文处理工作是指公文拟制、办理、管理等一系列相互关联、衔接有序的工作。

第五条　公文处理工作应当坚持实事求是、准确规范、精简高效、安全保密的原则。

第六条　各级党政机关应当高度重视公文处理工作，加强组织领导，强化队伍建设，设立文秘部门或者由专人负责公文处理工作。

第七条　各级党政机关办公厅（室）主管本机关的公文处理工作，并对下级机关的公文处理工作进行业务指导和督促检查。

第二章　公文种类

第八条　公文种类主要有：

（一）决议。适用于会议讨论通过的重大决策事项。

（二）决定。适用于对重要事项作出决策和部署、奖惩有关单位和人员、变更或者撤销下级机关不适当的决定事项。

（三）命令（令）。适用于公布行政法规和规章、宣布施行重大强制性措施、批准授予和晋升衔级、嘉奖有关单位和人员。

（四）公报。适用于公布重要决定或者重大事项。

（五）公告。适用于向国内外宣布重要事项或者法定事项。

（六）通告。适用于在一定范围内公布应当遵守或者周知的事项。

（七）意见。适用于对重要问题提出见解和处理办法。

（八）通知。适用于发布、传达要求下级机关执行和有关单位周知或者执行的事项，批转、转发公文。

（九）通报。适用于表彰先进、批评错误、传达重要精神和告知重要情况。

（十）报告。适用于向上级机关汇报工作、反映情况，回复上级机关的询问。

（十一）请示。适用于向上级机关请求指示、批准。

（十二）批复。适用于答复下级机关请示事项。

（十三）议案。适用于各级人民政府按照法律程序向同级人民代表大会或者人民代表大会常务委员会提请审议事项。

（十四）函。适用于不相隶属机关之间商洽工作、询问和答复问题、请求批准和答复审批事项。

（十五）纪要。适用于记载会议主要情况和议定事项。

第三章　公文格式

第九条　公文一般由份号、密级和保密期限、紧急程度、发文机关标志、发文字号、签发人、标题、主送机关、正文、附件说明、发文机关署名、成文日期、印章、附注、附件、抄送机关、印发机关和印发日期、页码等组成。

（一）份号。公文印制份数的顺序号。涉密公文应当标注份号。

（二）密级和保密期限。公文的秘密等级和保密的期限。涉密公文应当根据涉密程度分别标注“绝密”“机密”“秘密”和保密期限。

（三）紧急程度。公文送达和办理的时限要求。根据紧急程度，紧急公文应当分别标注“特急”“加急”，电报应当分别标注“特提”“特急”“加急”“平急”。

（四）发文机关标志。由发文机关全称或者规范化简称加“文件”二字组成，也可以使用发文机关全称或者规范化简称。联合行文时，发文机关标志可以并用联合发文机关名称，也可以单独用主办机关名称。

（五）发文字号。由发文机关代字、年份、发文顺序号组成。联合行文时，使用主办机关的发文字号。

（六）签发人。上行文应当标注签发人姓名。

（七）标题。由发文机关名称、事由和文种组成。

（八）主送机关。公文的主要受理机关，应当使用机关全称、规范化简称或者同类型机关统称。

（九）正文。公文的主体，用来表述公文的内容。

（十）附件说明。公文附件的顺序号和名称。

（十一）发文机关署名。署发文机关全称或者规范化简称。

（十二）成文日期。署会议通过或者发文机关负责人签发的日期。联合行文时，署最后签发机关负责人签发的日期。

（十三）印章。公文中有发文机关署名的，应当加盖发文机关印章，并与署名机关相符。有特定发文机关标志的普发性公文和电报可以不加盖印章。

（十四）附注。公文印发传达范围等需要说明的事项。

（十五）附件。公文正文的说明、补充或者参考资料。

（十六）抄送机关。除主送机关外需要执行或者知晓公文内容的其他机关，应当使用机关全称、规范化简称或者同类型机关统称。

（十七）印发机关和印发日期。公文的送印机关和送印日期。

（十八）页码。公文页数顺序号。

第十条　公文的版式按照《党政机关公文格式》国家标准执行。

第十一条　公文使用的汉字、数字、外文字符、计量单位和标点符号等，按照有关国家标准和规定执行。民族自治地方的公文，可以并用汉字和当地通用的少数民族文字。

第十二条　公文用纸幅面采用国际标准 A4 型。特殊形式的公文用纸幅面，根据实际需要确定。

第四章　行文规则

第十三条　行文应当确有必要，讲求实效，注重针对性和可操作性。

第十四条　行文关系根据隶属关系和职权范围确定。一般不得越级行文，特殊情况需要越级行文的，应当同时抄送被越过的机关。

第十五条　向上级机关行文，应当遵循以下规则：

（一）原则上主送一个上级机关，根据需要同时抄送相关上级机关和同级机关，不抄送下级机关。

（二）党委、政府的部门向上级主管部门请示、报告重大事项，应当经本级党委、政府同意或者授权；属于部门职权范围内的事项应当直接报送上级主管部门。

（三）下级机关的请示事项，如需以本机关名义向上级机关请示，应当提出倾向性意见后上报，不得原文转报上级机关。

（四）请示应当一文一事。不得在报告等非请示性公文中夹带请示事项。

（五）除上级机关负责人直接交办事项外，不得以本机关名义向上级机关负责人报送公文，不得以本机关负责人名义向上级机关报送公文。

（六）受双重领导的机关向一个上级机关行文，必要时抄送另一个上级机关。

第十六条　向下级机关行文，应当遵循以下规则：

（一）主送受理机关，根据需要抄送相关机关。重要行文应当同时抄送发文机关的直接上级机关。

（二）党委、政府的办公厅（室）根据本级党委、政府授权，可以向下级党委、政府行文，其他部门和单位不得向下级党委、政府发布指令性公文或者在公文中向下级党委、政府提出指令性要求。需经政府审批的具体事项，经政府同意后可以由政府职能部门行文，文中须注明已经政府同意。

（三）党委、政府的部门在各自职权范围内可以向下级党委、政府的相关部门行文。

（四）涉及多个部门职权范围内的事务，部门之间未协商一致的，不得向下行文；擅自行文的，上级机关应当责令其纠正或者撤销。

（五）上级机关向受双重领导的下级机关行文，必要时抄送该下级机关的另一个上级机关。

第十七条 同级党政机关、党政机关与其他同级机关必要时可以联合行文。属于党委、政府各自职权范围内的工作，不得联合行文。

党委、政府的部门依据职权可以相互行文。

部门内设机构除办公厅（室）外不得对外正式行文。

第五章 公文拟制

第十八条 公文拟制包括公文的起草、审核、签发等程序。

第十九条 公文起草应当做到：

（一）符合党的理论路线方针政策和国家法律法规，完整准确体现发文机关意图，并同现行有关公文相衔接。

（二）一切从实际出发，分析问题实事求是，所提政策措施和办法切实可行。

（三）内容简洁，主题突出，观点鲜明，结构严谨，表述准确，文字精练。

（四）文种正确，格式规范。

（五）深入调查研究，充分进行论证，广泛听取意见。

（六）公文涉及其他地区或者部门职权范围内的事项，起草单位必须征求相关地区或者部门意见，力求达成一致。

（七）机关负责人应当主持、指导重要公文起草工作。

第二十条 公文文稿签发前，应当由发文机关办公厅（室）进行审核。审核的重点是：

（一）行文理由是否充分，行文依据是否准确。

（二）内容是否符合党的理论路线方针政策和国家法律法规；是否完整准确体现发文机关意图；是否同现行有关公文相衔接；所提政策措施和办法是否切实可行。

（三）涉及有关地区或者部门职权范围内的事项是否经过充分协商并达成一致意见。

（四）文种是否正确，格式是否规范；人名、地名、时间、数字、段落顺序、引文等是否准确；文字、数字、计量单位和标点符号等用法是否规范。

（五）其他内容是否符合公文起草的有关要求。

需要发文机关审议的重要公文文稿，审议前由发文机关办公厅（室）进行初核。

第二十一条 经审核不宜发文的公文文稿，应当退回起草单位并说明理由；符合发文条件但内容需作进一步研究和修改的，由起草单位修改后重新报送。

第二十二条 公文应当经本机关负责人审批签发。重要公文和上行文由机关主要负责人签发。党委、政府的办公厅（室）根据党委、政府授权制发的公文，由受权机关主要负责人签发或者按照有关规定签发。签发人签发公文，应当签署意见、姓名和完整日期；圈阅或者签名的，视为同意。联合发文由所有联署机关的负责人会签。

第六章　公文办理

第二十三条　公文办理包括收文办理、发文办理和整理归档。

第二十四条　收文办理主要程序是：

（一）签收。对收到的公文应当逐件清点，核对无误后签字或者盖章，并注明签收时间。

（二）登记。对公文的主要信息和办理情况应当详细记载。

（三）初审。对收到的公文应当进行初审。初审的重点是：是否应当由本机关办理，是否符合行文规则，文种、格式是否符合要求，涉及其他地区或者部门职权范围内的事项是否已经协商、会签，是否符合公文起草的其他要求。经初审不符合规定的公文，应当及时退回来文单位并说明理由。

（四）承办。阅知性公文应当根据公文内容、要求和工作需要确定范围后分送。批办性公文应当提出拟办意见报本机关负责人批示或者转有关部门办理；需要两个以上部门办理的，应当明确主办部门。紧急公文应当明确办理时限。承办部门对交办的公文应当及时办理，有明确办理时限要求的应当在规定时限内办理完毕。

（五）传阅。根据领导批示和工作需要将公文及时送传阅对象阅知或者批示。办理公文传阅应当随时掌握公文去向，不得漏传、误传、延误。

（六）催办。及时了解掌握公文的办理进展情况，督促承办部门按期办结。紧急公文或者重要公文应当由专人负责催办。

（七）答复。公文的办理结果应当及时答复来文单位，并根据需要告知相关单位。

第二十五条　发文办理主要程序是：

（一）复核。已经发文机关负责人签批的公文，印发前应当对公文的审批手续、内容、文种、格式等进行复核；需作实质性修改的，应当报原签批人复审。

（二）登记。对复核后的公文，应当确定发文字号、分送范围和印制份数并详细记载。

（三）印制。公文印制必须确保质量和时效。涉密公文应当在符合保密要求的场所印制。

（四）核发。公文印制完毕，应当对公文的文字、格式和印刷质量进行检查后分发。

第二十六条　涉密公文应当通过机要交通、邮政机要通信、城市机要文件交换站或者收发件机关机要收发人员进行传递，通过密码电报或者符合国家保密规定的计算机信息系统进行传输。

第二十七条　需要归档的公文及有关材料，应当根据有关档案法律法规以及机关档案管理规定，及时收集齐全、整理归档。两个以上机关联合办理的公文，原件由主办机关归档，相关机关保存复制件。机关负责人兼任其他机关职务的，在履行所兼职务过程中形成的公文，由其兼职机关归档。

第七章　公文管理

第二十八条　各级党政机关应当建立健全本机关公文管理制度，确保管理严格规范，充分发挥公文效用。

第二十九条　党政机关公文由文秘部门或者专人统一管理。设立党委（党组）的县级以上单位应当建立机要保密室和机要阅文室，并按照有关保密规定配备工作人员和必要的安全保密设施设备。

第三十条　公文确定密级前，应当按照拟定的密级先行采取保密措施。确定密级后，应当按照所定密级严格管理。绝密级公文应当由专人管理。

公文的密级需要变更或者解除的，由原确定密级的机关或者其上级机关决定。

第三十一条　公文的印发传达范围应当按照发文机关的要求执行；需要变更的，应当经发文机关批准。

涉密公文公开发布前应当履行解密程序。公开发布的时间、形式和渠道，由发文机关确定。

经批准公开发布的公文，同发文机关正式印发的公文具有同等效力。

第三十二条　复制、汇编机密级、秘密级公文，应当符合有关规定并经本机关负责人批准。绝密级公文一般不得复制、汇编，确有工作需要的，应当经发文机关或者其上级机关批准。复制、汇编的公文视同原件管理。

复制件应当加盖复制机关戳记。翻印件应当注明翻印的机关名称、日期。汇编本的密级按照编入公文的最高密级标注。

第三十三条　公文的撤销和废止，由发文机关、上级机关或者权力机关根据职权范围和有关法律法规决定。公文被撤销的，视为自始无效；公文被废止的，视为自废止之日起失效。

第三十四条　涉密公文应当按照发文机关的要求和有关规定进行清退或者销毁。

第三十五条　不具备归档和保存价值的公文，经批准后可以销毁。销毁涉密公文必须严格按照有关规定履行审批登记手续，确保不丢失、不漏销。个人不得私自销毁、留存涉密公文。

第三十六条　机关合并时，全部公文应当随之合并管理；机关撤销时，需要归档的公文经整理后按照有关规定移交档案管理部门。

工作人员离岗离职时，所在机关应当督促其将暂存、借用的公文按照有关规定移交、清退。

第三十七条　新设立的机关应当向本级党委、政府的办公厅（室）提出发文立户申请。经审查符合条件的，列为发文单位，机关合并或者撤销时，相应进行调整。

第八章　附则

第三十八条　党政机关公文含电子公文。电子公文处理工作的具体办法另行制定。

第三十九条　法规、规章方面的公文，依照有关规定处理。外事方面的公文，依照外事主管部门的有关规定处理。

第四十条　其他机关和单位的公文处理工作，可以参照本条例执行。

第四十一条　本条例由中共中央办公厅、国务院办公厅负责解释。

第四十二条　本条例自 2012 年 7 月 1 日起施行。1996 年 5 月 3 日中共中央办公厅发布的《中国共产党机关公文处理条例》和 2000 年 8 月 24 日国务院发布的《国家行政机关公文处理办法》停止执行。